CB137740

O que é a história global?

O que é a história global?

Copyright © **2025** Edições 70.

Edições 70 é um selo da Editora Almedina do Grupo Editorial Alta Books (STARLIN ALTA EDITORA E CONSULTORIA LTDA).

Copyright © **2024** by Sebastian Conrad.

ISBN: 978-65-5427-279-7

Translated from original What is global history?. Copyright © 2024 by Sebastian Conrad. ISBN 9780691178196. This translation is published and sold by Published by Princeton University Press, the owner of all rights to publish and sell the same. PORTUGUESE language edition published by Almedina, Copyright © 2024 by STARLIN ALTA EDITORA E CONSULTORIA LTDA.

Impresso no Brasil — 1ª Edição, 2025 — Edição revisada conforme o Acordo Ortográfico da Língua Portuguesa de 2009.

Dados Internacionais de Catalogação na Publicação (CIP)
(Câmara Brasileira do Livro, SP, Brasil)

Conrad, Sebastian
O que é a história global? / Sebastian Conrad ; tradução Teresa Furtado, Bernardo Cruz. -- 1.ed. -- São Paulo : Edições 70, 2025.

Título original: What is global history?
ISBN 978-65-5427-279-7

1.Globalização - História 2. História do mundo I.Título.

24-206898 CDD-909

Índices para catálogo sistemático:

1.História do mundo 909

Aline Graziele Benitez - Bibliotecária - CRB-1/3129

Todos os direitos estão reservados e protegidos por Lei. Nenhuma parte deste livro, sem autorização prévia por escrito da editora, poderá ser reproduzida ou transmitida.

A violação dos Direitos Autorais é crime estabelecido na Lei nº 9.610/98 e com punição de acordo com o artigo 184 do Código Penal.

O conteúdo desta obra fora formulado exclusivamente pelo(s) autor(es).

Marcas Registradas: Todos os termos mencionados e reconhecidos como Marca Registrada e/ou Comercial são de responsabilidade de seus proprietários. A editora informa não estar associada a nenhum produto e/ou fornecedor apresentado no livro.

Material de apoio e erratas: Se parte integrante da obra e/ou por real necessidade, no site da editora o leitor encontrará os materiais de apoio (download), errata e/ou quaisquer outros conteúdos aplicáveis à obra. Acesse o site www.altabooks.com.br e procure pelo título do livro desejado para ter acesso ao conteúdo.

Suporte Técnico: A obra é comercializada na forma em que está, sem direito a suporte técnico ou orientação pessoal/exclusiva ao leitor.

A editora não se responsabiliza pela manutenção, atualização e idioma dos sites, programas, materiais complementares ou similares referidos pelos autores nesta obra.

Grupo Editorial Alta Books

Produção Editorial: Grupo Editorial Alta Books
Diretor Editorial: Anderson Vieira
Editor da Obra: Marco Pace
Vendas Governamentais: Cristiane Mutüs
Gerência Comercial: Claudio Lima
Assistente Editorial: Andreza Moraes
Tradução: Teresa Furtado, Bernardo Cruz
Diagramação: Almedina
Capa: FBA

ALTA BOOKS
GRUPO EDITORIAL

Rua Viúva Cláudio, 291 — Bairro Industrial do Jacaré
CEP: 20.970-031 — Rio de Janeiro (RJ)
Tels.: (21) 3278-8069 / 3278-8419
www.altabooks.com.br — altabooks@altabooks.com.br
Ouvidoria: ouvidoria@altabooks.com.br

Editora **afiliada à:**

ASSOCIADO

Sebastian Conrad

O que é a história global?

Índice

CAPÍTULO 1

Introdução

C. A. Bayly afirmou, em certo tom provocatório, que «todos os historiadores são hoje historiadores mundiais, embora muitos ainda não se tenham dado conta»([1]). De facto, não existe qualquer dúvida que a história global/mundial está atualmente em expansão. Nos Estados Unidos, assim como em outras partes do mundo anglófono, há várias décadas que este é o campo que mais rapidamente tem crescido dentro da disciplina. Esta tendência também se enraizou em algumas partes da Europa e do Sudeste Asiático, onde a história global não está apenas em ascensão, como se tem tornado cada vez mais popular entre os historiadores das gerações mais jovens. Assistimos, por toda a parte, ao lançamento de revistas e à organização de conferências sobre o tema, e as chamadas «dimensões globais» tornam-se cada vez mais obrigatórias nas propostas de projetos que queiram ser bem-sucedidas. Mas será que este aumento de popularidade significa que todos os historiadores são historiadores globais? O que é que a história global tem que a tornou tão popular? E porquê agora?

Existem várias razões que explicam este *boom*. A mais significativa prende-se com o crescente interesse por processos globais, que se fez sentir, primeiro, após o fim da Guerra Fria e no período posterior ao 11 de Setembro de 2001. Uma vez que se generalizou a tendência de encontrar na «globalização» a chave capaz de explicar o presente, a necessidade de

([1]) C. A. Bayly, *The Birth of the Modern World, 1780–1914*, Oxford (Blackwell) 2004, 469.

recuarmos no tempo para analisar as origens históricas deste processo parece autoevidente. Em muitas sociedades, em particular naquelas marcadas por fortes vagas de imigração, a história global dá também resposta a determinados desafios sociais e à procura por uma narrativa mais inclusiva do passado, isto é, menos enraizada em perspetivas estritamente nacionalistas. Nos Estados Unidos, a reorientação curricular da Civilização Ocidental para a história global é um resultado típico deste género de pressões sociais. Dentro da academia, tendências desta natureza refletem-se na alteração da composição social, cultural e étnica da profissão. Por sua vez, as transformações nas sociologias do conhecimento têm reforçado o descontentamento com as consagradas narrativas de longa data, que concebem as histórias nacionais como a história de espaços definidos, circunscritos e autónomos. (2)

A revolução comunicacional que começou nos anos 90 teve também um impacto fundamental nas interpretações que hoje fazemos do passado. Historiadores — e os seus leitores — viajam e experienciam mais o mundo do que qualquer outra geração até agora. Este aumento da mobilidade, reforçado posteriormente pela Internet, facilitou a construção de formas de *networking* e tornou possível a participação de historiadores em fóruns de discussão globais — embora, há que confessá-lo, as vozes das ex-colónias sejam pouco audíveis. Tal significa que os historiadores são, hoje, confrontados com um grande número de narrativas concorrentes e que procuram potenciais novas ideias, precisamente, entre esta diversidade de vozes. Por fim, a lógica inerente ao trabalho em rede, impulsionada pelas novas tecnologias de informação, também alterou a forma de pensar dos historiadores, que recorrem cada vez mais à linguagem da rede e dos pontos nodais, em substituição da antiga lógica territorial. Escrever história no século XXI já não é o que era.

---

(2) Anthony G. Hopkins (ed.), *Globalization in World History*, London (Pimlico) 2002; Thomas Bender (ed.), *Rethinking American History in a Global Age*, Berkeley, CA (University of California Press) 2002.

Porquê uma história global? Para lá do internalismo e do eurocentrismo

A história global nasceu da convicção que os instrumentos analíticos utilizados pelos historiadores para estudar o passado já não eram suficientemente adequados. A globalização lançou um desafio fundamental às ciências sociais e às narrativas dominantes sobre a mudança social. O momento atual, que emergiu de sistemas de interação e troca, é caracterizado por redes e entrelaçamentos. No entanto, em muitos aspetos, as atuais ciências sociais não são capazes de colocar as perguntas certas e de gerar respostas que expliquem a realidade das redes e do mundo globalizado.

Existem, em particular, dois «defeitos de nascença» das ciências sociais e humanas que nos impedem de alcançar uma compreensão sistemática dos processos que abrangem o mundo. Ambos remontam à formação das modernas disciplinas académicas da Europa do século XIX. Em primeiro lugar, a génese das ciências sociais e humanas esteve sempre vinculada ao Estado-nação. Tanto nos seus temas como nas suas questões, e até mesmo nas suas funções sociais, campos como a história, a sociologia e a filologia estiveram sempre ligados às sociedades das respetivas nações. Além disso, o «nacionalismo metodológico» das disciplinas académicas implicou que, teoricamente, o Estado-nação fosse considerado a unidade de análise fundamental, ou seja, uma entidade territorial que servia de «contentor» da sociedade. Este compromisso com «contentores» de análise territorialmente definidos fez-se sentir com mais intensidade no campo da história do que nas disciplinas que lhe são próximas. O conhecimento do mundo foi, consequentemente, pré-estruturado, tanto discursiva como institucionalmente, de forma a obscurecer o papel das relações de intercâmbio. Na maioria dos casos, a história limitava-se à história nacional.(3)

---

(3) Anthony D. Smith, *Nationalism in the Twentieth Century*, Oxford (Robertson) 1979, 191 e ss.; Ulrich Beck, *What is Globalization?*,

Em segundo lugar, as modernas disciplinas académicas eram profundamente eurocêntricas. Colocavam em primeiro plano os progressos europeus e pressupunham que a Europa era a força impulsionadora da história do mundo. Mais importante ainda: as ferramentas conceptuais das ciências sociais e humanas abstraíram-se da história europeia para criar um modelo de desenvolvimento universal. Conceitos aparentemente analíticos como «nação», «revolução», «sociedade» e «progresso» transformaram uma experiência especificamente europeia numa linguagem teórica (universalista) que, supostamente, se podia aplicar a qualquer lugar. Do ponto de vista metodológico, ao imporem categorias que eram próprias da Europa ao passado de todos os outros países, as disciplinas modernas acabaram por transformar todas as demais sociedades em colónias europeias. ([4])

A história global procura enfrentar os desafios colocados por estas observações e ultrapassar aquelas duas infelizes «marcas de nascença» das disciplinas modernas. Embora se debruce sobre um conjunto de temáticas — como a migração, o colonialismo ou o comércio —, que há muito são objetos de estudo dos historiadores, a história global apresenta uma abordagem revisionista. É claro que o interesse pela análise de fenómenos transfronteiriços pode não ser novo em si mesmo. No entanto, a história global tem uma nova aspiração: pretende reformar o terreno no qual a reflexão dos historiadores assenta. Existe, por isso, uma dimensão polémica nos estudos deste novo campo. A história global rompe com as antigas abordagens de compartimentação e, em particular, com a história nacional. Como iremos discutir com mais

---

Cambridge (Polity Press) 2000, 23–24; Immanuel Wallerstein *et al.* (eds.), *Open the Social Sciences: Report of the Gulbenkian Commission on the Restructuring of the Social Sciences*, Stanford, CA (Stanford University Press) 1996.

([4]) Sobre a noção de «defeitos de nascença» das ciências sociais veja-se Jerry H. Bentley, «Introduction: The Task of World History», *in*: Bentley (ed.), *The Oxford Handbook of World History*, Oxford (Oxford University Press) 2011, 1–16.

detalhe no capítulo 4, a história global trata-se de uma correção às versões endógenas, ou genealógicas, do pensamento histórico, que procuravam explicar as transformações históricas a partir de dentro.

Ao mesmo tempo, e para lá das questões de método, a história global pretende alterar a ordem institucional e a organização do conhecimento. Na maioria dos países, aquilo a que se chama «história» equivaleu, na prática e durante muito tempo, à história nacional de cada país: a maioria dos historiadores italianos trabalha sobre Itália, a maioria dos seus colegas coreanos estuda a Coreia — praticamente em todo o lado, sucessivas gerações de estudantes foram introduzidas à história a partir de manuais que narravam o passado nacional. É contra este pano de fundo que a história global vai apelar a uma visão mais ampla e inclusiva. Os outros passados também fazem parte da história.

Mesmo quando as faculdades de história possuem capacidade burocrática e recursos humanos capazes de proporcionar abordagens mais amplas, os cursos tendem a apresentar as histórias das nações e das civilizações como mónadas incomunicáveis. Os manuais chineses de história mundial, por exemplo, excluem categoricamente a história da China — o passado nacional é lecionado noutro departamento. Esta compartimentação da realidade histórica — entre história nacional e história mundial, entre estudos históricos e estudos de área — impede que se observe os paralelos e os cruzamentos. O propósito da história global também é, por isso, um apelo à superação desta fragmentação, para que possamos alcançar um conhecimento mais compreensivo das conexões e interações que construíram o mundo moderno.

É claro que este género de história não é a única proposta disponível, nem tão-pouco pressupõe uma superioridade analítica. É apenas uma entre muitas formas de abordar a história: mais adequada para o estudo de determinados temas e questões, menos capaz de trabalhar sobre outras problemáticas. Foca-se, antes de mais, nas questões da mobilidade e do intercâmbio, nos processos que transcendem as fronteiras e as barreiras. Toma a interconexão global como ponto de partida e faz da circulação e do intercâmbio de coisas, pessoas, ideias e instituições os seus principais objetos de análise.

Uma definição preliminar e bastante lata de história global pode ser formulada da seguinte maneira: é uma forma de análise histórica que situa os fenómenos, os eventos e os processos em contextos globais. No entanto, não existe consenso sobre o caminho que se deve percorrer para atingir tal resultado. Existem muitas outras abordagens que competem, hoje, pela atenção dos investigadores: desde a história comparada e transnacional, à história mundial, passando pela «grande história», pelos estudos pós-coloniais e pela história da globalização. Tal como a história global, estas perspetivas também procuram expor e explicar as conexões do passado.

Cada um destes diferentes paradigmas, cujas variantes mais proeminentes iremos abordar no capítulo 3, possui características próprias. Não devemos, no entanto, exagerar as diferenças entre eles, visto que as suas áreas se sobrepõem e partilham determinados elementos. De facto, continua a ser complicado definir com precisão aquilo que faz da história global uma perspetiva específica e única. E se atendermos aos atuais usos do termo, a tarefa só se complica. Basta olharmos de relance para a mais recente bibliografia, para percebemos que o termo é utilizado, por vezes até desviado, para propósitos diversos e é ainda empregue, frequentemente, como sinónimo de outros conceitos. Este uso generalizado demonstra, acima de tudo, que o conceito é tão atrativo como ilusório, ao invés de colocar em evidência a sua especificidade metodológica. ([5])

([5]) Dominic Sachsenmaier, «Global History», Version: 1.0, *Docupedia-Zeitgeschichte*, 11. Feb. 2010, http://docupedia.de/zg/Global_History?oldid=84616.

Três variantes da história global

Neste contexto de ecleticismo e confusão teórica pode ser útil, apesar de tudo, distinguir heuristicamente as diferentes reações ao desafio global. Desconsiderando algumas das especificidades, podemos dizer que existem três possíveis campos: a história global enquanto história de tudo; como história das conexões; ou enquanto história que se baseia no conceito de integração. Como se tornará mais percetível nos capítulos subsequentes, a terceira abordagem será a mais promissora para aqueles historiadores globais que pretendem ir além de meros gestos simbólicos para se aproximarem, concretamente, de uma análise da conectividade. Vamos agora debruçarmo-nos sobre cada uma destas três variantes. (6)

Em primeiro lugar, uma das formas de abordar a história global consiste em equipará-la à história de tudo. «A história global, em sentido restrito, é a história daquilo que aconteceu no mundo», escreveram Felipe Fernández-Armesto e Benjamin Sacks, «no planeta como um todo, como se o pudéssemos ver a partir de uma cósmica torre de vigia, com a vantagem da distância imensa e do alcance panótico». De uma perspetiva omnívora como esta, tudo o que acontece no planeta Terra é um legítimo ingrediente da história global. (7)

Na prática, esta abordagem levou a estratégias muito diferentes. A primeira prende-se com o que poderíamos chamar a versão «tudo incluído» (*all-in*) da história global. A sua variante mais proeminente pode ser encontrada nas obras de síntese de larga escala, que procuram capturar a realidade global num determinado período específico. O século XIX, por exemplo, é objeto de várias biografias sofisticadas,

---

(6) Para outros modos de formação do campo veja-se Lynn Hunt, *Writing History in the Global Era*, New York (Norton) 2014; Diego Olstein, *Thinking History Globally*, New York (Palgrave Macmillan) 2014.

(7) Felipe Fernández-Armesto e Benjamin Sacks, «Networks, Interactions, and Connective History», *in*: Douglas Northrop (ed.), *A Companion to World History*, Oxford (Wiley-Blackwell) 2012, 303–320, citação: 303.

enquanto outros historiadores se contentam em trabalhar o panorama global de um determinado ano em particular. Por seu lado, alguns alargaram o escopo de análise e descreveram milénios inteiros, se não mesmo a «história do mundo» *tout court*. No caso da grande história, a escala é ainda mais ampliada, cobrindo o período que vai do *Big Bang* aos nossos dias. Qualquer que seja a escala, o padrão é sempre o mesmo: o «global» refere-se aqui a uma exaustividade planetária.([8])

Da mesma forma, alguns historiadores optaram por traçar uma única ideia, ou formação histórica, ao longo dos tempos e do planeta. Exemplos particularmente convincentes são os estudos em história global dos impérios, que traçam as formações imperiais e as suas estratégias de gestão populacional da Roma Antiga (ou desde Tamerlane) até ao presente.([9]) Mas, em princípio, qualquer tema serve de objeto para uma biografia global. Podemos encontrar obras sobre as histórias globais dos reinados e das cortes; histórias do chá e do café, do açúcar e do algodão, do vidro e do ouro; histórias das migrações e das relações comerciais; da natureza e da religião; da guerra e da paz. Os exemplos são infindáveis.

([8]) Alguns exemplos incluem: para o século XIX, C. A. Bayly, *The Birth of the Modern World*; Jürgen Osterhammel, *The Transformation of the World: A Global History of the Nineteenth Century*, Princeton (Princeton University Press) 2014; para anos específicos: Olivier Bernier, *The World in 1800*, New York (Wiley) 2000; John E. Wills, *1688: A Global History*, New York (W. W. Norton) 2002; para o último milénio: David Landes, *The Wealth and Poverty of Nations: Why Some Are So Rich and Some So Poor*, New York (W. W. Norton) 1998 [*A Riqueza e a Pobreza das Nações: Por que são algumas tão ricas e outras tão pobres*; trad. Lucínia Azambuja; Lisboa (Gradiva) 2001]; para o mundo, veja-se Felipe Fernández-Armesto, *The World: A Brief History*, New York (Pearson Prentice Hall) 2007; para a grande história veja-se David Christian, *Maps of Time: An Introduction to Big History*, Berkeley (University of California Press) 2004.

([9]) John Darwin, *After Tamerlane: The Global History of Empire*, London (Penguin Books) 2007. [*Ascensão e queda dos impérios globais: 1400–2000*, trad. Jaime Araújo, Lisboa (Edições 70) 2015]; Jane Burbank e Frederick Cooper, *Empires in World History: Power and the Politics of Difference*, Princeton (Princeton University Press) 2010.

Embora o termo «história global» possa sugerir uma cobertura de análise mundial, tal não é necessariamente verdade. À partida, tudo se pode transformar num objeto de estudo legítimo para os historiadores globais: a história global como história total. Tal significa que assuntos tão diversos como os trabalhadores mineiros em Witwatersrand na África do Sul, a coroação do rei havaiano Kalakaua ou uma povoação do século XIII do sul da França podem ser estudados, dado o seu potencial contributo para a história global. Uma vez estabelecido que a história global é tudo, tudo pode ser convertido em história global. O que se acaba de dizer é menos absurdo do que parece. Esta situação não é muito diferente do que acontecia nos tempos do reinado supremo da história nacional. Também aí, mesmo quando o escopo da análise não se estendia necessariamente a toda a nação, pressupunha-se que o fazia. Ninguém colocava em causa, por exemplo, que uma biografia de Benjamin Franklin ou que um estudo aprofundado sobre a indústria automóvel em Detroit contribuía para a história dos Estados Unidos. Uma vez determinado o quadro geral da história nacional, tudo o que se encontrava dentro desse «contentor» era considerado um elemento natural dessa mesma história.

O mesmo pode ser dito a propósito da versão «tudo incluído» da história global. Estudos sobre a classe operária de Buenos Aires, Dakar ou Livorno podem constituir um contributo para a história global do trabalho, mesmo que não explorem objetivamente os horizontes e perspetivas globais desse objeto de análise. É o que acontece quando os historiadores tomam em consideração, e são inspirados por estudos sobre fenómenos análogos. A obra de Dipesh Chakrabarty acerca dos cultivadores de juta em Bengala e a de Frederick Cooper sobre os estivadores de Mombaça, são bons exemplos deste fenómeno.([10]) A componente da história global é reforçada sempre que os historiadores conduzem os seus estudos

([10]) Dipesh Chakrabarty, *Rethinking Working-Class History: Bengal, 1890–1940*, New Haven (Yale University Press) 1987; Frederick Cooper,

tendo em mente casos semelhantes, e quando incluem, nas suas bibliografias, análises sobre objetos similares de outras partes do globo.

O segundo paradigma enfatiza as trocas e as conexões. Este é o modelo de investigação mais popular dos últimos anos. O fio condutor que une estes estudos prende-se com o pressuposto geral de que nenhuma sociedade, nação ou civilização existe isoladamente. Desde os tempos mais antigos, a vida humana caracteriza-se pela mobilidade e pela interação. Ora, este tipo de movimentos torna-se objeto privilegiado de uma história global entendida, essencialmente, como história dos entrelaçamentos. Esta ênfase na conectividade completa e, consequentemente, corrige aquilo a que poderíamos chamar de parcimónia dos enquadramentos mais antigos, onde o fim da viagem intelectual coincidia com as fronteiras do Estado-nação, do império ou da civilização.

Não existem limites para a variedade de temas que podem ser estudados a partir desta perspetiva — desde movimentos populacionais à circulação de ideias até ao comércio de larga escala. Mais uma vez, o alcance das redes e das conexões pode variar e não tem de ser necessariamente planetário. Tudo depende do objeto de estudo e das questões que são formuladas: o comércio no Mediterrâneo, a peregrinação dos muçulmanos Hajj através do oceano Índico, as cadeias migratórias entre a China e Singapura ou as missões diplomáticas ao Vaticano. Em todas estas instâncias, a interconexão do mundo — que pode ser rastreada ao longo dos séculos — é o ponto de partida da investigação em história global.([11])

On the African Waterfront: Urban Disorder and the Transformation of Work in Colonial Mombasa, New Haven (Yale University Press) 1987.

([11]) Entre esta vasta literatura, veja-se Wang Gungwu (ed.), *Global History and Migrations*, Boulder, CO (Westview Press) 1997; Natalie Zemon Davis, *Trickster Travels: A Sixteenth-Century Muslim between Worlds*, New York (Hill & Wang) 2006; Miles Ogborn (ed.), *Global Lives: Britain and the World, 1550–1800*, Cambridge (Cambridge University Press) 2008; Marilyn Lake e Henry Reynolds, *Drawing the Global Colour Line:*

As duas variantes da história global, que discutimos até agora, podem, em princípio, ser aplicadas a todos os lugares e a todos os tempos. O mesmo não pode ser dito relativamente à terceira variante. Esta, mais restrita no seu objeto, pressupõe e reflete explicitamente sobre alguma forma de integração global. Debruça-se, no essencial, sobre padrões regulares e sustentados de trocas que, como tal, foram capazes de moldar profundamente as sociedades. Embora sempre tenham existido trocas transfronteiriças, a sua operacionalidade e o seu impacto dependiam do grau de integração sistémica à escala global.

É sobretudo a este terceiro modelo — que iremos descrever em maior detalhe nos capítulos 4 e 5 — que boa parte dos estudos recentes, de maior sofisticação, recorre. E trata-se também do paradigma que será explorado neste livro. Tome-se o exemplo da obra de Christopher Hill sobre o emergir da historiografia moderna na França, nos Estados Unidos e no Japão no final do século XIX. Nesta obra, ao contrário do que poderia acontecer num estudo mais convencional, o autor não se foca na relação entre a escrita tradicional da história e as modernas narrativas nacionais. Nem tão-pouco dá especial atenção às conexões entre os três casos de estudo. Ao invés, Hill situa as três nações no contexto das mudanças internas de cada país e das transformações globais. Os três países enfrentavam convulsões internas: os Estados Unidos estavam a recuperar da Guerra Civil, a França da derrota contra a Prússia, e o Japão, por sua vez, reorganizava o seu sistema de governo no rescaldo da Restauração Meiji. Ao mesmo tempo, estas nações participavam na reestruturação fundamental da ordem mundial pelo capitalismo e pelo sistema estatal imperialista. Nesta conjuntura, a historiografia serviu para conceptualizar os diferentes posicionamentos estatais no interior de uma ordem hierárquica mais abrangente, assim como para mostrar o aparecimento de cada um

---

White Men's Countries and the International Challenge of Racial Equality, Cambridge (Cambridge University Press) 2008.

dos Estados-nação como algo necessário e natural. Do ponto de vista analítico, Hill enfatiza as condições globais que possibilitaram e moldaram as narrativas históricas que emergiram em cada um dos três casos.([12])

Da mesma maneira, outros historiadores localizaram, explicitamente, casos particulares nos seus contextos globais. Procuravam, assim, explicar «as contingências e os processos de base da atividade humana com (e dentro das) estruturas que são simultaneamente a condição e o produto dessa atividade».([13]) Neste sentido, o global tornou-se o principal marco de referência para qualquer entendimento do passado. Em princípio, tal contextualização não se limita ao passado mais recente, mas pode ser aplicada a períodos anteriores, embora nesses casos o grau de integração possa ser bastante fraco. À medida que o mundo se vai transformando, de forma progressiva, numa única entidade política, económica e cultural, as relações causais ao nível global ganham cada vez mais força. E, como resultado da proliferação e perpetuação dessas relações, os eventos locais são cada vez mais moldados pelo contexto global, que pode ser entendido estrutural ou até sistemicamente.

Processo e perspetiva

A história global é, simultaneamente, um objeto de estudo e uma forma particular de olhar a história: é tanto um processo como uma perspetiva, um objeto e uma metodologia. Como um Janus de duas faces, ela assemelha-se a outros campos/abordagens dentro da disciplina, como a história social e a história de género. Na prática, é natural que ambas as

---

([12]) Christopher L. Hill, *National History and the World of Nations: Capital, State, and the Rhetoric of History in Japan, France, and the United States*, Durham, NC (Duke University Press) 2008. Para mais exemplos vejam-se os capítulos 4 e 5.

([13]) Arif Dirlik, «Performing the World: Reality and Representation in the Making of World Histor(ies)», *Journal of World History* 16 (2005), 391–410, citação: 396.

dimensões comuniquem entre si, mas, por razões heurísticas, podemos separá-las. Tal permitirá diferenciar a história global entendida enquanto perspetiva do historiador e enquanto escala do processo histórico em si mesmo.([14])

Sendo uma perspetiva entre muitas outras, a história global é um instrumento heurístico que permite ao historiador colocar perguntas e gerar respostas que são diferentes das formuladas por outras abordagens. A história da escravatura no mundo Atlântico é disto um bom exemplo. Os historiadores têm investigado, na história social das populações escravas, as suas condições de trabalho e as formas como as suas comunidades foram formadas. Ao adotarem uma abordagem de género, foram capazes de dar a conhecer novas realidades sobre famílias e crianças, sobre a sexualidade e a masculinidade. A história económica da escravatura tem sido particularmente prolífica, focando-se nas taxas de produtividade, nos padrões de vida dos escravos comparativamente a outros grupos laborais ou trabalhadores forçados, mas também ao analisar o impacto macroeconómico da escravatura na produtividade das plantações agrícolas. No entanto, a experiência da escravatura e do comércio escravo também pode ser situada no contexto global. Tal acabaria por salientar um conjunto completamente diferente de questões, como a criação de um espaço transatlântico no «Atlântico Negro», as repercussões desse tráfico nas sociedades da África Ocidental, as conexões entre o tráfico atlântico para complementar as rotas esclavagistas ao longo do Sahara e do oceano Índico, comparações entre diferentes formas de escravatura, etc. A história global enquanto perspetiva salienta dimensões particulares da experiência da escravatura, ao mesmo tempo que pode negligenciar outros aspetos.

Uma consequência importante de tratar a história global enquanto perspetiva, como a história de género ou a história

([14]) Samuel Moyn e Andrew Sartori, «Approaches to Global Intellectual History», *in*: Moyn e Sartori (eds.), *Global Intellectual History*, New York (Columbia University Press) 2013, 3–30.

económica, advém do facto de a análise não ter necessariamente de abranger o globo inteiro. E isto é uma ressalva importante. Muito embora a retórica globalista possa sugerir um alcance ilimitado, os quadros mais circunscritos servem melhor a análise de determinados assuntos. Tal significa que a maioria das abordagens da história global não pretende substituir o paradigma da história nacional por uma totalidade abstrata denominada «mundo». O objetivo não é o de escrever a história integral do planeta. É antes a procura de um modo de escrever história sobre espaços demarcados (ou seja, não «globais»), mas com a consciência da existência de conexões e de condições estruturais ao nível global. Muitos dos recentes estudos considerados importantes referências neste campo não cobrem mais do que duas ou três localizações. Ou seja, a história global não é sinónimo de macro-história. As questões mais interessantes nascem, frequentemente, da intersecção entre os processos globais e as suas manifestações locais.

Por outro lado, contudo, a história global não é *apenas* uma perspetiva. A sua abordagem não pode ser projetada indiscriminadamente — aplica-se com mais sentido a determinados períodos, lugares e processos do que a outros. Toda a tentativa de contextualização global necessita de ter em conta o grau e a qualidade das conexões do seu objeto. As consequências do colapso da Bolsa de Viena em 1873 não são iguais às das crises económicas de 1929 e de 2008 — na década de 1870, a economia mundial e os meios de comunicação não estavam ainda integrados com a mesma intensidade que viria prevalecer no século XX. A este respeito, a história global enquanto perspetiva está implicitamente ligada a premissas sobre os efeitos que as estruturas transfronteiriças podem produzir nos acontecimentos e nas sociedades. Voltaremos a esta tensão entre história global enquanto processo e enquanto perspetiva nos capítulos que se seguem.([15])

([15]) Uma discussão particularmente útil é a de Jürgen Osterhammel, «Globalizations», *in*: Jerry H. Bentley (ed.), *The Oxford Handbook of World History*, Oxford (Oxford University Press) 2011, 89–104.

A dialética entre perspetiva e processo é complexa. Por um lado, uma perspetiva global sobre o comércio de chá faz mais sentido ser adotada para a década de 1760 do que para a Idade Média, quando as dinâmicas globais eram menos influentes. Por outro lado, as conexões globais são, no nosso presente globalizado, mais salientes do que foram para os historiadores há poucas décadas. Para confundir um pouco mais as coisas, uma perspetiva global daí resultante faz parecer que o século XVIII era mais globalizado do que, na verdade, era. A perspetiva global e o curso da integração global estão inextricavelmente interligados.([16])

Heuristicamente, contudo, é útil separar a perspetiva do processo. Afinal de contas, a abordagem é mais recente do que o processo; a origem da história global na forma de paradigma é bastante recente, enquanto os processos que ela estuda são bem mais antigos. Uma vez que a cronologia de ambas não coincide perfeitamente, é útil separá-las analiticamente. Importa lembrar que este campo está ainda numa fase de formação. Por essa razão, os historiadores que pretendam adotar uma abordagem global precisam de estar conscientes da metodologia a empregar. Os capítulos que se seguem centram-se nesta questão. Mesmo se partirmos do pressuposto de que «algures por aí» existe um processo a acontecer, é essencial ponderar os desafios metodológicos que resultam de o desvendar, bem como as implicações das nossas próprias decisões.

Promessas e limites

A atual tendência da história global não deve desacelerar tão cedo e, de facto, ela já proporcionou significativas

---

([16]) Esta dupla reflexividade constitui o cerne epistemológico da noção de *histoire croisée*. Veja-se Michael Werner e Bénédicte Zimmermann, «Beyond Comparison: Histoire Croisée and the Challenge of Reflexivity», *History & Theory* 45 (2006), 30–50.

alterações dentro da historiografia. Um indício evidente do impacto da história global reside no facto das principais revistas de história, como a *American Historical Review* e a *Past & Present*, terem aumentado a publicação de artigos deste novo campo de estudos. Isto significa que não estamos mais perante um nicho ou uma subdisciplina, mas antes perante um campo que se tem convertido numa corrente central, tanto no que toca à investigação como ao ensino. Revistas especializadas, séries de monografias e conferências têm propiciado fóruns onde os investigadores são encorajados a trocar ideias e a discutir as suas investigações. Estes fóruns não existem apenas paralelamente ao resto da disciplina. Não são algo exótico. Enquanto a «história mundial» — a história global das décadas anteriores — era sobretudo uma ocupação de historiadores profissionalmente estabelecidos e maioritariamente mais velhos, hoje em dia até mesmo as dissertações podem seguir uma agenda global. Esta abordagem influenciou também o ensino, dos seminários especializados aos currículos de licenciatura. É ainda interessante reparar que o debate em torno desta nova abordagem conseguiu penetrar em diversas áreas. Os historiadores ambientais e económicos estão tão interessados no contexto da história global como os historiadores sociais e culturais. De facto, todos os aspetos da historiografia podem ser objeto de uma perspetiva global.

Dado o carácter interconectado dos dias de hoje, é difícil imaginar que esta tendência se vá inverter. Ao mesmo tempo, persistem ainda inúmeros obstáculos a ultrapassar. Institucionalmente, a criação de um espaço autónomo para esta nova abordagem pode ser um processo árduo. Mesmo na Europa Ocidental e nos Estados Unidos, não se pode dar por garantido que a disciplina da história, tão fortemente marcada pela história das nações, estará recetiva a comprometer-se com a história global. E mesmo nas áreas onde a história global passou a gozar de um apoio generalizado, continua a competir com outras perspetivas para a obtenção de financiamento e colocações académicas. A contratação de um professor do campo da história global pode implicar sacrificar uma colocação em história medieval, ou em qualquer outro campo com fortes ligações ao passado nacional: a história global tem os seus custos.([17])

Indiscutivelmente, a ascensão das perspetivas globais ajuda-nos a deixar de ver apenas uma mera parte da realidade. Uma vez que a relevância das fronteiras nacionais foi colocada em questão, a história tornou-se mais complexa. Em retrospetiva, alguns estudos mais antigos parecem-nos agora análogos a uma transmissão de um jogo de futebol onde apenas uma das equipas aparece, para não falar já de outros fatores como o público, as condições meteorológicas e a posição das equipas no campeonato. Pelo contrário, a história global permite-nos alargar o ângulo de visão e observar processos que, durante muito tempo, eram indetetáveis pelos sistemas de conhecimento da academia, ou que eram, pelo menos, considerados irrelevantes.

Por vários motivos, este é um desenvolvimento benéfico e, em certo sentido, libertador. Mas, como se costuma dizer, toda a mudança tem o seu preço. A abordagem da história global não é uma panaceia nem um passe de livre-trânsito. Nem todos os projetos de investigação requerem uma perspetiva global e nem sempre o contexto global é a questão mais central. E é ainda menos verdade que tudo esteja interconectado com tudo. Seria um erro, sem dúvida, pressupor que a história global é a única abordagem adequada — nem em termos de perspetiva historiográfica, nem tão-pouco face ao alcance e à densidade dos entrelaçamentos que analisa. Em qualquer situação há sempre um conjunto de forças em jogo e não podemos considerar, *a priori*, que os processos transfronteiriços, já para não falar dos globais, são os mais importantes. Muitos fenómenos continuarão a ser estudados em concreto, ou seja, em contextos especificamente demarcados. Da mesma forma, não devemos perder de vista atores

([17]) Christopher Bayly, «History and World History», *in*: Ulinka Rublack (ed.), *A Concise Companion to History*, Oxford (Oxford University Press) 2011, 13.

históricos que não se encontram integrados em extensas redes globais, tornando-os vítimas da atual obsessão pela mobilidade. Dito isto, seria difícil voltar atrás e negligenciar os caminhos que a reviravolta global desbravou.

CAPÍTULO 2

Uma breve história do pensamento global

Nos dias de hoje, a retórica da globalização ecoa com força e insistência. Não podemos dizer, ainda assim, que esta é a primeira vez que refletimos acerca do papel que ocupamos no mundo. Na verdade, desde que existe registo histórico, os seres humanos procuraram situar-se em contextos mais amplos e progressivamente mais vastos. Não surpreende que a amplitude e o alcance desses «mundos» tenham variado tanto em função da intensidade das conexões como da frequência das trocas transfronteiriças. Contudo, imaginar o mundo nunca foi uma consequência automática da integração global; pelo contrário, foi sempre o resultado de um desejo e de uma perspetiva particulares: uma forma de criação do mundo. Para melhor compreendermos as peculiaridades das atuais conceções do global é imperativo perceber como é que as noções de mundo mudaram ao longo do tempo. Como veremos, todas as grandes civilizações procuraram posicionar as suas sociedades dentro de uma ecúmena mais ampla. Uma genuína consciência global começou por ser construída na discreta região da Eurásia no início da Idade Moderna; e, na época da hegemonia europeia, emergiu uma narrativa comum sobre o progresso material e o desenvolvimento nacional.

Historiografia ecuménica

Escrever a história do mundo é, em certo sentido, tão antiga como a historiografia em si mesma. Todos os historiadores mais conhecidos — de Heródoto e Políbio a Sima Qian, Rashid al-Din e Ibn Khaldun — escreveram a história das suas respetivas comunidades sem esquecer o «mundo» que os rodeava. Ainda assim, nestas obras, a explicação e a descrição do mundo não constituíam fins em si mesmos. A principal preocupação estava, antes de mais, na celebração da essência das suas sociedades ou ecúmenas, cuja identidade cultural única — e, geralmente também, cuja respetiva superioridade — era um dado adquirido. O «mundo» era interpretado como algo que ultrapassava os limites do aceitável, uma terra sem lei que contrastava pela sua barbárie. Nas crónicas egípcias do Antigo e do Médio Império (c. 2137–1781 a.C.), por exemplo, todos os não-egípcios eram descritos como «inimigos vis», mesmo em tempos de paz ou quando se forjavam tratados entre eles. O Egito era entendido como o mundo da ordem racional, enquanto, para lá das suas fronteiras, se encontravam aqueles que eram «totalmente estranhos, com os quais seria inconcebível manter qualquer tipo de relação».([1])

Os nove volumes das *Histórias* de Heródoto — em que descreve as batalhas gregas contra os persas como um confronto entre o Ocidente e o Oriente, entre liberdade e despotismo — constitui um segundo exemplo. ([2]) Durante vários séculos, esta famosa dialética de Heródoto, entre civilização e barbárie, ocupou um papel central na historiografia. Podemos, inclusive, encontrar no trabalho de alguns cronistas árabes e chineses traços da sua influência.

([1]) Jan Assmann, *The Mind of Egypt: History and Meaning in the Time of the Pharaohs*, New York (Metropolitan Books) 2002, 151; Jan Assmann, «Globalization, Universalism, and the Erosion of Cultural Memory», *in*: Aleida Assmann e Sebastian Conrad (eds.), *Memory in a Global Age: Discourses, Practices and Trajectories*, New York (Palgrave Macmillan) 2010, 121–137.

([2]) J. A. S. Evans, *Herodotus, Explorer of the Past: Three Essays*, Princeton (Princeton University Press) 1991; Ernst Breisach, *Historiography: Ancient, Medieval and Modern*, Chicago (Chicago University Press) 1994.

A forma como se concebe o mundo exterior a uma determinada sociedade não pode, no entanto, ser apenas reduzida a uma estratégia de «alteridade». Mesmo na obra de Heródoto (c. 484–424 a.C.) — que alegava ter viajado pela Mesopotâmia, Fenícia e Egito — e nos escritos de Sima Qian (c. 145–90 a.C.), encontramos provas de um movimento em direção a um retrato mais etnográfico dos outros povos e costumes. Os povos com os quais, respetivamente, tanto gregos como chineses mantinham estreitas relações económicas e políticas, tornaram-se objetos de um interesse que não se esgotava no simples desejo de reforçar um certo sentido de fronteira ou de limites. É que não existiam apenas conflitos e animosidades nas regiões fronteiriças, mas também trocas e encontros. São vários os exemplos desse interesse por fenómenos híbridos e de intercâmbio cultural. Abu'l-Hassan Ali al-Mas'udi (c. 895–956), de Bagdad, narrou o mundo que conhecia numa obra com o florido título *Os Prados de Ouro*. Nela, descreveu não apenas as sociedades islâmicas, mas também as regiões do oceano Índico conectadas por ligações comerciais pré-islâmicas que se estendiam até à Índia e à Galícia. À semelhança da obra de Heródoto, também o seu trabalho resultara de longas viagens que o levaram a diversas partes do mundo: da Índia a Ceilão, à África Oriental e ao Egito, e, provavelmente também, à Indonésia e à China.([3])

Embora este ponto de vista etnográfico não fosse um fim em si mesmo, alinhava-se, muitas vezes, com interesses de poder. Quando, por exemplo, Sima Qian descreveu certos grupos nómadas estranhos à Civilização Chinesa, uma das suas preocupações de fundo era a possibilidade de uma futura expansão do seu país.([4]) Em última instância, os respetivos «mundos» — geralmente circunscritos aos territórios e regiões

---

([3]) Veja-se Tarif Khalidi, *Islamic Historiography: The Histories of Mas'udi*, Albany, NY (State University of New York Press) 1975.

([4]) Siep Stuurman, «Herodotus and Sima Qian: History and the Anthropological Turn in Ancient Greece and Han China», *Journal of World History* 19 (2008), 1–40; Grant Hardy, *Worlds of Bronze and Bamboo:*

vizinhas — eram capturados pela perspetiva da cultura do próprio autor. É claro que existiram historiadores que, evitando descrever os costumes alheios simplesmente como exóticos, preocupavam-se em estudar as sociedades por dentro. As instituições estrangeiras deviam ser explicadas em termos funcionalistas, ou seja, de acordo com as suas próprias lógicas internas. No entanto, na maioria das vezes, o estudo e a categorização moral de outros grupos permaneciam subordinados aos parâmetros da cultura do relator. (5)

Estes paradigmas caracterizaram grande parte da tradição historiográfica mundial. Certamente que existiram variações significativas, tanto dentro como entre as regiões. Na Europa, a historiografia grega pouco se assemelhava à posterior historiografia cristã, cuja narrativa girava em torno da providência divina. Na zona não-muçulmana do sul da Ásia, onde um género especificamente historiográfico não vingou até ao período colonial, os modelos de história mundial eram praticamente inexistentes. E o mesmo se aplica à região africana. Pelo contrário, algumas importantes incursões em história mundial tiveram origem dentro da tradição muçulmana. Tal ficou a dever-se, em grande parte, à ascensão do Islão, considerada a única religião com uma missão universal. Além de Mas'udi, de quem já falámos, e de Rashid al-Din (1247–1318) — que se dirigiu explicitamente aos leitores mongóis e chineses, mas também ao público árabe, e que escreveu de forma detalhada sobre a Índia e a China, assim como sobre o mundo islâmico — devemos ter ainda em conta Ibn Khaldun (1332–1406), cuja grande obra *Muqaddima* (que corresponde, na verdade, apenas à introdução da sua história

---

Sima Qian's Conquest of History, New York (Columbia University Press) 1999.

(5) François Hartog, *Le Miroir d'Herodote*, Paris (Gallimard) 2001; Q. Edward Wang, «The Chinese World View», *Journal of World History* 10 (1999), 285–305; Q. Edward Wang, «World History in Traditional China», *Storia della Storiografia* 35 (1999), 83–96.

da humanidade) é considerada o primeiro estudo científico da história do Islão, assente em explicações causais.

Percebe-se, então, que as perceções e as tradições historiográficas sobre o mundo diferem muito umas das outras. Apesar dessas diferenças, coexistem importantes semelhanças. Em cada caso, o «mundo» era geralmente construído a partir da perspetiva da sua própria comunidade. Isto significa, acima de tudo, que o passado — incluindo o passado de outros povos e grupos — era perspetivado e julgado de acordo com o cânone moral e político da sociedade do historiador. Longe de ser a totalidade planetária que hoje conhecemos, o mundo «referia-se apenas ao mundo que importava».(6)

Assim, as narrativas eram formuladas sempre de acordo com um objetivo particular em mente: o desenvolvimento da humanidade até ao «Reino de Deus» cristão, a construção de uma *Dar-al-Islam* (literalmente, «Casa do Islão», que poderia albergar todos os territórios sobre a lei muçulmana), ou a eventual inclusão de bárbaros, nómadas e analfabetos dentro da civilização confucionista da China.(7)

Quadros da história mundial, do século XVI ao XVIII

Até ao século XIX, os princípios básicos da historiografia ecuménica mantiveram-se maioritariamente estáveis. Tal não significa, no entanto, que não tenham ocorrido algumas mudanças. Em determinados períodos, especialmente quando as trocas entre regiões e continentes se intensificaram, assistimos a uma crescente consciencialização quanto à existência

---

(6) Arif Dirlik, «Performing the World: Reality and Representation in the Making of World Histor(ies)», *Journal of World History* 16 (2005), 391–410, citação: 407.

(7) Veja-se George Iggers e Q. Edward Wang, *A Global History of Modern Historiography*, New York (Pearson Longman) 2008; Daniel Woolf (ed.), *The Oxford History of Historical Writing*, 5 volumes, Oxford (Oxford University Press) 2011–12.

de outros mundos, a um incremento tanto do interesse por outras culturas como da vontade de entender o lugar da própria sociedade num contexto mais alargado. A partir do século XVI, muitas obras, produzidas em diferentes lugares, tentaram responder a esta procura.

Um bom exemplo é a integração das duas Américas em circuitos comerciais e de conhecimento mais amplos e em clara expansão, do século XVI em diante. As interações transcontinentais, que colocaram as duas Américas em contacto com a África, a Europa, o Médio Oriente e com o Leste e o Sudeste Asiáticos, representaram um desafio cognitivo e cultural, que conduziu à emergência gradual de uma história à escala mundial, em alternativa às formas tradicionais da historiografia dinástica.([8])

Começaram então a surgir certos modelos de história mundial. Em 1580, escrevia-se em Istambul uma *História da Índia Ocidental* (*Tarih-i Hin-i garbi),* numa tentativa de tornar legível a inesperada ampliação dos horizontes e de responder ao dilema cosmológico que o descobrimento do Novo Mundo havia colocado. «Desde que o profeta Adão apareceu e pôs os pés no nosso mundo» escreveu o cronista anónimo, «até hoje, jamais havia ocorrido algo de tão estranho e maravilhoso».([9]) No México, Heinrich Martin de Hamburgo, que tinha passado muitos anos no Báltico, escreveu uma versão da história do mundo explicitamente americana. Acreditava, por exemplo, que as Américas haviam sido povoadas por asiáticos, uma vez que os grupos indígenas daquele continente lhe lembravam a população nativa da Curlândia. Tanto o cronista de Istambul como Heinrich Martin escreveram as suas histórias do mundo quase sincronicamente, comprovando assim o impacto que a travessia de Colombo exerceu na consciência mundial da época. Apesar da simultaneidade, os seus relatos diferiam

---

([8]) Sanjay Subrahmanyam, «On World Historians in the Sixteenth Century», *Representations* 91 (2005), 26–57.

([9]) Citação em Serge Gruzinski, *What Time Is It There? America and Islam at the Dawn of Modern Times,* Cambridge (Polity Press) 2010, 73.

radicalmente no conteúdo, dado que foram informados pelas mundivisões das suas respetivas comunidades. É certo que o processo histórico mundial — o descobrimento europeu das Américas — lançou um desafio determinante, mas as respostas a este evento foram, em vários sentidos, incomensuráveis.

Estes dois historiadores não estavam, de forma alguma, sozinhos nas suas novas consciências planetárias. Podemos incluir outros exemplos, como o historiador otomano Mustafa Ali (1541–1600), cuja obra *Künh ül-Ahbâr* (*A Essência da História*), além de localizar o Império Otomano no interior do que o autor acreditava ser a parte relevante do mundo, incluía extensas análises aos Impérios Mongóis e aos três impérios contemporâneos que considerava mais importantes: os Uzbeques, os Safávidas da Pérsia e a dinastia Mogol da Índia; Domingo Chimalpáhin (1579–1650), que integrou a sua história do México, escrita em nauatle, num panorama mundial mais alargado (que incluía a Europa, a China, o Japão, os Mongóis, Moscovo, a Pérsia e ainda partes do continente Africano); Giovanni Battista Ramusio (1485–1557), em Itália, e Marcin Bielski (1495–1575), na Polónia, que conseguiram escrever uma espécie de história mundial amadora com base na chegada cada vez mais frequente de notícias acerca de acontecimentos ocorridos fora da Europa; e ainda Tahir Muhammad, na Índia Mogol, cujos escritos do início do século XVII cobriam lugares como Ceilão, Pegu (Birmânia) e Achém (na Indonésia), e até mesmo o reino de Portugal. ([10])

Muitos dos trabalhos deste período foram escritos por historiadores amadores sem qualquer emprego oficial, motivo pelo qual receberam uma limitada atenção. Eles comprovam, ainda assim, que os modelos de história mundial emergiram antes do final do século XVIII e que a Europa não estava sozinha nesta caminhada. Estas obras eram, tendencialmente, de natureza cumulativa, ao invés de se centrarem nos processos

([10]) Subrahmanyam, «On World Historians», 37; Serge Gruzinski, *Les quatre parties du monde: Histoire d'une mondialisation*, Paris (Martiniere) 2004.

de conexão e nas interações; mas já não eram escritos com o propósito de construírem as diferenças, apesar de julgarem o passado de outros povos a partir dos seus próprios padrões axiológicos. Estas perspetivas da história mundial baseavam-se em múltiplas genealogias e tradições historiográficas, e tanto as suas preocupações como as noções de «mundo» diferiam consideravelmente. «A globalização ibérica» — escreveu Serge Gruzinski — «deu origem, em todo o lado, a pontos de vista que eram irreconciliáveis entre si, embora complementares nos seus esforços para compreender a natureza global do mundo.» ([11])

Ao longo do tempo, à medida que as redes comerciais e as estruturas imperiais se continuavam a expandir, foram surgindo panoramas da história universal cada vez mais pormenorizados e de maior complexidade empírica. O objetivo era descrever, com maior precisão e de forma tão completa quanto possível, todas as sociedades sobre as quais nada se sabia. Um dos exemplos mais conhecidos é a enorme *Universal History*, publicada em Londres entre 1736 e 1765, e traduzida para quatro idiomas. Tratava-se, basicamente, de uma colossal compilação (sessenta e cinco volumes) estruturada por simples justaposição. A sua finalidade era a de fazer as crónicas do passado e do presente do maior número possível de sociedades, apresentando-as lado a lado. Esta obra baseou-se nos inúmeros testemunhos de viagens disponíveis na Europa do século XVIII. ([12]) Na segunda parte da obra, que cobre o período a partir da Idade Média, cerca de metade foi dedicada ao passado europeu, um quarto ao Japão e à China, sendo o resto dividido entre o Sudeste Asiático, o Peru, o México e os reinos

---

([11]) Gruzinski, *What Time Is It There?*, 69.

([12]) Jürgen Osterhammel, *Die Entzauberung Asiens: Europa und die asiatischen Reiche im 18. Jahrhundert*, Munchen (C. H. Beck) 1998, 271–348. Veja-se também Geoffrey C. Gunn, *First Globalization: The Eurasian Exchange 1500–1800*, Lanham, MD (Rowman & Littlefield) 2003, 145–168; John J. Clarke, *Oriental Enlightenment: The Encounter between Asian and Western Thought*, London (Routledge) 1997.

do Congo e de Angola. Dado o seu carácter enciclopédico, trata-se mais de uma obra de referências e de consulta, do que propriamente de um livro para ser lido por puro prazer; para Edward Gibbon não era mais que «um enfadonho calhamaço (...) sem uma centelha de filosofia ou gosto que lhe dessem vida.» ([13])

O estilo da história mundial e universal era já particularmente pujante na Europa por volta de 1800. Estes trabalhos almejavam informar a partir de todas as regiões do mundo, criando quadros representativos das instituições sociais e dos processos de transformação social que, no seu conjunto, equivaleriam a uma «história da humanidade» de grande escala. Inclui-se aqui a obra de Voltaire (1694–1778) e de Edward Gibbon (1737–1794), cujo *Declínio e Queda do Império Romano* cobria todo o continente euroasiático até ao nascimento dos Impérios Mongóis e à conquista de Constantinopla pelos turcos. ([14]) Um dos primeiros polos de escrita da história universal foi a Universidade de Göttingen, onde historiadores como Johann Christoph Gatterer (1727–1799) expunham as suas considerações gerais acerca da história da humanidade. No seu conjunto, estes estudos históricos comparativos permaneceram vinculados ao conceito de «civilizações» distintas e foram elaborados a partir da perspetiva cultural europeia (ou da narrativa bíblica, como aconteceu no caso de Gatterer). ([15])

([13]) Citado em Johan van der Zande, «August Ludwig Schlozer and the English Universal History», *in*: Stefan Berger, Peter Lambert e Peter Schumann (eds.), *Historikerdialoge: Geschichte, Mythos und Gedächtnis im deutsch-britischen kulturellen Austausch, 1750–2000*, Göttingen (Vandenhoeck & Ruprecht) 2003, 135–156, citação: 135.

([14]) Karen O'Brien, *Narratives of Enlightenment: Cosmopolitan History from Voltaire to Gibbon*, Cambridge (Cambridge University Press) 1997. Sobre Gibbon, ver também John G. A. Pocock, *Barbarism and Religion*, 5 volumes, Cambridge (Cambridge University Press) 1999–2011.

([15]) Veja-se, por exemplo, Michael Harbsmeier, «World Histories before Domestication: The Writing of Universal Histories, Histories of Mankind and World Histories in Late Eighteenth-Century Germany», *Culture and History* 5 (1989), 93–131. Quanto à persistência da cronologia

A história mundial na era da hegemonia ocidental

Ao longo do século XIX, em muitas partes do mundo, ocorreu uma alteração crucial na forma como se perspetivava o passado. Na era da hegemonia europeia (e, também, norte-americana) as abordagens dos estudos históricos foram gradualmente homogeneizando as suas narrativas e começaram a obedecer a padrões metodológicos uniformes. A historiografia convencional viu neste processo o resultado, e o triunfo, da ocidentalização: a difusão de uma abordagem histórica racional e iluminada, considerada um avanço relativamente aos modelos do passado, subordinados à religião e aos mitos. Em vários aspetos, esta leitura tem vindo a ser reproduzida e desenvolvida pelos recentes estudos pós-coloniais, embora com uma ênfase diferente. A difusão do conhecimento histórico moderno europeu não é hoje interpretada como um contributo para a modernização do pensamento histórico, mas antes como uma forma de imposição de determinados valores culturais ou como manifestação da hegemonia imperial. No entanto, os proponentes dos estudos pós-coloniais continuam presos à noção de difusão de uma ideia europeia.(16)

De facto, as suas explicações têm um mérito. É que a ordem mundial dominada pela Europa obrigou o resto do mundo a envolver-se com as cosmologias e as formas europeias de interpretação do passado. Os historiadores inspiravam-se, cada vez mais, em narrativas históricas fundamentadas na ascendência oitocentista de uma ordem mundial liberal e viam a nação enquanto força motriz da história, postulando ainda uma noção geral de «modernização». A história europeia

bíblica, veja-se Suzanne L. Marchand, *German Orientalism in the Age of Empire: Religion, Race, and Scholarship*, Cambridge (Cambridge University Press) 2009.

(16) Veja-se, por exemplo, Prasenjit Duara, *Rescuing History from the Nation: Questioning Narratives of Modern China*, Chicago (Chicago University Press) 1995.

apresentou-se como processo de transformação universal, impondo-se como um modelo e um padrão de referência. A tradução de obras de historiadores europeus como François Guizot e Henry Buckle, bem como o positivismo de Auguste Comte e o darwinismo social de Herbert Spencer, tiveram também um papel fundamental. Quando, por exemplo, Bartolomé Mitre, presidente da Argentina na década de 1860, escreveu a história do seu país até à independência, tirou partido de conceitos popularizados pela historiografia iluminista assente no positivismo — ciência e progresso, secularização e liberdades liberais — que pareciam encaixar com naturalidade na política do poder do sistema estatal internacional e no regime de comércio livre. ([17]) A exportação institucional da história europeia erudita — com a fundação de faculdades de história, associações de historiadores, revistas e manuais da disciplina — contribuiu ainda mais para a uniformização da análise histórica. ([18])

Ainda assim, seria demasiado simplista sugerir que tudo isto é unicamente o resultado da disseminação mundial da historiografia europeia. É necessário não esquecer que a compreensão moderna da história era uma novidade e, consequentemente, algo estranho no interior da própria Europa. O foco na nação, o conceito de tempo assente no ideal de progresso, a metodologia que sublinhava a necessidade de uma análise crítica das fontes e a incrustação dos fenómenos num contexto global — tudo isto também representava um desafio para a maioria dos europeus. A nova conceção de tempo, em particular, constituiu uma profunda rutura, tanto

([17]) John L. Robinson, *Bartolomé Mitre, Historian of the Americas*, Washington, DC (University Press of America) 1982; E. Bradford Burns, «Ideology in Nineteenth-Century Latin American Historiography», *The Hispanic American Historical Review* 58 (1978), 409–431.

([18]) Veja-se, por exemplo, Stefan Tanaka, *Japan's Orient: Rendering Pasts into History*, Berkeley, CA (University of California Press) 1993; Gabriele Lingelbach, *Klio macht Karriere: Die Institutionalisierung der Geschichtswissenschaft in Frankreich und den USA in der zweiten Hälfte des 19. Jahrhunderts*, Göttingen (Vandenhoeck & Ruprecht) 2003.

na Europa como no resto do mundo. À medida que a história académica se foi consolidando, formas alternativas de apropriação do passado foram sendo por ela suplantadas.([19])

Ademais, a versão padronizada das origens europeias e da expansão mundial de tudo o que é europeu exige elaboração e, até certo ponto, uma correção, quando vista a partir de uma perspetiva de história global. Isto por duas razões. Em primeiro lugar, porque os historiadores sempre se basearam, pelo menos parcialmente, nas suas próprias tradições e recursos culturais, mesmo quando adotavam algo novo. No Japão, por exemplo, uma nova forma de historiografia, que se autodenominava «escola nacional» (*kokugaku*), apareceu no final do século XVIII. Procurava, acima de tudo, libertar a academia japonesa da influência predominante da cultura chinesa. Face à importação da cultura e da religião chinesas, levou a cabo um meticuloso trabalho de crítica textual, tentando preservar uma antiguidade japonesa supostamente «pura».([20]) Ao mesmo tempo, na China emergia a «escola crítica» (*kaozhengxue*). Este movimento defendia uma avaliação filológica dos registos escritos, para poder estabelecer os factos e, quando necessário, revelar as falsificações.([21]) Estes exemplos demonstram que as características da historiografia moderna, geralmente associada ao nome de Leopold von Ranke — assim como ao seu enfoque na história da nação e na avaliação crítica das

---

([19]) Reinhart Koselleck, *Futures Past: On the Semantics of Historical Time*, New York (Columbia University Press) 2004; Göran Blix, «Charting the "Transitional Period": The Emergence of Modern Time in the Nineteenth Century», *History and Theory* 45 (2006), 51–71. Ver também Stefan Berger, «Introduction: Towards a Global History of National Historiographies», *in*: *idem* (ed.), *Writing the Nation: A Global Perspective*, Basingstoke (Palgrave Macmillan) 2007, 1–29.

([20]) Susan Burns, *Before the Nation: Kokugaku and the Imagining of Community in Early Modern Japan*, Durham, NC (Duke University Press) 2003.

([21]) Benjamin A. Elman, *From Philosophy to Philology: Intellectual Aspects of Change in Late Imperial China*, Cambridge, MA (Harvard University Press) 1984.

fontes —, não constituíram necessariamente uma intromissão inoportuna de influências culturais estrangeiras. Em segundo lugar, e ainda mais importante, as interpretações da história responderam à alteração na balança geopolítica do poder. «Seria errado identificar simplesmente a difusão a partir do Ocidente como a única causa por detrás da génese da historiografia académica enquanto fenómeno mundial», como defendeu Dominic Sachsenmaier. «Muitos traços característicos da historiografia académica — como a forte presença de visões eurocêntricas do mundo — precisam de ser observados não apenas como produtos da mera exportação de uma tradição europeia supostamente imaculada, mas também como subproduto da expansão do continente e das numerosas e complexas transformações sociopolíticas que daí resultaram. (22)

Por outras palavras, independente do local onde era elaborada, a história mundial tinha a marca da geopolítica; em particular, a da integração mundial dentro da hegemonia europeia. Tal aconteceu também dentro da própria Europa, mesmo que muitos dos contemporâneos dificilmente se tivessem apercebido da influência exercida pelas mudanças globais na sua historiografia. Claro que tudo isto foi ainda mais percetível fora da Europa e da América do Norte. Na medida em que outras sociedades ficaram sujeitas a uma ordem global dominada pela Europa Ocidental (e, mais tarde, pelos Estados Unidos), essas sociedades também adaptaram as suas narrativas históricas para fazer a história do seu Estado-nação e do seu progresso. Mas a conceção evolucionista do tempo, a compartimentação da realidade histórica de acordo com as linhas do Estado-nação e a unidade do mundo, não resultaram diretamente de processos de tradução e de transferências intelectuais. Pelo contrário, perante a integração global através de estruturas imperiais e de mercados em expansão, muitos

(22) Dominic Sachsenmaier, «Global History, Pluralism, and the Question of Traditions», *New Global Studies* 3, no. 3 (2009), article 3, citação: 3–4.

contemporâneos consideravam que essas premissas eram a base óbvia e natural da historiografia. A ascensão do saber histórico moderno foi, portanto, o trabalho de muitos autores espalhados pelo mundo que respondiam aos seus diversos interesses e necessidades. O conhecimento histórico modificou-se face ao aumento progressivo da integração mundial.(23)

A característica central da maioria das histórias mundiais dos séculos XIX e XX — e das suas conceções eurocêntricas do espaço e do tempo — deve então ser entendida como resultado de hierarquias globais e de estruturas geopolíticas assimétricas. A metanarrativa, estruturada como uma hierarquia de estádios e teleologicamente apontada para a Europa, foi contada de diversas formas. Tivemos Condorcet, com as suas dez etapas do desenvolvimento filosófico e científico; a história conjetural escocesa, com o seu modelo de etapas de desenvolvimento e evolução cultural; e as lições de Hegel sobre a história da filosofia, em que a história das sociedades não-europeias era reduzida a uma «pré-história» — tal como na sua infame metáfora de África como «terra da infância».(24) No decurso do século seguinte, apareceram também na historiografia não-europeia interpretações da história mundial assentes no paradigma do progresso. Entre os autores mais notáveis figuram nomes como o de Liang Qichao (1902) na China, Fukuzawa Yukichi (1869) no Japão, e Jawaharlal Nehru (1934) na Índia. As suas obras são representativas do amplo espectro de estudos em história mundial e atestam a emergência de formas análogas de consciência global em várias partes do mundo, apesar das diferenças locais.

---

(23) Para as perspetivas da história global, veja-se, em especial, Dominic Sachsenmaier, *Global Perspectives on Global History: Theories and Approaches in a Connected World*, Cambridge (Cambridge University Press) 2011, 11–17. Ver ainda Daniel Woolf, *A Global History of History*, Cambridge (Cambridge University Press) 2011.

(24) G. W. F. Hegel, *The Philosophy of History*, trans. J. Sibree, introduction C. J. Friedrich, New York (Dover Publications) 1956, 91; Duara, *Rescuing History from the Nation.*

Na prática, mais importante do que as descrições exaustivas de todas as regiões do mundo, foi o papel da história mundial como metanarrativa. Em muitos países, uma versão estilizada da história mundial serviu de parâmetro a partir do qual se media e avaliava o desenvolvimento de cada nação. O progresso era maioritariamente explicado por fatores endógenos. A sua ausência era, igualmente, atribuída a obstáculos e constrangimentos internos. No entanto, mesmo quando os historiadores se debruçavam sobre assuntos restritos à história nacional, tendiam a fazê-lo à luz de modelos globais. Ziya Gökalp, por exemplo, descreveu a transição de um Estado Otomano para um Estado Turco como uma manifestação de processos universais.

A consolidação de uma conceção universal da história mundial no final do século XIX e inícios do século XX não deve ser simplesmente explicada como o resultado de transferências intelectuais originárias da Europa, como muitas vezes acontece.(25) Mesmo quando os historiadores e pensadores sociais não-europeus recorriam a representações claramente eurocêntricas, assentes nas categorias do pensamento iluminista, essas narrativas não eram meras cópias: elas estavam, frequentemente, em sintonia com os interesses reformistas dos seus autores e com as suas próprias perspetivas sobre as realidades das mudanças globais. A maioria dos historiadores assumia que o foco devia estar na Europa, pois era ali, *naquele momento*, que se encontravam as sociedades materialmente mais avançadas — uma circunstância que podia potencialmente mudar no futuro. Sendo assim, empregava-se um conceito de civilização que era entendido como universal, mas que não estava, *a priori*, circunscrito à Europa.(26)

---

(25) Para a perspetiva tradicional veja-se Patrick O'Brien, «Historiographical Traditions and Modern Imperatives for the Restoration of Global History», *Journal of Global History* 1 (2006), 3–39.

(26) Christopher L. Hill, *National History and the World of Nations: Capital, State, and the Rhetoric of History in Japan, France, and the United States*, Durham, NC (Duke University Press) 2008.

Dadas as assimetrias do poder, a narrativa eurocêntrica foi, durante muito tempo, hegemónica. No entanto, isto não significa que era a única alternativa ou que se encontrava imune a críticas. Liang Qichao, por exemplo, reclamou que «a história da raça Ariana (é) muitas vezes apresentada erroneamente como uma "história mundial."»(27) De facto, os principais desafios articulados desde o século XIX empregavam uma argumentação que, em parte, permanece influente até aos dias de hoje. Estes desafios seguem duas grandes linhas de pensamento crítico: a «abordagem dos sistemas» e o «conceito de civilização».

A primeira pode ser imputada a Karl Marx. De facto, o materialismo histórico também assentou em estádios de desenvolvimento, partilhando, por isso, traços do eurocentrismo do seu tempo. Mesmo assim, quando comparado a outras abordagens, o materialismo histórico marxista coloca mais ênfase nos entrelaçamentos e nas interações, isto é, nas condições *sistémicas*, do desenvolvimento social à escala global. O *Manifesto Comunista* de 1848, escrito em colaboração com Friedrich Engels, expõe essa visão em poucas palavras: «A burguesia, pela sua exploração do mercado mundial, configurou de um modo cosmopolita a produção e o consumo de todos os países (...) tirou à indústria o solo nacional onde firmava os pés. As antiquíssimas indústrias nacionais foram aniquiladas, e são ainda diariamente aniquiladas. (...) Para o lugar da velha autossuficiência e do velho isolamento locais e nacionais, entram um intercâmbio omnilateral, uma dependência das nações umas das outras.»(28) A posterior historiografia mundial construiu-se a partir destas ideias — em particular a escola da teoria dos sistemas-mundo, mas também

(27) Rebecca E. Karl, «Creating Asia: China in the World at the Beginning of the Twentieth Century», *American Historical Review* 103 (1998), 1096–1118, citação: 1109.

(28) Karl Marx e Friedrich Engels, *The Communist Manifesto: A Modern Edition*, London (Verso) 1998, 39. [*Manifesto do Partido Comunista*, Lisboa (Edições «Avante!») 1997 (2ª edição, dirigida por José Barata-Moura e Francisco Melo)].

formas opostas como a historiografia «a partir de baixo» e os estudos subalternos.

A segunda abordagem crítica, alicerçada no conceito de civilização, ganhou popularidade no mundo árabe e islâmico, assim como na Ásia Oriental, na década de 1880. No seu âmago estava a ênfase na diferença cultural e na ideia de que diferentes tradições não podiam ser sujeitas ao paradigma do progresso com a sua conceção linear de tempo. Okakura Tenshin (1862–1913) no Japão e Rabindranath Tagore (1861–1941) em Bengala, dois dos seus primeiros proponentes, ancoraram a sua visão sobre a história na dicotomia entre o Ocidente materialista e o Oriente espiritual, reconhecendo a alteridade.([29])

A obra de Johann Gottfried Herder (1744–1803) influenciou alguns autores que abraçaram o conceito de civilização. Nos seus quatro volumes de *Ideias Para Uma Filosofia da História da Humanidade* (1784–91) defendeu a individualidade e a unicidade das diferentes culturas do mundo, que estariam, temia o autor, em perigo de extinção no decorrer da expansão europeia. Os seus textos foram uma importante fonte de inspiração para intelectuais de muitos lugares. No entanto, e uma vez mais, é necessário fazer uma ressalva: o apelo global do conceito de civilização não foi apenas um legado herderiano.([30]) Foi também consequência das mudanças sísmicas que estavam a ocorrer na ordem mundial no final do século XIX, quando a compartimentação do planeta em civilizações descontínuas parecia cada vez mais plausível face ao pano de fundo do

---

([29]) Cemil Aydin, *The Politics of Anti-Westernism in Asia: Visions of World Order in Pan-Islamic and Pan-Asian Thought*, New York (Columbia University Press) 2007; Stephen N. Hay, *Asian Ideas of East and West: Tagore and His Critics in Japan, China, and India*, Cambridge, MA (Harvard University Press) 1970; Rustom Bharucha, *Another Asia: Rabindranath Tagore and Okakura Tenshin*, New Delhi (Oxford University Press) 2006.

([30]) A minha interpretação é contrária à de Ian Buruma e Avishai Margalit, *Occidentalism: The West in the Eyes of Its Enemies*, New York (Penguin Books) 2004. [*Ocidentalismo: uma breve história da aversão ao Ocidente*, trad. Manuel Leite, Mem Martins (Europa-América) 2005].

imperialismo, da doutrina racial e da agenda dos movimentos pan-nacionalistas.(31) Esta ideia de uma pluralidade de «culturas» que resistiam à classificação de «avançadas» ou «atrasadas», ganhou popularidade na sequência da I Guerra Mundial — em particular com a crítica europeia *fin de siécle* à civilização e, depois de 1918, com a ampla aclamação de *O Declínio do Ocidente* de Oswald Spengler.(32)

A história mundial depois de 1945

O paradigma civilizacional persistiu até à segunda metade do século XX e ganhou novo fôlego com os dez volumes de *Um Estudo de História* de Arnold Toynbee. Os primeiros volumes foram publicados na década de 1930. Mas foi só depois da II Guerra Mundial que o impacto da obra se fez realmente sentir. Toynbee dividiu o mundo em vinte e uma civilizações, cada uma caracterizada por elementos culturais específicos (sobretudo religiosos), atribuindo ainda, a cada uma delas, uma lógica interna própria, que explicaria a sua ascensão e queda. O seu ponto de vista, ao desafiar a narrativa universal do progresso, num contexto marcado pela devastação da Guerra, impressionou muitos leitores em todo o mundo. Mas apesar do seu monumental trabalho ter conquistado amplamente o público em geral, Toynbee continuava a ser marginalizado pelos historiadores.(33)

---

(31) Prasenjit Duara, «The Discourse of Civilization and Pan-Asianism», *Journal of World History* 12 (2001), 99–130; Andrew Sartori, *Bengal in Global Concept History: Culturalism in the Age of Capital*, Chicago (Chicago University Press) 2008.

(32) Michael Adas, «Contested Hegemony: The Great War and the Afro-Asian Assault on the Civilizing Mission Ideology», *Journal of World History* 15 (2004), 31–64; Dominic Sachsenmaier, «Searching for Alternatives to Western Modernity», *Journal of Modern European History* 4 (2006), 241–259.

(33) Paul Costello, *World Historians and Their Goals: Twentieth-Century Answers to Modernism*, DeKalb, IL (Northern Illinois University Press) 1993.

De facto, o estatuto da história mundial dentro da disciplina permaneceu incerto, na grande maioria dos países, até à década de 1990.([34]) Algo que não surpreende, uma vez que o período do pós-guerra foi, em várias zonas do mundo, uma época de construção nacional. Em muitas das recém-independentes ex-colónias, em particular, a construção de uma história nacional ocupava o topo da agenda política. Dado o equilíbrio do poder político, os historiadores destas nações usaram o passado europeu como referencial para medir a história dos seus próprios países, impondo a si próprios uma narrativa de desenvolvimento moldada a partir do Ocidente. O domínio da historiografia anglófona, em especial, cresceu. É neste contexto que a principal obra de William McNeill, publicada em 1963, e sintomaticamente intitulada *A Ascensão do Ocidente* (*The Rise of the West*), se tornou um dos mais influentes trabalhos de referência. O livro é representativo da hegemonia de uma perspetiva macro indubitavelmente eurocêntrica. Nele, o mundo moderno é apresentado como o produto das tradições ocidentais, uma conquista europeia *sui generis*, que, no alto da sua glória, foi exportada para outras regiões do mundo. É um olhar que expressa claramente a diferença entre países «desenvolvidos» e «subdesenvolvidos», uma dicotomia que dominou o período que se seguiu à descolonização.([35])

([34]) Para a década seguinte veja-se o excelente esboço de Sachsenmaier, *Global Perspectives*, 25–58.

([35]) William McNeill, *The Rise of the West: A History of the Human Community*, Chicago (University of Chicago Press) 1963. Mais tarde, McNeill distanciou-se, repetidamente, do eurocentrismo da sua obra magna, por exemplo em «World History and the Rise and the Fall of the West», *Journal of World History* 9 (1988), 215–236. Outras obras populares da mesma índole são as de Eric Jones, *The European Miracle: Environments, Economies and Geopolitics in the History of Europe and Asia*, Cambridge (Cambridge University Press) 1981 [*O milagre europeu: 1400–1800: contextos, economias e geopolíticas na história da Europa e da Ásia*; trad. Ana Mónica Faria de Carvalho, rev. Francisco Contente Domingues; Lisboa (Gradiva) 1987]; David Landes, *The Wealth and Poverty of Nations: Why*

No entanto, para a emergência de uma tradição da história mundial foram mais importantes os contributos marxistas e os trabalhos influenciados pelo materialismo histórico, do que a ideia de mónadas civilizacionais de Toynbee ou a teoria da modernização implícita na apoteose europeia de McNeill. Depois de 1945, as abordagens marxistas tornaram-se crucialmente influentes — não apenas na União Soviética e nos países do Bloco de Leste, mas também na América Latina, em França, Itália, Índia e no Japão. Sobretudo na União Soviética e na China, a história mundial foi institucionalizada após a conquista comunista do poder e tornou-se muito mais proeminente aí do que no Ocidente. Foram criados departamentos de história mundial em várias universidades. Na China, aproximadamente um terço dos historiadores universitários trabalhavam em institutos especializados em história mundial — algo inconcebível à época, tanto para a Europa como para os Estados Unidos. A história mundial chinesa era, na verdade, de um tipo bastante peculiar, sendo muito mais limitada no seu alcance do que a de Toynbee ou a de McNeill. Muitos historiadores marxistas concentravam-se na história de um país em específico, enquadrando-o nos termos do modelo universal marxista de desenvolvimento histórico. Na União Soviética, Estaline encomendou a canónica *História do Partido Comunista-Bolchevique da URSS*, que propunha uma série relativamente rígida de etapas. De uma forma geral, os académicos procediam dedutivamente, procurando evidências desses padrões universais de desenvolvimento postulados no abstrato. A pesquisa empírica procurava adequar, assim, a realidade ao apriorismo teórico. ([36])

Some Are So Rich and Some So Poor, New York (W. W. Norton) 1999 [*A Riqueza e a Pobreza das Nações: Por que são algumas tão ricas e outras tão pobres*; trad. Lucínia Azambuja; Lisboa (Gradiva) 2001]; Michael Mitterauer, *Why Europe? The Medieval Origins of Its Special Path*, Chicago (University of Chicago Press) 2010.

([36]) Sachsenmaier, *Global Perspectives*, 184–191; Leif Littrup, «World History with Chinese Characteristics», *Culture and History* 5 (1989), 39–64.

A teoria dos sistemas-mundo surgiu na década de 1970 como uma reação ao que poderíamos classificar de «história mundial num só país», para parafrasear Lenine. A obra inacabada de Immanuel Wallerstein, cujo primeiro volume foi publicado em 1974, obteve um imediato e entusiástico acolhimento em vários lugares. Focava-se nos processos sistémicos que convidavam os historiadores a entender o passado a partir de um contexto global substantivo e não apenas com base numa lógica abstrata de desenvolvimento (ver capítulo 3).([37])

Enquanto a interpretação eurocêntrica da história mundial foi predominante — até a abordagem de Wallerstein pressuponha um centro claro ao assumir que todas as nações e regiões foram gradualmente incorporadas no sistema-mundo europeu —, tal não significa que tenha sido incontestada. A fragmentação interna e a polarização da história académica desempenharam um papel determinante no aparecimento de perspetivas críticas. Abordagens como a história das mentalidades dos *Annales*, as diversas formas de «micro-história» e da «história vinda de baixo», os estudos feministas e de género, assim como a «viragem linguística» (*linguistic turn*) fragilizaram as narrativas macro-históricas e desafiaram as premissas eurocêntricas.([38]) Ao mesmo tempo, os estudos de área tornaram-se cada vez mais importantes. Enquanto os historiadores mundiais aproveitavam a riqueza das investigações empíricas dos seus colegas especializados em determinadas regiões, os estudos de área, interessados nas trajetórias e nas dinâmicas regionais, funcionavam, de certa forma, como corretivo à hagiografia da «ascensão do Ocidente.»([39])

([37]) Immanuel Wallerstein, *The Modern World System*, 4 volumes, New York/Berkeley, CA (1974–2011) [*O sistema mundial moderno*; trad. Carlos Leite, Fátima Martins e Joel de Lisboa, Porto (Edições Afrontamento) 1990, 2 vol.]

([38]) Para os EUA, veja-se Peter Novick, *That Noble Dream: The 'Objectivity Question' and the American Historical Profession*, New York (Cambridge University Press) 1988.

([39]) Mark T. Berger, *Under Northern Eyes: Latin American Studies and US Hegemony in the Americas, 1898–1980*, Bloomington, IN (Indiana

Não menos importantes foram as críticas derivadas de uma perspetiva enfaticamente não-ocidental, que colocaram diretamente em causa as metanarrativas eurocêntricas da história mundial. Estas incluíam as iniciais posições «pós-coloniais», adotadas no imediato rescaldo do pós-guerra — que diferiam, por vezes, entre si — por autores como Frantz Fanon, Aimé Césaire e Léopold Senghor. As suas obras expunham aquilo que, em certo sentido, constituía uma crítica fundamental às premissas e valores da missão civilizacional ocidental, com a sua intrínseca crença nas vias universais para o desenvolvimento. O impacto destas abordagens, e de outras similares, adquiriu força com a Conferência de Bandung dos países não-alinhados, em 1955, com os movimentos de contestação anti-imperialistas da era da descolonização e, também, com os protestos globais de 1968.([40]) Dentro dos círculos académicos, a abordagem da teoria da dependência exerceu uma ainda maior influência. Este modelo foi inicialmente desenvolvido por cientistas sociais que trabalhavam na América Latina e estudavam a região. Tal como o trabalho dos primeiros autores pós-coloniais, a teoria da dependência detinha uma dimensão política e criticava as medidas americanas de desenvolvimento para o sul do continente. O grande contributo teórico desta abordagem prendeu-se com as conceções de pobreza e de «atraso». Segundo os seus teóricos, nem a pobreza nem o «atraso» eram consequência das tradições locais não modernas, que não tinham ainda sido afetadas pelas dinâmicas da economia global. Pelo contrário, eram precisamente o resultado da integração daquelas tradições nas estruturas do capitalismo global.([41])

University Press) 1995; Masao Miyoshi e Harry D. Harootunian (eds.), *Learning Places: The Afterlives of Area Studies*, Durham, NC (Duke University Press) 2002.

([40]) Robert Young, *Postcolonialism: An Historical Introduction*, Oxford (Blackwell) 2001.

([41]) Cristobal Kay, *Latin American Theories of Development and Underdevelopment*, London (Routledge) 1989.

Desde 1980, os historiadores dos estudos subalternos colocaram desafios significativos às premissas eurocêntricas. Embora o mesmo possa ser dito relativamente a outras abordagens, este grupo é ilustrativo da produção transnacional do conhecimento. Os estudos subalternos surgiram na Índia com a intenção de escrever a história do ponto de vista das classes marginalizadas, leia-se, «subalternas». Tratava-se de uma espécie de história crítica «vinda de baixo», que se desenvolveu sob condições sociais específicas, nos anos que se seguiram ao estado de emergência de Indira Gandhi. Assim, este campo de estudos estava localmente enraizado, embora se inspirasse também numa série de modelos internacionais, de Gramsci a Foucault até Said e Derrida. A agenda de investigação dos estudos subalternos atraiu rapidamente a atenção para lá do campo da história da Ásia Meridional. Importantes representantes do movimento desfrutaram de carreiras de sucesso nas universidades do mundo anglófono. Ainda assim, os estudos subalternos permaneceram associados à Índia. Aliás, muita da sua força crítica contra as abordagens eurocêntricas deriva desta sua origem não ocidental. ([42])

No final do século XX, a escrita da história mundial tornou-se marcadamente diversificada, ainda que, na maioria dos países, se mantivesse à margem da disciplina. A interpretação de que o passado global fora dominado pela ascensão da Europa continuou a desempenhar um papel proeminente. No entanto, as críticas às narrativas eurocêntricas encontravam-se em ascensão. Acresce que ocupavam, agora, uma posição muito mais central face àquela que detinham apenas cem anos antes. ([43])

Aquilo que a história da escrita da história mundial demonstra é que o atual interesse nos processos que transcendem as fronteiras e as culturas não constitui nada de novo, nem na Europa nem em muitas outras regiões. Há muito

---

([42]) Gyan Prakash, «Subaltern Studies as Postcolonial Criticism», *American Historical Review* 99 (1994), 1475–1490.

([43]) Sachsenmaier, *Global Perspectives*, 45.

tempo que os historiadores procuram descrever o mundo, ou, para ser mais preciso, o *seu* mundo — porque, como vimos ao longo do esboço apresentado neste capítulo, o «mundo» em discussão não foi sempre, de forma alguma, o mesmo. A definição de «mundo» variou de acordo com a perspetiva, com aquilo que os historiadores e os seus contemporâneos estavam dispostos a descobrir e a comprovar. Os padrões de interação e de trocas, e a extensão das interconexões globais, também concorreram para a construção e variação do conceito. As histórias universais do século XVIII baseavam-se em experiências claramente diferentes daquelas que haviam inspirado as histórias mundiais ecuménicas da Antiguidade; diferiam, também, do conceito de mundo por volta de 1900, instruído pela ideia de missão civilizacional. E o mesmo pode ser dito relativamente aos atuais debates suscitados pela globalização dos dias de hoje. Tão importantes como as diferenças no tempo, foram as disparidades regionais. Embora houvesse áreas de sobreposição, o mundo de Liang Qichao não era igual ao do seu contemporâneo alemão Karl Lamprecht. A história global foi — e continua a ser — uma perspetiva particular, o que significa que ela é moldada pelas condições do tempo e do lugar onde emerge.

Esta ideia — de que tanto as formas de nos relacionarmos com o mundo, como a própria noção de «mundo», têm uma história — não só é importante, como nos deve servir de advertência. Os atuais pressupostos acerca do processo de globalização não devem ser encarados como intemporais. A história global dos nossos dias difere da dos seus precursores em vários pontos importantes, destacando-se a atual ênfase nos entrelaçamentos e na integração, bem como a determinação em ir além de conceitos mais antigos — particularmente os de civilizações distintas, difusão europeia e narrativas teleológicas.

CAPÍTULO 3

Abordagens concorrentes

O atual interesse na história global não é radicalmente novo. Em vários campos — tal como a história do imperialismo e do colonialismo, a história da mobilidade e da migração, algumas áreas da história intelectual e, mais recentemente, a história ambiental —, desde há muito que os historiadores começaram a cruzar fronteiras e a desafiar a compartimentação prevalecente do passado. Não há dúvida que os historiadores globais de hoje devem muito a estes antecessores. E ainda que não sejam os herdeiros diretos das antigas tradições de escrita da história mundial, os historiadores globais formulam algumas das mesmas questões e percorrem alguns dos caminhos já percorridos por outros. Também a este respeito, qualquer pretensão de novidade radical seria enganadora. No mercado académico de hoje, a história global compete com outras abordagens que tentam explicar, igualmente, as dinâmicas do mundo moderno. De entre um conjunto mais vasto de possibilidades, este capítulo apresenta cinco abordagens que continuam a ser especialmente relevantes: os estudos comparativos, a história transnacional, a teoria dos sistemas-mundo, os estudos pós-coloniais e o conceito de múltiplas modernidades. Importa ressalvar que nem todas elas pertencem exclusivamente à disciplina da história, da mesma maneira que nem todas aspiram a explicar processos e dinâmicas globais por inteiro. Cada uma das seguintes secções apresenta estas abordagens e reflete sobre até que ponto as perspetivas da história global se podem basear nas suas ideias.

Antes de entrarmos neste debate, é de notar que, pesem embora todos os matizes que os diferenciam, estes paradigmas têm também muito em comum. Eles não são, de forma alguma, hermeticamente distintos e, na verdade, influenciam-se mutuamente de maneiras muito diversas. Ainda mais importante, todos partilham um interesse geral em transcender as perspetivas estritamente nacionais e em ir mais além da hegemonia interpretativa ocidental. Partilham também o objetivo de explorar problemas históricos sem se confinarem *a priori* às fronteiras dos Estados-nação, dos impérios ou de outras entidades políticas. É isto que os distingue da maioria da historiografia dos últimos 150 anos, um período em que a história académica, quase por todo o lado, se encontrava estreitamente ligada ao projeto de construção do Estado-nação. Portanto, ao discutirmos as características e limites de cada uma destas abordagens, devemos ter em mente que os seus objetivos e as suas inquietações se fundem de muitas maneiras.

A História Comparada

Na longa história do pensamento histórico mundial, os estudos comparativos possuem uma tradição venerável, indo das antigas perspetivas ecuménicas (que comparavam a sua civilização com a barbárie dos povos vizinhos) à justaposição de macrorregiões que tem caracterizado grande parte da história mundial do século XX. A sociologia histórica — como a investigação de Max Weber sobre as origens do capitalismo moderno ou as análises de grande escala sobre o Estado, as revoluções e a mudança social, que estiveram em voga no apogeu da teoria da modernização — tem sido particularmente propensa a usar a abordagem comparativa. Recentemente, contudo, este método vem sendo atacado por uma literatura que celebra as conexões e os fluxos, cada vez mais cética da rigidez da linguagem das ciências sociais. Em certos sectores, a história global tem sido introduzida como um antídoto face aos enquadramentos comparativos. No entanto, a história comparativa dos últimos anos também se voltou para o global e não há, de facto, nenhuma contradição intrínseca entre ambas as abordagens.

Para começar, vale a pena lembrar que nenhum historiador pode proceder sem algum tipo de comparações. Praticamente todas as interpretações e avaliações históricas dependem de um certo tipo de julgamento comparativo. Qualquer referência à mudança (ou estagnação), às especificidades ou às características peculiares, tem de se apoiar em noções de diferença face a períodos anteriores, a outros grupos ou a outras sociedades. Boa parte da terminologia que os historiadores empregam — pensemos em conceitos como desenvolvimento e revolução — articula imagens, períodos e eventos contrastantes. Pelo menos implicitamente, é difícil imaginar um trabalho de interpretação histórica que pudesse prescindir por inteiro da lente comparativa.

Para os historiadores que procuram dar resposta a algumas das grandes questões históricas colocadas a uma escala global, o enquadramento comparativo parece ser obrigatório: por que é que a Revolução Industrial se deu primeiro em Inglaterra e não na China? Por que é que foram os barcos espanhóis a chegar às Américas em 1492 e não o inverso? Terão as sociedades indígenas da Austrália e de África modificado o seu meio ambiente de forma menos radical que os europeus? O que explica que o Japão Tokugawa tenha sido capaz de impedir uma desflorestação em massa, quando nenhuma outra sociedade da Idade Moderna o fez? É impossível responder a este tipo de questões sem realizar um trabalho comparativo sistemático.

As vantagens da abordagem comparativa são bem visíveis. Ela leva-nos para lá de casos específicos, abrindo assim uma conversação entre diferentes trajetórias e experiências históricas. As comparações obrigam também os historiadores a formular perguntas claras e a seguir estratégias de investigação orientadas por problemas; forçam-nos, ainda, a superar relatos puramente descritivos, garantindo desse modo estudos históricos marcados pelo rigor analítico. Por último, as comparações são um instrumento apropriado para estudar as situações em que as trocas e o contacto direto são mínimos, como se torna óbvio à medida que analisamos casos independentes ao longo do tempo. Por exemplo, podemos comparar o aparecimento das primeiras civilizações urbanas, da Mesopotâmia, no terceiro milénio a.C., passando por Hieracômpolis no Egito, Harapa e Mohenjo-Daro no vale do Indo, até às primeiras cidades maias, que floresceram cerca de dois mil anos mais tarde. Um estudo deste género pode revelar muito sobre os fatores que possibilitaram o surgimento de aglomerados urbanos poderosos, baseados na divisão do trabalho e em novas hierarquias sociais. ([1])

Embora as comparações possuam um enorme valor heurístico, a verdade é que elas também têm as suas limitações. Algumas destas são desafios gerais que se colocam a todos os historiadores comparativistas. Por exemplo, as comparações tendem a homogeneizar os casos em análise e a esbater as diferenças internas. Quando se justapõe a arte chinesa à holandesa, a historiografia argentina à nigeriana, ou a mobilidade social na Rússia e no México, o desenho da pesquisa tende a nivelar a heterogeneidade existente no interior de cada caso.

Há dois problemas que se tornam particularmente salientes quando se recorre a comparações para escrever a história do mundo. O primeiro é o espectro da teleologia. Os casos são comparados partindo de um referente comum, sendo depois medidos face a um padrão, mesmo que este último não seja definido de forma explícita. Quando um qualquer desenvolvimento num dos casos parece ser menos impressionante, emprega-se, amiúde, uma retórica de «ausência» para descrever os diversos tipos de atraso e de imperfeição. Em segundo lugar, a comparação — em especial a sua encarnação sociológica enquanto «comparação sistemática» — padece

([1]) Heinz-Gerhard Haupt e Jürgen Kocka (eds.), *Comparative and Transnational History: Central European Approaches and New Perspectives*, New York (Berghahn Books) 2009; Deborah Cohen e Maura O'Connor (eds.), *Comparison and History*, New York (Routledge) 2004.

tipicamente daquilo a que poderíamos chamar ficção da autonomia. Assim, dois casos são tratados como distintos e, basicamente, como não relacionados entre si, dado que um contacto excessivo entre ambos iria forçosamente complicar — ou, na linguagem das ciências sociais, «contaminar» — as conclusões que daí se podem extrair. Muitas macro-comparações têm partido do pressuposto que os seus objetos se desenvolveram mais ou menos independentemente uns dos outros. ([2])

A narrativa da singularidade que, desde há muito tempo, tem povoado os nossos livros de história, resulta destas duas características — a teleologia e a ficção da autonomia. Sociedades inteiras — de forma mais visível a Alemanha, a Rússia e o Japão — parecem ter-se afastado de uma trajetória comum e seguido um caminho desviante, um *Sonderweg*. Na outra face da moeda, encontramos as narrativas do excecionalismo, como acontece a propósito dos Estados Unidos. Na história mundial, o caso que tem atraído mais atenção é a do alegado «milagre europeu», a via singular de acesso da Europa à modernidade.

É importante ter em conta que estas narrativas sobre a singularidade são, em parte, produzidas pela própria abordagem comparativa. A comparação tende a criar e a reproduzir as histórias da particularidade nacional ou civilizacional, porque o seu enfoque na mudança social é gerado sobretudo a partir de fatores internos, mais do que de interações e de trocas. Em última análise, o mesmo acontece com os estudos revisionistas que se colocam explicitamente contra o paradigma eurocêntrico e as interpretações de excecionalismo. À medida que comparam casos relativamente independentes, as semelhanças tornam-se difíceis de explicar e esses estudos

---

([2]) Para uma recente avaliação do método comparativo, veja-se George Steinmetz, «Comparative History and Its Critics: A Genealogy and a Possible Solution», *in*: Prasenjit Duara, Viren Murthy e Andrew Sartori (eds.), *A Companion to Global Historical Thought*, Malden, MA (Wiley Blackwell) 2014, 412–436.

acabam por se admirar com os «estranhos paralelos» descobertos. (3)

Foram avançadas várias propostas com o intuito de corrigir estas falhas. Os candidatos sugeridos com mais frequência são as histórias sobre transferências, entrelaçamentos e conexões. (4) Todas elas centram-se nas conexões e nas trocas, nos movimentos de pessoas, de ideias e de coisas através das fronteiras. É claro que as histórias sobre transferências e as comparações não são mutuamente exclusivas. A maioria dos objetos partilha, pelo menos, um certo grau de interconexão. Por outro lado, comparar diferentes formas de transferência pode também ser esclarecedor: por que é que o futebol viajou para a Argentina e o Gana, mas não para a Índia e os Estados Unidos? Por que é que alguns grupos de nativos americanos adotaram o cristianismo mais prontamente que outros? Por que é que alguns povos reconheceram determinados resultados das interações e negaram outros, como a dívida da Europa medieval à ciência islâmica?

Os estudos comparativos têm beneficiado dos desafios colocados pelas histórias da transferência e da interconexão, tornando-se assim mais dinâmicos e orientados para os processos. No entanto, as histórias das transferências continuam enredadas na ideia de entidades pré-existentes e, devido a isso, deparam-se com algumas das mesmas dificuldades. A principal limitação que é comum às comparações e aos estudos da transferência é a lógica bilateral que ambas seguem;

---

(3) Victor Lieberman, *Strange Parallels: Southeast Asia in Global Context c. 800–1830. Vol. 1, Integration on the Mainland*, Cambridge (Cambridge University Press) 2003.

(4) Michael Werner e Bénédicte Zimmermann, «Beyond Comparison: Histoire Croisée and the Challenge of Reflexivity», *History & Theory* 45 (2006), 30–50; Michel Espagne, «Sur les limites du comparatisme en histoire culturelle», *Geneses: Sciences Sociales et Histoire* 17 (1994), 112–121; Sanjay Subrahmanyam, «Connected Histories: Notes toward a Reconfiguration of Early Modern Eurasia», *Modern Asian Studies* 31 (1997), 735–762; Subrahmanyam, *Explorations in Connected History: From the Tagus to the Ganges*, Oxford (Oxford University Press) 2005.

quer dizer, elas olham para as semelhanças e diferenças e para as conexões entre dois casos. Um tal enquadramento é insuficiente. A crise económica de 1929, por exemplo, afetou inúmeras empresas em todo o mundo, mesmo que estas não estivessem diretamente ligadas. Numa situação como esta, a preocupação com as transferências e as interações diretas seria, sem dúvida, redutora. Em última instância, as lacunas metodológicas, tanto das comparações como das histórias sobre transferências e conexões, residem na sua estrutura binária.

Por isso, no campo da história global são cada vez mais raras as comparações sem conexões e contextos mais amplos. Uma obra influente que tenta fundir as histórias comparativas e de transferências é o livro *A Grande Divergência*, de Kenneth Pomeranz. No essencial, trata-se de um estudo que compara o desenvolvimento económico em Inglaterra e no Delta do Yangtze. Mas Pomeranz complica esta estrutura dicotómica de duas maneiras importantes. Por um lado, procura evitar a questão da normatividade e da teleologia ao usar um «método comparativo recíproco», pelo qual a Inglaterra se torna o parâmetro da China e vice-versa. A intenção não é apenas investigar por que razões a região de Xangai não se desenvolveu da mesma maneira como a do Lancashire, mas também sustentar «a possibilidade de a Europa se poder ter tornado uma China.» (5) Por outro lado, Pomeranz vai além de uma comparação «sistemática» ao pôr em relevo as diferentes maneiras pelas quais a Inglaterra e o Delta do Yangtze se ligavam ao mundo exterior. Depois de discutir a série de fatores internos que é convencional invocar para explicar o arranque industrial britânico e a estagnação chinesa, o autor conclui que foi o *hinterland* imperial da Grã-Bretanha e o seu acesso aos mercados norte-americanos que fizeram a diferença.

---

(5) Kenneth Pomeranz, *The Great Divergence: Europe, China, and the Making of the Modern World Economy*, Princeton (Princeton University Press) 2000, 9. [*A Grande Divergência: A China, a Europa e a Construção da Economia Mundial Moderna*, trad. Miguel Mata, Lisboa (Edições 70) 2013].

Pomeranz argumenta que o desenvolvimento económico inglês só pode ser explicado no interior de um contexto global. «As forças à margem do mercado e as conjunturas extraeuropeias merecem um lugar central na explicação do motivo pelo qual o núcleo muito pouco excecional da Europa Ocidental conseguiu avanços ímpares e acabou como centro privilegiado da nova economia mundial do século XIX.» ([6])

Para os historiadores globais, as macro-comparações podem continuar a ser um instrumento útil. Num mundo de fluxos e de trocas, algumas questões necessitam de uma visão comparativa. Todavia, o tempo das comparações rígidas e sistemáticas entre casos independentes pode ter chegado ao fim. É cada vez mais habitual que as comparações não se limitem a um enquadramento binário e que tomem em consideração o mundo mais vasto que engloba — e muitas vezes estrutura — o seu objeto de estudo. Nas comparações tradicionais, a perspetiva global era tão-só uma construção dos historiadores, que não se baseava em vínculos e interações concretas e que, por isso mesmo, se encontrava totalmente dependente do olhar do observador. Agora isso começou a mudar. Gradualmente, os historiadores comparativistas têm tomado a história global como ponto de partida e desenvolvido investigações que apresentam contextos globais como pano de fundo. De facto, alguns dos trabalhos mais fascinantes no campo da história global usaram uma lente comparativa, embora com uma diferença importante. Ao invés de compararem duas unidades — dois países, duas cidades, dois movimentos sociais — como dadas e separadas, situam-nas, com precisão, dentro dos contextos sistémicos com que ambas se relacionam e aos quais respondem de diferentes maneiras. Ao colocarem as duas unidades numa situação global comum, as próprias comparações começam a fazer parte da abordagem da história global. ([7])

([6]) Pomeranz, *The Great Divergence*, 297

([7]) Um caso exemplar de comparação global pode ser encontrado em Christopher L. Hill, *National History and the World of Nations: Capital,*

A História Transnacional

Se muitos estudos comparativos com um enfoque global são trabalhos de grande escala, abarcando civilizações e impérios inteiros, a história transnacional centra-se em fenómenos geograficamente muito mais limitados. Ao contrário do enquadramento comparativo, o «transnacional» olha para as dimensões fluidas e interligadas do processo histórico, estudando as sociedades a partir do contexto de entrelaçamentos que as moldaram e para os quais, por sua vez, elas contribuíram. Até que ponto é que processos que transcenderam as fronteiras estatais afetaram as dinâmicas sociais? Ao voltar-se para este tipo de questões, a história transnacional presta particular atenção ao papel da mobilidade, da circulação e das transferências. Embora não totalmente desligados, o transnacional difere do internacional, porque aquele não se ocupa apenas das relações externas de um país (por exemplo, a sua diplomacia ou o comércio externo), mas explora também o grau em que determinadas forças externas conseguiram penetrar e dar forma às sociedades. A história transnacional é marcada também por um interesse específico nas organizações transnacionais — ONG, empresas, esferas públicas transnacionais — que não se limitam aos atores estatais e não estão vinculadas às fronteiras do Estado. Os estudos transnacionais investigam, assim, as diversas maneiras pelas quais um país acabou por se situar no mundo e como o mundo, em contrapartida, produziu efeitos profundos em cada sociedade.([8])

Assim definida, a história transnacional não é necessariamente nova. Ela remonta a uma longa tradição de estudos que

---

State, and the Rhetoric of History in Japan, France, and the United States, Durham, NC (Duke University Press) 2008; veja-se também a minha análise à obra, mais adiante, no capítulo 7 deste livro.

([8]) Patricia Clavin, «Defining Transnationalism», *Contemporary European History* 14 (2005), 421–439; Gunilla Budde, Sebastian Conrad e Oliver Janz (eds.), *Transnationale Geschichte: Themen, Tendenzen und Theorien*, Göttingen (Vandenhoeck & Ruprecht) 2006; Pierre-Yves Saunier, *Transnational History*, Basingstoke (Palgrave Macmillan) 2013.

rastreavam os fluxos e as trocas para lá das fronteiras nacionais. No entanto, foi só na década de 1990, um período em que a retórica da globalização parecia minar o poder do Estado-nação e em que os historiadores começaram a procurar formas de transcender o nacionalismo metodológico das ciências sociais, que aquelas abordagens foram agrupadas e que surgiu o termo «transnacional». Desde então, deu-se um incremento nas perspetivas transnacionais em grande parte do mundo, com estudos que abrangem, por exemplo, o oceano Índico ou o Atlântico, e que se centram nas regiões fronteiriças permeáveis dos Andes ou da Europa de Leste. Embora a história da própria nação continue a ser a forma privilegiada de historiografia em quase todo o mundo, este desenvolvimento vem confirmar uma crescente procura por visões espaciais alternativas. Os programas de investigação transnacional estão na ordem do dia em vários países, algumas vezes com o objetivo implícito de evitar o vocabulário de uma história global, considerada demasiado vasta ou até mesmo pretensiosa.

Ainda assim, existe uma relação de proximidade entre as perspetivas transnacional e global. As duas visam transcender o pensamento organizado por «contentores» e a compartimentação da realidade histórica, procurando ir além das análises que são, no essencial, *internalistas.* Algo que é específico à abordagem transnacional é o reconhecimento do papel poderoso que os Estados-nação desempenharam na maior parte do mundo durante os últimos duzentos anos. Esta abordagem tem ajudado a fazer das histórias nacionais mais dinâmicas e mais atentas às complexidades do processo histórico. Muitos dos estudos publicados não pretendem abandonar, por inteiro, a história nacional, mas antes alargá-la e, desse modo, «transnacionalizá-la». *Uma Nação entre Nações,* de Thomas Bender, trata-se de uma influente tentativa de repensar e, sobretudo, de reenquadrar a história moderna dos EUA. Servirá aqui de exemplo para ilustrar tanto as vantagens como os limites da abordagem transnacional. Proclamada, em tom triunfal, como símbolo do «fim da história Americana tal como a conhecemos», a obra começa com a ideia de que «as histórias nacionais fazem parte de histórias globais; cada nação é uma província entre as províncias que constituem o mundo.» ([9]) Em conformidade, Bender situa cinco episódios principais da história norte-americana — a história colonial, a Revolução Americana, a Guerra Civil, o império e o Estado-providência — nas correntes mais gerais, transnacionais e globais, da época. Na sua reinterpretação da revolução, Bender mostra até que ponto a rivalidade franco-britânica e a revolução haitiana influenciaram os acontecimentos da América colonial. Para lá do Atlântico Norte, Bender liga a revolução a outras revoltas de finais de oitocentos, conectando assim a luta pela independência com eventos similares no Peru e no Cairo, no Brasil e em Bengala. O capítulo sobre a escravatura consegue retirar, de forma bem-sucedida, a questão esclavagista do quadro mais imediato da guerra civil, ao mostrar que aquilo que é muitas vezes visto como uma problemática exclusiva dos EUA faz parte, na verdade, de um movimento abolicionista mais vasto, de escala global.

A obra de Bender é muito eficaz na destabilização que provoca nas narrativas convencionais centradas no desenvolvimento endógeno. Ela põe de parte o excecionalismo, uma vez que «a nação não pode ser o seu próprio contexto histórico.» ([10]) O autor demonstra que o que os historiadores tinham, até então, considerado aberrações da trajetória nacional — como o império depois de 1898 — eram, bem pelo contrário, parte integrante de desenvolvimentos globais mais amplos. Assim, *Uma Nação entre Nações* partilha com muitas obras recentes do ramo transnacional o objetivo de chegar a histórias do Estado-nação mais matizadas e entrelaçadas. Seguindo de perto o que o seu título promete, o autor está interessado, principalmente, em fornecer uma melhor compreensão do passado nacional. A intenção declarada de Bender é a de formular «um novo quadro da história dos EUA»

([9]) Thomas Bender, *A Nation among Nations: America's Place in World History*, New York (Hill and Wang) 2006, 3, ix.

([10]) Bender, *A Nation among Nations*, 4.

e uma «melhor explicação dos temas centrais da história americana.» ([11])

É claro que, de certa forma, uma tal posição implica agarrar-se demasiado à própria entidade que esta abordagem alega transcender. Trata-se de uma tensão inerente ao termo «transnacional». Tomado à letra, ele implica que esta é uma abordagem histórica que não pode ser aplicada aos inícios da Idade Moderna, quando ainda não se tinham formado os Estados-nação. «Tenho de confessar», admitiu C. A. Bayly, «que acho o termo transnacional demasiado restritivo para o tipo de trabalho pelo qual me interesso. Antes de 1850, grande parte do globo não era dominada por nações, mas por impérios, cidades-estado, diásporas, etc.» ([12]) E mesmo para o período posterior a 1850, o conceito funciona melhor para a maioria das sociedades ocidentais do que para muitas outras partes do mundo. De molde a torná-lo menos normativo, alguns autores têm sugerido formulações alternativas, tais como «transregional» ou «translocal». ([13])

Mais importante, a um nível metodológico, a abordagem transnacional limita-se, frequentemente, a acenar ao global, sem, todavia, enfrentar totalmente os desafios que ele coloca. Bender, por exemplo, recorre sobretudo a comparações de grande fôlego e enfatiza os paralelos, complementados com passagens que sugerem a interação e a conexão; pelo contrário, as estruturas globais mais vastas figuram como mero cenário e encontram-se pouco ligadas, de forma explícita, às mudanças que ocorreram dentro dos EUA. Tal é característico de muitas obras do paradigma transnacional, em que o global serve mais como um pano de fundo, onde se tenta situar o nacional, e menos como um contexto no qual se investigam sistematicamente problemas de causa e efeito.

([11]) Bender, *A Nation among Nations*, ix, 5.

([12]) C. A. Bayly, «AHR Conversation: On Transnational History», *American Historical Review* 111 (2006), 1441–1464, citação 1442.

([13]) Ulrike Freitag e Achim v. Oppen (eds.), *Translocality–The Study of Globalising Phenomena from a Southern Perspective*, Leiden (Brill) 2010.

A Teoria dos Sistemas-Mundo

Se a abordagem comparativa e a abordagem transnacional têm como ponto de partida casos individuais e nações, a teoria dos sistemas-mundo parte da premissa inversa: as unidades primárias da análise histórica são os «sistemas» e os blocos regionais maiores, enquanto todas as entidades mais pequenas derivam destas estruturas mais amplas. Nas décadas de 1970 e 1980, a história do sistema-mundo tornou-se na alternativa macro-histórica mais importante à teoria da modernização, ao propor um novo quadro para pensar a mudança a uma escala global. Inspirados pela obra de Immanuel Wallerstein, que conta atualmente quatro volumes, os historiadores desta tradição têm salientado a natureza sistémica do sistema estatal internacional e da ordem económica capitalista. O modelo de Wallerstein, tributário dos trabalhos de autores como Karl Polanyi e Fernand Braudel, representou um novo paradigma na análise histórica mundial. Embora colado, em alguns aspetos, à lógica centrífuga da história da expansão europeia, este modelo procurou também distanciar-se dela ao enfatizar processos sistémicos.

O conceito de sistema-mundo é, muitas vezes, mal interpretado. Em primeiro lugar, Wallerstein distingue duas formas diferentes de sistemas-mundo, nomeadamente as economias-mundo e os impérios-mundo. Estes últimos encontram-se orientados para a integração política de territórios extensos, ao passo que as primeiras se baseiam na integração dos mercados. No entanto, uma «economia-mundo» não é necessariamente uma estrutura de mercado em vias de abarcar o planeta inteiro. O termo descreve, antes, uma região mais ou menos autónoma que é capaz de satisfazer internamente o grosso das suas necessidades materiais. Caracteriza-se pela divisão do trabalho e pela troca intensiva de bens dentro de uma grande região geográfica e entre as fronteiras políticas internas dessa região. Por isso, historicamente, coexistiram muitas vezes várias economias-mundo. Braudel, por exemplo, fala de economias-mundo separadas nos casos da Rússia (pelo menos até Pedro, *o Grande*), do Império Otomano, do Sul Asiático pré-moderno e da China.([14])

Segundo este paradigma, o sistema comercial centrado na Europa foi, durante um longo período, apenas um entre muitos outros. A importância desmesurada adquirida pela economia-mundo europeia é explicada pelo facto de ter dado origem à economia globalizada de hoje. Depois de emergir no século XVI, o sistema-mundo europeu conseguiu incorporar, progressivamente, outras regiões num nexo interdependente composto por um núcleo, uma periferia e uma semiperiferia. À medida que se expandia, o núcleo deste sistema-mundo europeu também se deslocava: de Espanha, passando por Portugal e Holanda, até à França e, desde o século XIX, para Inglaterra, seguida dos Estados Unidos. Outras regiões — primeiro a Europa de Leste e a América Latina, seguidas sucessivamente por África e várias regiões da Ásia — foram sendo gradualmente assimiladas ao sistema-mundo europeu.([15]) Uma das questões mais debatidas entre os que aderiram a esta abordagem é a de saber a que época do passado remontam as origens do sistema-mundo capitalista, com sugestões diversas, umas apontando para os séculos XVI ou XIII, outras indo bem mais longe até ao terceiro milénio a.C.([16])

([14]) Para uma síntese concisa dos princípios teóricos da teoria dos sistemas-mundo, veja-se Immanuel Wallerstein, *World-Systems Analysis: An Introduction*, Durham, NC (Duke University Press) 2004; veja-se também Wallerstein, *The Essential Wallerstein*, New York (The New Press) 2000; Fernand Braudel, *The Perspective of the World (Civilization and Capitalism 15th–18thCentury*, volume 3), New York (HarperCollins) 1984, [*Civilização material, economia e capitalismo, sécs. XV–XVIII*, trad. Telma Costa, Lisboa (Teorema) 1992, 3.º volume].

([15]) Immanuel Wallerstein, *The Modern World System*, 4 volumes, New York/Berkeley, CA (1974–2011) [*O sistema mundial moderno*, trad. Carlos Leite, Fátima Martins e Joel de Lisboa, Porto (Edições Afrontamento) 1990, 2 vol.].

([16]) Janet Abu-Lughod, *Before European Hegemony: The World System A.D. 1250–1350*, Oxford (Oxford University Press) 1989; André Gunder Frank e Barry K. Gills (eds.), *The World System: Five Hundred Years or Five Thousand?* London (Routledge) 1993.

Do ponto de vista das atuais abordagens da história global, a teoria dos sistemas-mundo padece de um certo número de desvantagens. Três críticas merecem aqui destaque. Primeiro e mais importante, os estudos baseados neste método manifestam, muitas vezes, uma forma de reducionismo económico que lhes pode conferir uma aparência unidimensional. Dentro do domínio económico propriamente dito, o paradigma tende a ignorar as dinâmicas e a mutabilidade do capitalismo, tal como a passagem da primazia do capital mercantil para a do capital industrial. O conceito de capitalismo no qual esta teoria se funda (definido como uma «infinita acumulação de capital») ([17]) é tão geral que as particularidades históricas caem frequentemente no esquecimento. Uma falha mais grave, contudo, é o modo como outros fatores de integração suprarregional e global — a dominação política, as dinâmicas sociais, as interpretações culturais e as cosmologias — são tratados como menos relevantes e, em última instância, apenas de importância secundária. Por conseguinte, muito pouca atenção é dispensada ao grau em que a integração dos mercados foi, ela mesma, o produto de uma distribuição assimétrica do poder.

Em segundo lugar, pode-se ficar com a impressão que Wallerstein e outros historiadores desta escola pressupõem, à partida, o contexto dos sistemas, em lugar de o desenvolverem, de facto, a partir de exemplos do mundo real e, já agora, de provarem a sua existência. Devido a isto, a incrustação de mudanças locais em contextos globais pode parecer algo superficial e até dogmática. ([18]) Em terceiro e último lugar, a abordagem dos sistemas-mundo não descarta um elemento de eurocentrismo. Num certo sentido, isto é paradoxal. Afinal, e no espírito do *Manifesto Comunista* de Marx e Engels, esse seria precisamente o objetivo da teoria dos sistemas-mundo

---

([17]) Wallerstein, *World-Systems Analysis*, 24.

([18]) Göran Therborn, «Time, Space, and Their Knowledge: The Times and Place of the World and Other Systems», *Journal of World-Systems Research* 6 (2000), 266–284.

— evitar a armadilha de explicar a ascensão europeia de um ponto de vista endógeno, quer dizer, a partir de dentro. Muito embora a abordagem sistémica procurasse atingir este fim, o resultado foi, uma vez mais, a integração sucessiva do mundo num sistema-mundo europeu. Fica-se, por vezes, com a ideia de que Wallerstein projeta no século XVI a dominação económica da Europa (e dos EUA) do século XX.([19])

Apesar dos limites desta abordagem, especialmente nas suas encarnações mais dogmáticas e menos empíricas, algumas ideias importantes da teoria dos sistemas-mundo foram, e continuam a ser ainda hoje, muito influentes. Assim acontece, para começar, com a decisão de não aceitar *a priori* as entidades políticas como unidades de análise e de partir do alcance real dos entrelaçamentos e das interconexões. Este modo de se voltar contra o nacionalismo metodológico significa também que entidades como os Estados-nação e as sociedades não são simplesmente tomadas por garantidas à partida; pelo contrário, a sua génese é interpretada como fruto de processos globais e das dinâmicas da economia mundial.

Em segundo lugar, o conceito de «incorporação» gradual num contexto dominado pela Europa tem-se revelado útil para compreender as dinâmicas do mundo moderno. Sem dúvida que a terminologia aparenta ser rígida e pouco ajustada à complexidade das situações históricas específicas, e que o termo «incorporação» pode deixar transparecer um certo enviesamento eurocêntrico. Mas a obra de Wallerstein fornece ideias importantes para explorar uma das questões fundamentais do desenvolvimento global — a emergência de estruturas de hegemonia que não se definem somente pela conquista política. Em terceiro lugar, e de um modo mais geral, ela sublinha a importância de um conceito de mudança estruturada a um nível macro. Nem todos os historiadores estarão dispostos a adotar a linguagem dos sistemas, na qual elementos individuais diferenciados baseados na divisão do trabalho são

([19]) Wolfgang Knöbl, *Die Kontingenz der Moderne: Wege in Europa, Asien und Amerika*, Frankfurt (Campus) 2007, capítulo 4.

vistos como totalidades unificadas. Todavia, independentemente da terminologia usada, sem uma ideia sobre formas estruturadas de interdependência — económica, mas também política e cultural — é difícil compreender a lógica da mudança relacional e simultaneamente diferenciada que moldou o mundo ao longo dos últimos séculos. Uma abordagem como esta promete livrar-se das referências superficiais à circulação e aos «fluxos» e de recentrar a discussão nas condições materiais. Além disso, ela aconselha prudência aos que assumem, sem um escrutínio mais aprofundado, que o desenvolvimento social possui uma dinâmica interna própria e autónoma.

Não surpreende, por isso, que esta abordagem continue a ser uma ferramenta indispensável para muitos historiadores que investigam a dimensão global do passado.([20]) Em alguns campos — como a história da escravatura, por exemplo —, o impacto do pensamento em torno dos sistemas-mundo tem sido acentuado. Estudos recentes adotaram uma visão do mercado mais distante da noção, algo estática, de Wallerstein, ao incluir as dinâmicas culturais e sociais e, sobretudo, ao destacar o papel das situações locais e da ação dos subalternos na mudança social. Assim, as perspetivas mais recentes sobre os sistemas-mundo (a noção de uma «teoria unificada» tem sido cada vez mais questionada) propõem explicações mais subtis e matizadas, ao ligarem, através de formas inovadoras, os níveis de análise mais macro ao nível local.([21])

Além da abordagem dos sistemas-mundo, um enquadramento genericamente concebido como marxista continua a ser, ainda hoje, um instrumento imprescindível para muitas interpretações da história global. Estas partilham com a

([20]) Um trabalho especialmente interessante nesta tradição dos sistemas-mundo é o de Giovanni Arrighi, *The Long Twentieth Century: Money, Power, and the Origins of Our Times*, London (Verso) 1994.

([21]) Veja-se, por exemplo, Dale W. Tomich, *Through the Prism of Slavery: Labor, Capital, and World Economy*, Lanham, MD (Rowman & Littlefield) 2004.

perspetiva dos sistemas-mundo a convicção de que os estudos sobre os conflitos sociais necessitam de ter em conta, não apenas o funcionamento interno de cada sociedade, mas sobretudo as constelações de poder mais vastas e as maneiras pelas quais elas geram e potencializam a mudança. Há muito que os historiadores que recorrem a esta abordagem descartaram os modelos mecanicistas da base e da superestrutura, bem como a noção teleológica de estádios de desenvolvimento, procurando dar conta, ao invés, do capitalismo como uma formação histórica específica, que estrutura — e que, por sua vez, é constituída por — antagonismos sociais e disposições culturais. O impacto da teoria marxista vai muito para lá do estrito âmbito da história económica e tem-se revelado crucial para formular argumentos sofisticados sobre a mudança cultural. ([22])

Os estudos pós-coloniais

Enquanto as perspetivas dos sistemas-mundo enfatizam o nível macro de análise e os processos de integração económica, desde a década de 1980 que os estudos pós-coloniais têm contribuído para uma melhor compreensão das complexidades das interações que ocorrem através das fronteiras culturais. Esta abordagem funda-se no pressuposto de que o mundo moderno se encontra baseado numa ordem colonial, cuja origem pode remontar, em algumas regiões, ao século XVI, como resultado

([22]) Confira-se, por exemplo, o espaço que alguns dos estudos seminais da história cultural do global dedicam à sua relação com o marxismo, como os de Dipesh Chakrabarty, *Provincializing Europe: Postcolonial Thought and Historical Difference*, Princeton (Princeton University Press) 2000; Rebecca E. Karl, *Staging the World: Chinese Nationalism at the Turn of the Twentieth Century*, Durham, NC (Duke University Press) 2002; Andrew Sartori, *Bengal in Global Concept History: Culturalism in the Age of Capital*, Chicago (Chicago University Press) 2008; Andrew Zimmerman, *Alabama in Africa: Booker T. Washington, the German Empire, and the Globalization of the New South*, Princeton (Princeton University Press) 2010.

da conquista do continente americano pelos europeus. A transformação do mundo pelo colonialismo não afetou apenas as formas de dominação e a exploração económica, como também se refletiu nas categorias de conhecimento, nos conceitos do passado e nas visões do futuro. Na esteira da publicação, em 1978, da obra seminal de Edward Said, *Orientalismo,* os intelectuais pós-coloniais têm estado particularmente interessados nas ordens cognitivas e nos regimes de conhecimento que sustentaram historicamente o projeto colonial.([23])

Os estudos pós-coloniais representaram uma resposta importante e profícua às inúmeras falhas da teoria da modernização. Grande parte dos primeiros trabalhos neste campo, estimulada pelo coletivo dos estudos subalternos, centrava-se na região sul asiática; mas, na forma de paradigma, os estudos pós-coloniais começaram a ser aplicados, rapidamente, a outros lugares como a América Latina e África. Os historiadores globais podem também tirar partido das suas visões. É certo que os estudiosos pós-coloniais não propuseram nenhuma grande narrativa sobre a história do mundo como um todo. Bem pelo contrário, muitos evitam, com prudência, as generalizações radicais e as metanarrativas que culminam no Ocidente moderno, desconfiando da retórica do «global», que, a seu ver, não passa de um discurso imperialista de dominação. Segundo esta visão, aquilo a que se chama «global» é, essencialmente, um produto do colonialismo e das incursões imperialistas nos mundos de vida locais.

Ainda assim, a crítica pós-colonial ao paradigma da modernização proporcionou uma abundância de ideias fecundas para a nossa compreensão do passado global. Três aspetos em particular merecem ser tidos em conta. Primeiro, a abordagem pós-colonial fornece perspetivas sofisticadas sobre as dinâmicas de intercâmbio cultural. A centralidade conferida às complexidades da ação humana individual, aos modos locais

---

([23]) Leela Gandhi, *Postcolonial Theory. A Critical Introduction,* New York (Columbia University Press) 1998; Robert Young, *Postcolonialism: An Historical Introduction,* Oxford (Blackwell) 2001.

e específicos de apropriação, às modificações estratégicas e aos mecanismos de hibridização, pode funcionar como um retificativo importante aos modelos macro-históricos da história mundial, nos quais as transferências são amiúde interpretadas nos termos bem mais simplistas da difusão e da adaptação. Um ingrediente crucial deste tipo de análise é o reconhecimento de que muitas das categorias que usamos para explicar a mudança histórica se originaram em resposta ao próprio encontro colonial. A título de exemplo, os historiadores pós-coloniais demonstraram que a construção da diferença através de categorias tais como a casta, a religião (Islão vs. Hinduísmo, por exemplo) e a raça ficou a dever-se, em grande parte, às intervenções e negociações que ocorreram em contexto colonial.([24])

Em segundo lugar, as abordagens pós-coloniais elegem os entrelaçamentos do mundo moderno como ponto de partida da sua historiografia transnacional. Em lugar de tratar as nações e as civilizações como entidades históricas naturais, elas interessam-se antes pelos modos através dos quais entidades como «Índia» e «Europa» foram construídas no contexto de circulação global. Daqui resulta a relevância atribuída à constituição relacional do mundo moderno. Tal perspetiva é contrária à historiografia mundial eurocêntrica, baseada na ideia de que o desenvolvimento euro-americano se deu de forma isolada do resto do mundo e que pode, por isso mesmo, ser compreendido puramente a partir de dentro. Pelo contrário, as abordagens pós-coloniais procuram superar essa visão de túnel que explica de forma endógena a história da Europa.

Isto leva-nos, em terceiro lugar, à consciencialização de que a integração global precisa de ser situada dentro de

---

([24]) Nicholas Dirks, *Castes of Mind: Colonialism and the Making of Modern India*, Princeton (Princeton University Press) 2001; Bernard Cohn, *Colonialism and Its Forms of Knowledge*, Princeton (Princeton University Press) 1996; Ann Laura Stoler, *Carnal Knowledge and Imperial Power: Race and the Intimate in Colonial Rule*, Berkeley, CA (University of California Press) 2002.

estruturas de poder (colonial) desiguais. Esta sensibilidade à questão do poder corresponde à crítica mais importante do pós-colonialismo à teoria da modernização, bem como às variantes da história mundial dela derivadas. A crescente interconexão que caracteriza o mundo moderno não pode ser separada das condições coloniais em que essas conexões se formaram. Esta ênfase, por seu lado, supera as suposições precipitadas acerca da «naturalidade» da globalização, muito comuns nos trabalhos de história económica. Nesta literatura, é frequente encontrarmos processos anónimos de convergência dos mercados, de ajuste dos preços de mercadorias e de integração suprarregional dos mercados de trabalho, quase como se fossem o resultado de leis históricas, apenas governados pela «mão invisível» descrita por Adam Smith. Na realidade, porém, a integração dos mercados era inseparável do punho bem visível do imperialismo. Ela dependia do trabalho forçado e contratual servil (por endividamento), da extração de matérias-primas, da «abertura» forçada dos mercados (como na América Latina e na Ásia Oriental) e do controlo financeiro imperialista, tal como aquele imposto pelo Império Otomano e a China Qing. Aquilo que, em muitos relatos, aparece sob a forma de uma «globalização» que se gera a si mesma foi, de facto, estruturado pelo colonialismo.

Juntamente com a teoria dos sistemas-mundo, os estudos pós-coloniais são hoje um dos mais profícuos paradigmas a que os historiadores globais podem recorrer. Ao mesmo tempo, a abordagem global deve também ser entendida como uma resposta ao impasse em que aqueles estudos se encontram. Desde a década de 1990 que os estudos pós-coloniais vêm sendo criticados por várias razões. Duas dimensões desta crítica são especialmente pertinentes aqui, dado que ambas afetam a utilidade da abordagem para a análise global.

A primeira tem a ver com o conceito de cultura. Uma vez que os estudos pós-coloniais se originaram quando as humanidades se voltaram para as interpretações culturalistas, a maioria das suas obras focava-se no discurso e na representação. Segundo uma afirmação categórica, o colonialismo era «antes de mais, uma questão de consciência» que precisava de ser «derrotada, em última instância, nas mentes dos homens.» ([25]) Por conseguinte, os académicos pós-coloniais foram acusados de privilegiar as explicações culturais em detrimento das estruturas político-económicas. Um outro problema relacionado com esta crítica é o de que os estudos pós-coloniais não eram imunes a um certo nacionalismo latente, como o uso de noções quase-nativistas sobre a «própria» cultura tornava evidente. As críticas movidas à modernidade ocidental fazem-se acompanhar, normalmente, por tentativas para reabilitar experiências alternativas e mundivisões indígenas. E embora a larga maioria dos historiadores pós-coloniais se tenha concentrado no período moderno, por vezes as suas análises têm sido guiadas por uma imagem idealizada do passado pré-colonial, ou seja, pré-moderno. Ao fazê-lo, os historiadores nem sempre conseguiram evitar cair numa espécie de essencialismo cultural, próprio dos que criticam os essencialismos ocidentais. ([26])

Uma segunda crítica está ligada ao modo como o paradigma pós-colonial se baseia num conceito de colonialismo demasiado genérico e, por isso mesmo, nem sempre útil. O pressuposto de que o mundo tem sido ordenado segundo uma lógica colonial desde 1492 tende a subvalorizar as diferenças fundamentais entre as variadas formas de governo colonial, que vão dos impérios extrativos da Idade Moderna às complexas estruturas do imperialismo informal dos dias de hoje. Ao aplicarmos um conceito homogéneo de colonialismo, arriscamo-nos a nivelar as especificidades espaciais e temporais de diversas formas de dominação, de sociedades diferentes e de dinâmicas culturais distintas. Além disso, o

---

([25]) Ashis Nandy, *The Intimate Enemy: Loss and Recovery of Self Under Colonialism*, Delhi (Oxford University Press) 1983, 63.

([26]) Arif Dirlik, «The Postcolonial Aura: Third World Criticism in the Age of Global Capitalism», *in*: Padmini Mongia (ed.), *Contemporary Postcolonial Theory: A Reader*, London (Hodder Arnold) 1996, 294–321; Sumit Sarkar, «The Decline of the Subaltern in Subaltern Studies», *in*: *Writing Social History*, Delhi (Oxford University Press) 1997, 82–108.

enfoque excessivo no colonialismo moderno tem limitado a eficácia da abordagem no que toca a explicar a história das regiões do mundo que não foram colonizadas pela Europa ou pelos Estados Unidos. Por último, ao privilegiarem a clivagem colonizador/colonizado como enquadramento explicativo fundamental, os estudos pós-coloniais impõem uma lógica binária que, pese embora o seu valor heurístico, não deixa de ser restritiva. Falta-lhe, de resto, a capacidade para explicar um mundo complexo em globalização.

Múltiplas modernidades

Uma das características mais surpreendentes da teoria política da década de 1990 foi o retorno, que se antevia bastante improvável, do conceito de civilização. É verdade que as narrativas civilizacionais marcaram o século XIX e o início do século XX, mas desde os dias de Buckle, Guizot, Nikolai Danilevsky e, mais recentemente, Spengler e Toynbee, que o género parecia moribundo. Que o conceito tenha reentrado em uso é, por isso, notável. Depois do declínio da ideologia bipolar da Guerra Fria, as civilizações apareceram, em vários lugares, como as unidades naturais por excelência, ajudando a refletir sobre a acelerada mudança global e a explicar os conflitos que ocorriam num mundo em vias de globalização. O termo «civilização» ganhou especial popularidade fora da Europa, por exemplo no mundo Islâmico e na Ásia Oriental. Ele medeia entre, por um lado, as vidas individuais e os contextos locais, e, por outro, os processos anónimos de escala global. Torna-o ainda mais apelativo o facto de facilitar um afastamento face ao eurocentrismo de boa parte da historiografia, uma vez que atribui mais importância às dinâmicas políticas e culturais internas de cada civilização.([27])

([27]) Johann P. Arnason, *Civilizations in Dispute: Historical Questions and Theoretical Traditions*, Leiden (Brill) 2004; Said Amir Arjomand e Edward A. Tiryakian (eds.), *Rethinking Civilizational Analysis*, London (Sage) 2004.

A versão do discurso sobre a civilização que mais impacto teve na academia assenta num conceito conhecido pela expressão conveniente e memorável de «múltiplas modernidades». Uma das suas versões teoricamente mais refinadas foi formulada pelo sociólogo israelita Shmuel N. Eisenstadt. Eisenstadt parte da teoria clássica da modernização, ao mesmo tempo que tenta superar a sua estrutura teleológica. Tendo em vista este objetivo, o autor insiste na necessidade de reconhecer como válidos os múltiplos modos de desenvolvimento histórico, uma diversidade de visões para o futuro e a igualdade normativa fundamental das diferentes trajetórias culturais e sociais. Baseando-se no funcionamento estrutural do sociólogo americano Talcott Parsons, Eisenstadt elaborou uma análise comparativa dos padrões de integração e de ordem social entre várias regiões — sem, contudo, equiparar o processo de modernização ao de ocidentalização. Os seus esforços para corrigir o eurocentrismo tradicional da teoria da modernização procuravam multiplicar os caminhos que conduzem à modernidade.

O conceito de múltiplas modernidades desafia também um segundo pilar da teoria social moderna — o axioma da secularização. Os estudos sobre a pluralidade de caminhos para a modernização deram origem à ideia de que a transformação social não conduz, na verdade, de forma relativamente automática, ao declínio das afiliações religiosas, segundo tinha sido postulado pelo cânone da teoria da modernização. Esta descoberta obrigou a que se reavaliasse o papel da religião e do impacto das tradições religiosas a longo prazo. Não apenas em Spengler e em Toynbee, mas também nas formulações mais recentes, os académicos consideram que o conceito de civilização está enraizado na sociologia da religião.

A expressão «múltiplas modernidades» contém uma crítica explícita à noção de que as sociedades que se modernizam seguem o programa cultural da modernidade tal como ele se desenvolveu na Europa. Ao invés, o termo sublinha a existência continuada de configurações culturais e mentalidades que influenciam os processos sociais transformadores que produzem a modernidade. Segundo vários académicos, nem mesmo a decadência das autoridades tradicionais e o «desencantamento» dos sistemas de valores costumeiros extinguiram a variabilidade dos paradigmas culturais. «Uma das implicações mais importantes do termo "múltiplas modernidades" é a de que modernidade e ocidentalização não são idênticas; o padrão, ou padrões, ocidentais de modernidade não constituem as únicas modernidades "autênticas", mesmo se (...) continuaram a ser uma referência central para outras visões da modernidade.» ([28])

Esta rejeição crítica de uma versão de modernidade ocidental hegemónica — e, bem assim, do pressuposto partilhado pela maioria dos modelos da teoria social, desde o século XIX, de que as culturas se vão homogeneizando — foi apropriada por muitos autores numa grande variedade de campos. São de destacar alguns exemplos como Stanley Tambiah, especialista em Budismo, e o perito em Confucionismo, Tu Wei-Ming, ambos da Universidade de Harvard. Tu elaborou a noção de uma modernidade chinesa (confuciana), que recusa o conceito ocidental de indivíduo fechado sobre si mesmo no qual a clássica teoria da modernização se fundava, e que se centra, ao invés, nas conexões sociais, na coesão e nas coletividades. No entanto, nem sempre é claro se a perspetiva analítica de Tu apenas tenta identificar a influência do Confucionismo na mudança social que ocorreu na China até aos nossos dias, ou se se trata de uma posição política e normativa que convida

---

([28]) S. N. Eisenstadt, «Multiple Modernities», *Daedalus* 129 (2000), 1–29, citação: 2–3 [cf. trad. de Susana Serras Pereira, *Múltiplas Modernidades: Ensaios*, Lisboa (Livros Horizonte) 2007]. Veja-se também Dominic Sachsenmaier, Jens Riedel e Shmuel N. Eisenstadt (eds.), *Reflections on Multiple Modernities: European, Chinese and Other Interpretations*, Leiden (Brill) 2002; Wolfgang Knöbl, *Spielräume der Modernisierung: Das Ende der Eindeutigkeit*, Weilerswist (Velbruck) 2001; Eliezer Ben-Rafael e Yitzak Sternberg (eds.), *Identity, Culture and Globalization*, Leiden (Brill) 2001.

à renovação do humanismo confuciano e reivindica um papel de liderança para a China no futuro da Ásia e do resto do mundo. ([29])

Para a perspetiva da história global, o programa antieurocêntrico das múltiplas modernidades — alguns autores falam de «modernidades alternativas» — constitui um valioso ponto de referência. ([30])

São particularmente úteis o seu objetivo de compreender a transformação social e cultural enquanto processo distinto da ocidentalização, e o seu enfoque na relação complexa entre, por um lado, a transferência e a difusão, e, por outro, o papel das tradições internas. Os processos de diferenciação estrutural não conduziram a resultados idênticos em todo o lado. São subjacentes a esta abordagem a tentativa normativa de libertar a análise das sociedades não-ocidentais de conceitos como imitação, original ou cópia, e a intenção de reconhecer, por princípio, a igualdade entre uma multitude de experiências de modernização de primeira mão.

Se, como vimos já, o conceito pode ser útil de um ponto de vista heurístico, ao nível teórico, contudo, ele não é inteiramente convincente. São de mencionar três objeções. A primeira é que o programa das múltiplas modernidades continua a ser relativamente vago e a sua argumentação demasiado restrita ao campo da cultura. Devido a isto, nem sempre é claro se as múltiplas modernidades correspondem a um espectro virtualmente infinito de modelos sociais sem qualquer ligação substancial a estruturas unificadoras. A ser assim, pode-se perguntar o que é que os torna, a todos, modernos. Mais frequentemente, o programa parece, em última instância,

---

([29]) Tu Wei-Ming (ed.), *Confucian Traditions in East Asian Modernity: Moral Education and Economic Culture in Japan and the Four Mini-Dragons*, Cambridge, MA (Harvard University Press) 1996.

([30]) Sobre as modernidades alternativas, cf. Dilip Parameshwar Gaonkar, «On Alternative Modernities», *in*: Gaonkar (ed.), *Alternative Modernities*, Durham, NC (Duke University Press) 2001, 1–23; Charles Taylor, «Two Theories of Modernity», *in*: Gaonkar, *Alternative Modernities*, 172–96.

dar a ideia de uma única modernidade, definida pelos parâmetros sociológicos habituais da diferenciação estrutural, da racionalização e do «desencantamento», corporizados pela burocracia estatal e pelos mecanismos de mercado capitalistas. Se, de facto, for esse o objetivo, devia-se antes falar em variações da modernidade, ou seja, de uma modernidade com uma diversidade de manifestações culturais.

Em segundo lugar, muitos dos que defendem este conceito identificam uma dinâmica de modernização específica a cada civilização, muito embora tratem, em grande medida, cada entidade como uma unidade fechada sobre si mesma. A sociedade (nacional) definida territorialmente é, portanto, substituída por uma civilização mais ou menos hermeticamente fechada, cujo desenvolvimento é concebido como endógeno e dependente dos seus traços culturais distintos. Para mais, faz-se equivaler frequentemente a sua substância cultural (bem como a sua dinâmica institucional) à religião, um pressuposto que se revela particularmente problemático quando usado para explicar a continuidade social até ao presente. É por isso que, ao focarmos as diferenças culturais, corremos o risco de cair numa espécie de culturalismo donde espreita o perigo do essencialismo — a ideia de que cada civilização tem uma essência cultural intemporal e imutável, incompatível com a de qualquer outra.

Em terceiro e último lugar, há que admitir que este modelo reconhece explicitamente a autonomia cultural de várias partes do mundo, sem equiparar a modernidade à difusão das ideias e instituições ocidentais. Contudo, ao postular a civilização como uma unidade de análise discreta, definida por processos autónomos de desenvolvimento cultural, a longa história das suas interações acaba por ser ignorada. A história moderna é lida, por isso, como se fosse composta por civilizações análogas e autopoiéticas, negligenciando a longa história dos entrelaçamentos ou da integração sistémica do mundo. Ao reduzir as histórias da transformação cultural, que são complexas e localmente específicas, a uma pré-história indígena da modernidade, esta abordagem tende a ofuscar as estruturas mais vastas e as assimetrias de poder que estão na origem do mundo moderno.([31])

([31]) Para as visões críticas: Volker H. Schmidt, «Multiple Modernities or Varieties of Modernity?» *Current Sociology* 54 (2006), 77–97; Arif Dirlik, *Global Modernity: Modernity in the Age of Global Capitalism*, Boulder, CO (Paradigm Press) 2007; Timothy Mitchell, «Introduction», *in*: *Questions of Modernity*, Minneapolis, MN (University of Minnesota Press) 2000, xi–xvii; Frederick Cooper, *Colonialism in Question*, Berkeley, CA (University of California Press) 2005, 113–49. Da perspetiva dos sistemas-mundo: Stephen K. Sanderson (ed.), *Civilizations and World Systems: Studying World-Historical Change*, Walnut Creek, CA (AltaMira Press) 1995.

CAPÍTULO 4

A história global: uma abordagem distinta

A recente tendência em torno das perspetivas globais é um movimento amplo. Como vimos no capítulo anterior, várias abordagens contribuem, cada qual à sua maneira, para o nosso entendimento do passado, compreendido fora do quadro do Estado-nação. Contudo, para lá desta multiplicidade e com base nessas outras formas diversificadas de abordar o mundo, tem vindo a consolidar-se uma história global com um enfoque específico. Neste capítulo, apresentamos um conjunto de traços característicos partilhados pelas mais recentes incursões no campo da história global. No seu conjunto, esses traços compõem o núcleo metodológico da história global, ou seja, aquilo que ela significa como abordagem. Uma atenção mais pormenorizada será atribuída à noção de integração global, isto é, às transformações estruturadas ao nível global.

Compreendemos melhor as caraterísticas da história global opondo-as ao tipo ideal da anterior tradição da história mundial — uma descrição manifestamente simplista. No entanto, não devemos esquecer que esta justaposição entre história mundial e história global é um exercício heurístico. Tal sugere uma clara demarcação entre uma abordagem mais antiga e uma mais sofisticada e moderna, sendo que, na prática, muitos historiadores utilizam os dois termos alternadamente.

O conceito de história mundial tem, ele próprio, uma biografia que remonta a vários séculos atrás. Atualmente, continua a ser o nome de uma disciplina escolar em muitos países, que geralmente cobre a história do mundo inteiro ou que observa comparativamente uma ampla região geográfica. As histórias mundiais seguem geralmente uma agenda macro, procurando obter uma imagem completa do passado do planeta ou, como normalmente acontece em muitos países não-ocidentais, ocupando-se do «resto do mundo», ou seja, com tudo o que acontece fora da própria nação. Existem ainda histórias mundiais com temáticas específicas: histórias mundiais do império, da formação do Estado, dos encontros entre cortes, mas também a história mundial do açúcar, do chá e do algodão. Na maioria dos casos, traçam o percurso destas instituições, ou destes bens, não apenas ao longo do planeta, mas também ao longo do tempo, percorrendo muitas vezes períodos tão vastos como da antiguidade até ao presente. (1)

Como pontos de partida, este tipo de macro-perspetivas opera com comparações de grande escala entre sociedades ou, o que é mais frequente, civilizações inteiras. A maioria das histórias mundiais mais antigas, embora não ignorassem as interações e as trocas entre estes enormes blocos, focavam-se maioritariamente nas diferentes trajetórias das civilizações, cujas dinâmicas eram principalmente retratadas como geradas a partir de dentro. Estas histórias paralelas foram, então, ligadas pela crescente difusão dos centros de poder para a periferia. No período moderno, esta difusão assumiu, tipicamente, a forma de uma transferência do Ocidente para «o resto». Este viés eurocêntrico foi, durante muito tempo, um traço comum das histórias mundiais, viés esse que o título da influente obra de William McNeill, *A Ascensão do Ocidente* (*The Rise of the West*), não procurou disfarçar. (2)

---

(1) A título de exemplo: Raymond Grew (Hg), *Food in Global History*, Boulder, CO (Westview Press) 2000; Robert Finlay, *The Pilgrim Art: The Culture of Porcelain in World History*, Berkeley, CA (University of California Press) 2010; Alan Macfarlane e Gerry Martin, *Glass: A World History*, Chicago (Chicago University Press) 2002; Giorgio Riello, *Cotton: The Fabric that Made the Modern World*, Cambridge (Cambridge University Press) 2013.

(2) William McNeill, *The Rise of the West: A History of the Human Community*, Chicago (University of Chicago Press) 1963. Para um

Características da história global

Normalmente, as antigas histórias mundiais empregavam uma metodologia que combinava comparações entre diferentes civilizações e a procura por vínculos entre as mesmas, sendo estes últimos analisados através de processos de difusão. O pensamento por detrás destas histórias atravessava divisões teóricas e ideológicas — da teoria da modernização ao marxismo, passando ainda pelas narrativas da civilização. Ainda assim, a conjugação de comparações e processos de difusão manteve-se notavelmente constante. Pelo contrário, a palavra-chave que mais rapidamente se associa ao termo «global» tem sido «conexões». Para transmitir toda a fluidez e volatilidade com que as interações ocorrem ao longo das fronteiras, foi-se invocando um conjunto de termos afins: «intercâmbio», «relação», «vínculos», «entrelaçamentos», «redes» e «fluxos». Em lugar de uma obstinada insistência nas macro-comparações, as histórias globais têm colocado a mobilidade num pedestal.

É por este motivo que a maioria das definições estenográficas de história global se limitam, elas mesmas, a apontar a feliz combinação entre comparações e conexões, aproveitando aquilo que de melhor a tradicional história mundial tinha para oferecer e acrescentando-lhe uma atenção mais detalhada às dimensões fluidas e flexíveis das transformações históricas. Logo na capa da seminal *The Birth of the Modern World*, de C. A. Bayly, somos saudados pelas «conexões e pelas comparações globais», e a prova de que ambas são «os recursos básicos da

---

argumento semelhante ver: Eric Jones, *The European Miracle: Environments, Economies and Geopolitics in the History of Europe and Asia*, Cambridge (Cambridge University Press) 1981 [*O milagre europeu: 1400–1800: contextos, economias e geopolíticas na história da Europa e da Ásia*, trad. Ana Mónica Faria de Carvalho; rev. Francisco Contente Domingues; Lisboa (Gradiva) 1987]; John M. Roberts, *The Triumph of the West*, Boston (Phoenix Press) 1985; David Landes, *The Wealth and Poverty of Nations: Why Some Are So Rich and Some So Poor*, New York (W. W. Norton) 1999 [*A Riqueza e a Pobreza das Nações: Por que são algumas tão ricas e outras tão pobres*, trad. Lucínia Azambuja; Lisboa (Gradiva) 2001].

história global» está patente em praticamente todas as tentativas que procuram definir o que é específico a esta abordagem. ([3])

De facto, o foco nas transferências e nas interações é um ingrediente insubstituível de todas as recentes análises que tentam compreender o passado global. A mobilidade de bens, as migrações e as deslocações de pessoas, a transferência de ideias e de instituições — todos estes processos constituem a substância que ajudou a formar o mundo globalizado em que hoje vivemos e, por isso, são objetos de estudo privilegiados por vários historiadores globais. Mas, como iremos ver, as conexões por si só não são suficientes para explicar a originalidade desta abordagem; é necessário que estejam integradas em processos de transformação estrutural. Isto, claro, a uma escala global. Antes de chegarmos a este ponto, retratarei um conjunto de escolhas metodológicas que, além da ênfase nas conexões, são recorrentes na atual história global. Será apenas uma breve descrição, uma vez que a maioria destes assuntos irá receber uma maior atenção nos capítulos subsequentes.

Em primeiro lugar, os historiadores globais não estão apenas preocupados com as macro-perspetivas. Muitos procuram situar assuntos e fenómenos históricos concretos no interior de um contexto mais amplo e, potencialmente, global. A emergência da noção de «cultura» por volta de 1880, em Bengala, é um assunto tão legítimo de ser estudado à luz da história global como a história planetária do século XIX. ([4]) Em segundo lugar, as histórias globais experimentam noções alternativas de espaço. Normalmente, não adotam como ponto de partida unidades políticas ou culturais como Estados-nação, impérios ou civilizações. Pelo contrário, colocam questões analíticas e percorrem os caminhos que as suas questões lhes

---

([3]) David Washbrook, «Problems in Global History», *in*: Maxine Berg (ed.), *Writing the History of the Global: Challenges for the 21st Century*, Oxford (Oxford University Press) 2013, 21–31, citação: 23.

([4]) A referência aqui é a Andrew Sartori, *Bengal in Global Concept History: Culturalism in the Age of Capital*, Chicago (Chicago University Press) 2008.

apontam — seja ao longo da Baía de Bengala, pelos pontos nodais de uma rede ou pelas diásporas étnicas e religiosas, e por aí em diante.

Daqui decorre, em terceiro lugar, que as histórias globais são inerentemente relacionais. Uma unidade histórica — seja ela a civilização, a nação ou a família — não se desenvolve isoladamente e só pode ser entendida através das suas interações com outras. De facto, muitos grupos apenas se materializaram enquanto unidades aparentemente fixas em resposta a determinadas trocas e circulações. Uma maior atenção à dimensão relacional do passado também nos permite desafiar interpretações há muito estabelecidas, como a da «ascensão do Ocidente» ou a do «milagre europeu». Muitos dos antigos estudos em história mundial viam a Europa como força motora da história mundial e analisavam cronologicamente a difusão das conquistas europeias no resto do mundo — tratava-se de uma história mundial concebida como uma via de sentido único. Pelo contrário, as análises recentes enfatizam o papel constitutivo desempenhado pelas interações entre regiões e nações — bem como entre a Europa e o mundo não-europeu — no desenvolvimento das sociedades modernas. O desenvolvimento na Europa e no Ocidente não pode ser explicado endogenamente, como processo autónomo. Deve, sim, ser visto, pelo menos em parte, como o produto de vários processos de troca.([5])

Em quarto lugar, enquanto disciplina que integra as humanidades, a história global faz parte de uma *viragem espacial* (*spatial turn*) mais ampla. Uma consequência disto é a renovada importância atribuída às relações de cada constelação espacial com outros lugares. Os historiadores globais prestam

---

([5]) Martin Bernal, *Black Athena: The Afroasiatic Roots of Classical Civilization: The Fabrication of Ancient Greece, 1785–1985*, vol. 1, New Brunswick, NJ (Rutgers University Press) 1987; Robert Bartlett, *The Making of Europe*, Princeton (Princeton University Press) 1994; Jack Goody, *The East in the West*, Cambridge (Cambridge University Press) 1996 [*O Oriente no Ocidente*, trad. João Pedro George, Algés (Difel) 2000].

particularmente atenção ao modo como determinados indivíduos e as sociedades interagem com outros — e uma menor atenção às mudanças endógenas. Assim, as metáforas espaciais — como territorialidade, geopolítica, circulação e redes — tendem a substituir o anterior vocabulário temporal de desenvolvimento, desfasamento e atraso. Tal implica ainda a rejeição das teleologias da teoria da modernização. Ou seja, criticam a ideia de que as sociedades se transformam a partir de dentro e de que a direção das mudanças sociais — da tradição para a modernidade, por exemplo — é predeterminada.

A ênfase na sincronia dos acontecimentos históricos resulta diretamente desta posição. Este é o quinto ponto. Sejamos claros: os historiadores globais não ignoram, de forma alguma, as questões da continuidade e das dependências de trajetória (*path dependencies*). Como C. A. Bayly e outros autores afirmaram, a globalização da era moderna ergueu-se sobre trajetórias influenciadas por modelos mais antigos de entrelaçamento.([6]) No entanto, ao dissociarem-se das perspetivas de longo prazo, próprias da história das civilizações, e ao não privilegiarem as noções convencionais de continuidade, muitos historiadores globais sugerem que deve ser atribuída maior precedência à simultaneidade. Como se torna percetível com o exemplo atual das revoluções da Primavera Árabe, as constelações sincrónicas e as forças externas são impulsos tão necessários para as transformações sociais como as pré-histórias e as tradições.([7])

Um sexto e decisivo ponto prende-se com o facto de muitas das histórias globais serem autorreflexivas no que toca ao eurocentrismo. Este é um elemento essencial que afasta esta

---

([6]) C. A. Bayly, «"Archaic" and "modern" Globalization in the Eurasian and African Arena 1750–1850», *in*: A. G. Hopkins (ed.), *Globalization in World History*, New York (W. W. Norton) 2002, 47–68; Veja-se ainda C. A. Bayly, *The Birth of the Modern World, 1780–1914*, Oxford (Blackwell) 2004.

([7]) Para o desenvolvimento da sincronia, ver David Harvey, *The Condition of Postmodernity: An Enquiry into the Origins of Cultural Change*, Oxford (Blackwell) 1989.

abordagem das anteriores variantes da historiografia mundial. Analisaremos esta questão com mais pormenor no capítulo 8. Em termos práticos, este facto significa que, hoje, os departamentos de história dão mais relevância aos estudos de área especializados do que no passado. Implica ainda, sétimo ponto, que se reconheça explicitamente o local a partir do qual se pensa o passado global. Os historiadores podem escrever sobre todo o planeta, mas fazem-no a partir de um lugar específico. Assim, as suas narrativas serão coloridas pela dinâmica dessa mesma localização. Olhando para trás, torna-se evidente que uma história mundial escrita no século XVI na Cidade do México seria radicalmente diferente de uma escrita em Istambul. ([8]) Mas mesmo nos dias de hoje, o «mundo» pode parecer muitíssimo distinto quando percecionado a partir de Acra, Quito ou do campus de Harvard.

Integração e transformação estruturada

Debrucemo-nos agora sobre o último ponto relativo à noção de integração. Por ser um aspeto central, alongar-nos-emos um pouco aqui. O foco na integração global é uma escolha metodológica que distingue a história global de outras abordagens que operam a grandes escalas de análise. Existem dois importantes aspetos inerentes a esta escolha: primeiro, as perspetivas da história global ultrapassam os meros estudos da conetividade, ao examinarem a integração estruturada de larga escala. Em segundo lugar, os historiadores globais perseguem o problema da causalidade até atingirem o nível global.

Comecemos pelo primeiro ponto: muitos historiadores mundiais/globais contentam-se com o estudo das conexões e das interações. «A conetividade é parte da condição humana, pelo menos até onde é possível traçar atividade humana», relembrou-nos recentemente John Darwin, apenas para

([8]) Serge Gruzinski, *What Time Is It There? America and Islam at the Dawn of Modern Times*, Cambridge (Polity Press) 2010.

concluir que «a preocupação particular do historiador global é, ou deveria ser, a história da "conectividade" — e especialmente com aquelas formas de conetividade que são oceânicas e trans ou intercontinentais.» ([9]) Outros seguiram esta ideia, defendendo que «o mundo nunca foi um lugar de comunidades discretas e desconectadas [e que] existem interações transculturais e trocas desde os primeiros dias da existência humana no planeta Terra.» ([10])

Mas, por si só, um enfoque nas conexões não é suficiente para se fazer boa história global. Isto porque, sendo certo que as trocas de bens, pessoas e ideias e as interações entre grupos e sociedades (mesmo que ao longo de grandes distâncias) têm sido uma característica da vida humana no planeta desde o seu começo, alguns destes vínculos dentro da «rede humana» global foram essenciais para a composição social das sociedades, enquanto outros foram meramente acidentais e efémeros. ([11]) A magnitude do seu impacto dependeu, sobretudo, do grau de integração — material, cultural e política — que o mundo, à data, havia atingido.

O que é que isto significa? Consideremos o exemplo da introdução dos relógios ocidentais no Japão. Quando, no século XVII, os relógios europeus, produtos da mais alta tecnologia da época, chegaram ao Japão Tokugawa, foram vistos, essencialmente, como artigos exóticos. A sua importação não teve qualquer efeito no regime social do tempo. Antes pelo contrário. Enquanto os relojoeiros europeus se orgulhavam da regularidade do funcionamento do seu produto, independentemente dos ciclos solares, no Japão, os mesmos tiveram de ser modificados de forma a acomodar a estrutura temporal

---

([9]) John Darwin, «Globe and Empire», *in*: Berg (ed.), *Writing the History of the Global*, 197–200, citação: 198.

([10]) Jerry H. Bentley, «Globalization History and Historicizing Globalization», *in*: Barry K. Gills e William R. Thompson (eds.), *Globalization and Global History*, London (Routledge) 2006, 18–32, citação: 29

([11]) William H. McNeill e John Robert McNeill, *The Human Web: A Bird's-Eye View of World History*, New York (W. W. Norton) 2003.

tradicional, uma vez que as horas japonesas dependiam da luz do sol e, consequentemente, variavam ao longo do ano. Os relógios mecânicos tinham de ser reajustados duas vezes ao dia e instalaram-se mostradores sazonais para desfazer, por assim dizer, a independência dos novos relógios face aos ciclos da natureza. Assim, no século XVII, esta transferência tecnológica permaneceu num plano basicamente ornamental.

Toda esta situação mudou dramaticamente depois de 1850, quando a Ásia Oriental foi incorporada na órbita política e económica do Ocidente. A partir desse momento, o sistema temporal ocidental passou a ser considerado um ingrediente central de todos os projetos reformistas. Várias tentativas foram levadas a cabo para introduzir «novos tempos» no Japão Meiji. Novas tecnologias como comboios, fábricas com formas inovadoras de organização da produção, e novas formas de organização social, incluindo escolas e o exército, implicavam um novo regime de tempo. Os relógios ocidentais e as torres de relógio emergiram como símbolos da modernidade; a pontualidade e as noções de progresso converteram o tempo ocidental numa praxis quotidiana, e a introdução do calendário gregoriano, em 1873, levou à abolição dos métodos tradicionais de contagem do tempo, preparando o Japão para a sincronia global. Se compararmos estes dois processos de transferência, torna-se evidente que aquilo que os distingue recai menos na transferência em si mesma do que nas macro-condições geopolíticas sob as quais ocorreram. No século XVII, o esparso contacto comercial, levado a cabo pelos holandeses e minuciosamente controlado pelos japoneses, tinha sido substituído, no século XIX, por uma nova ordem mundial imperialista sob a alçada da hegemonia britânica. Neste novo contexto, as importações culturais já não eram incorporadas nas cosmologias locais e acabaram por assumir uma força suficientemente capaz de transformar profundamente as práticas quotidianas. ([12])

([12]) Stefan S. Tanaka, *New Times in Meiji Japan*, Princeton (Princeton University Press) 2004.

As conexões em si são apenas um ponto de partida. O seu alcance está sempre dependente de um amplo conjunto de circunstâncias, ou seja: o mesmo relógio poderá ter diferentes graus de importância. Os historiadores globais precisam de ter em mente que as conexões globais são antecedidas por determinadas condições. Por sua vez, estas últimas necessitam de ser exaustivamente compreendidas antes de tentarmos perceber as próprias conexões. Por outras palavras, a troca pode ser um fenómeno superficial que evidencia as transformações estruturais básicas que possibilitaram, em primeira instância, a troca em si mesma. Para que a história global seja eficaz, ela necessita ter presente não só a dimensão sistémica do passado como o carácter estruturado das transformações sociais.

Para que esta ideia não se torne demasiado abstrata, observemos brevemente um outro exemplo. Quando alguns intelectuais críticos no Vietname, no Japão e na China começaram a ler Marx, tal foi, naturalmente, visto como prova da circulação transcultural das ideias. Deste modo, algumas histórias tradicionais documentaram o processo de tradução, estudando a receção das ideias marxistas e procurando o impacto dos textos de Marx no pensamento reformista asiático. Embora fossem importantes aspetos do problema, as relações de causalidade de maior importância encontravam-se noutro lugar. Neste caso, a conetividade demonstrou ser o resultado de uma série transformações sociais que tinham criado as condições politicamente favoráveis à leitura de Marx no Vietname: passou a fazer sentido lê-lo. Em última instância, a influência de Marx não podia ser reduzida ao mero poder dos seus argumentos. Pelo contrário: jovens aspirantes a intelectuais foram moldados pelas forças e preocupações que dominavam aqueles tempos e a forma como traduziram, citaram e se apropriaram dos textos de Marx foi estruturada por essas mesmas condições. A conexão — ler Marx — foi, antes de mais, o efeito de anteriores transformações sociais, políticas e culturais — e não a causa dessas transformações.

O erro original que este exemplo revela prende-se, em parte, com o facto de não ter em consideração a influência do poder. Quando se marginalizam as questões da hierarquia e da exploração, o interesse pelas conexões pode obscurecer, ou mesmo inibir, um exato entendimento dos contornos do passado global. O não reconhecimento das estruturas de poder implica que se atribua autonomia de ação a todos os que estão envolvidos nas trocas e interações. Quer dizer, ao celebrar a mobilidade, corre-se o risco de ignorar as estruturas que a controlam. Os movimentos transfronteiriços foram capazes de estabelecer pontes entre diferentes sociedades, mas também exacerbaram conflitos. Tanto a aristocracia europeia que embarcou na Grand Tour, como os escravos africanos enviados para as Américas cruzaram fronteiras políticas e culturais. Todavia, não é necessária muita imaginação para perceber que reduzir ambos os exemplos a «conexões» corresponde a uma operação altamente ideológica. Frequentemente, aqueles que realmente detinham um genuíno poder sobre o mercado não participavam nas viagens, beneficiando, antes, da possibilidade de enviar os seus pobres, em massa, através do Atlântico e do Pacífico.

Isto encaminha-nos para um segundo ponto que merece aqui a nossa atenção. Ao contrário de outras perspetivas sobre as conexões do passado, a história global aborda a questão da causalidade até alcançar o nível global. Em muitos dos textos mais antigos de história mundial, o estatuto analítico das relações e das interações era menos que explícito. Da mesma forma, alguns trabalhos de história transnacional também as deixavam de fora do argumento central, tendo apenas um mero papel ornamental. No entanto, à medida que o mundo se tornou cada vez mais integrado, o desenvolvimento social deixou de poder ser explicado na ausência de noções como interdependência e diferença estruturada. «No século XIX, a Grã-Bretanha e a Índia acabaram por ter histórias muito diferentes» relembrava David Washbrook, «mas isso deve-se à imensa proximidade das suas relações, não da distância — social e cultural — entre ambas. Elas existiram como dois lados da mesma moeda, cada qual com uma face muito distinta.» ([13]) Uma história global que pretenda ser mais do que um repositório ecuménico e acolhedor de histórias felizes sobre encontros transfronteiriços necessita, então, de se envolver sistematicamente com as questões relativas às transformações globais estruturadas e ao seu impacto na mudança social.

A nossa utilização do termo «global» não deve ser mal-interpretada: ela não implica necessariamente um alcance planetário. Para cada questão em análise, deve decidir-se de forma isolada qual a real extensão das estruturas e dos processos de larga escala envolvidos. Em muitos trabalhos, os historiadores limitaram prematuramente as suas investigações a unidades fixas e a áreas geograficamente restritas. Ora, seria igualmente falacioso passar ao extremo oposto e pressupor que existe globalidade em todos os casos de estudo. O que o termo «global» sugere é, portanto, uma abertura para prosseguir conexões e questões de causalidade além dos compartimentos e das unidades espaciais convencionais; revela «simplesmente uma preocupação metodológica para ir além das familiares fronteiras geográficas.» ([14])

Se «comparações e conexões» serve de *slogan* da história global, temos então de acrescentar um terceiro «c»: causalidade, analisada até uma escala global. A decisão de nos centrarmos em amplas formas de transformação e de integração estruturadas é a escolha que marca a diferença entre a história global e outras abordagens, como a história comparada ou a história transnacional. A ênfase na integração global levantará, porventura, uma série de questões. Irá esta escolha impossibilitar escrever uma história global sobre as eras que antecedem a integração e a modernidade? Será que limita o conjunto de tópicos possíveis, ao insistir numa causalidade

---

([13]) Washbrook, «Problems in Global History», 28.

([14]) Samuel Moyn e Andrew Sartori, «Approaches to Global Intellectual History», *in*: Moyn and Sartori (eds.), *Global Intellectual History*, New York (Columbia University Press) 2013, 3–30, citação: 21.

global identificável? Obrigará os historiadores a estudarem explicitamente esse nível global? Ocupar-nos-emos destas questões no próximo capítulo.

Para lá da conetividade: narrativas em competição

De forma a compreendermos melhor o significado de uma abordagem não-*internalista*, assim como o do papel analítico das integrações globais, pode ser útil compararmos, sucintamente, a perspetiva da história global com três influentes, mas contrastantes formas pelas quais os historiadores têm, até agora, interpretado e entendido as transformações à escala planetária. Esquematicamente, poderíamos designá-las por excecionalismo ocidental, imperialismo cultural e paradigma das origens independentes. Iremos resumir brevemente estas três narrativas e destacar as suas insuficiências quando comparadas com a abordagem da história global.

A primeira metanarrativa, ainda firmemente enraizada em muitos manuais e trabalhos mais generalistas, assume a perspetiva de um processo geral de modernização originado na Europa que se foi disseminando, gradualmente, ao resto do mundo. As características diferenciadoras desta noção de modernidade são familiares: a diferenciação funcional das esferas sociais como a economia, a política, o social e a cultura; a racionalização gradual dessas esferas, que deu origem a uma economia capitalista e industrializada, ao Estado-nação e às burocracias meritocráticas; a substituição de propriedades hereditárias por uma sociedade de classes e pelo indivíduo moderno; e a superação das cosmologias tradicionais e religiosas através do que Max Weber denominou de «desencantamento do mundo».

Por princípio, estes processos eram vistos como desenvolvimentos universais, embora, na prática, eles tenham emergido primeiro na Europa e só depois se tenham difundido para o resto do mundo. Esta leitura difusionista — sintetizada por William McNeill na obra *The Rise of the West* — encontra-se no cerne de muitas histórias mundiais mais antigas, fundamentalmente quando orientadas pela teoria da modernização, mas também por muitas variantes marxistas da história mundial. «Nos últimos quatrocentos anos», segundo o resumo que David Landes fez desta narrativa, «a Europa (o Ocidente) tem sido o agente motor do desenvolvimento e da modernidade.» ([15]) Esta formulação triunfalista tornou-se hoje muito menos comum, de tal modo que a maioria dos relatos substituiu este anterior e flagrante eurocentrismo pelo reconhecimento das diversas formas de negociação e adaptação que acompanharam aquele processo. No entanto, no seu âmago, os pressupostos básicos desta narrativa continuam em vigor: a Europa/o Ocidente como *locus* da inovação e, por consequência, a história do mundo como história da difusão do progresso europeu. ([16])

Contra esta antiga forma dominante de ver o mundo, a segunda interpretação surgiu de uma leitura radicalmente crítica da disseminação do processo de modernização ocidental. Esta visão está associada às perspetivas pós-coloniais, subalternas e a algumas leituras marxistas. Aqui, a modernidade permanece como algo essencialmente europeu, sendo ainda equiparada à marcha da razão universal. No entanto, a disseminação da modernidade já não é vista como algo emancipatório, mas sim como um processo de privação.

Estão aqui envolvidos dois argumentos que, embora diferentes, se encontram relacionados. A hipótese de que foi o universalismo iluminista que esteve na raiz do impulso expansionista ocidental compõe o primeiro argumento. A crítica

---

([15]) Landes, *The Wealth and Poverty of Nations*, xxi.

([16]) Para esta perspetiva, veja-se John M. Headley, *The Europeanization of the World: On the Origins of Human Rights and Democracy*, Princeton (Princeton University Press) 2008; Anthony Pagden, *Worlds at War: The 2,500-Year Struggle Between East and West*, Oxford (Oxford University Press) 2008 [*Mundos em guerra: 2500 anos de conflito entre Ocidente e Oriente*; trad. Miguel Mata; rev. Luís Abel Ferreira. Lisboa (Edições 70) 2009]; Toby E. Huff, *Intellectual Curiosity and the Scientific Revolution: A Global Perspective*, Cambridge (Cambridge University Press) 2010; Niall Ferguson, *Civilisation: The West and the Rest*, London (Allen Lane) 2011.

prossegue, defendendo que foi apenas necessário um pequeno passo entre o postular de padrões universais e a decisão de intervir e implementar, pela força, esses mesmos padrões, sob o auspício de uma missão civilizadora paternalista. O segundo argumento parte da ideia de que a disseminação da modernidade ocidental é uma forma de imperialismo cultural com o potencial de erradicar mundivisões alternativas. Os académicos desta corrente crítica têm interpretado a disseminação dos princípios iluministas do século XIX como um processo de difusão coercivo e, muitas vezes, violento, possibilitado e impulsionado por relações de poder altamente assimétricas. ([17])

Ambas as perspetivas até agora apresentadas — a modernização emancipatória e o imperialismo cultural — são essencialmente difusionistas: as duas tomam por garantida a origem europeia da modernidade. Além disso, a suposta ausência, noutros lugares, de um substancial desenvolvimento cultural e social consiste num dos seus princípios axiomáticos. Nos últimos anos, no entanto, a reivindicação europeia de originalidade, da autoria exclusiva da modernidade, tem sido questionada. Os historiadores começaram a procurar processos paralelos e analogias à «marcha civilizacional» europeia, ou seja, processos de racionalização autóctones, que conduziram a resultados similares, sem se basearem na experiência europeia. Este terceiro paradigma faz parte de um debate académico mais amplo sobre as origens da modernidade. Nasceu do desejo de problematizar as noções difusionistas da modernização e da vontade de identificar as dinâmicas sociais que prevaleciam em muitas sociedades antes do encontro com o Ocidente. O objetivo passava por substituir as antigas noções de sociedades tradicionais e de «povos sem história» por uma compreensão mais ampla das múltiplas modernidades. Mas, no fim de contas, esta abordagem postula um *telos* idêntico — a sociedade capitalista moderna —, mesmo que essa

([17]) Robert Young, *White Mythologies: Writing History and the West*, London (Routledge) 1990; Edward Said, *Culture and Imperialism*, New York (Alfred A. Knopf) 1993

finalidade não fosse alcançada pela via de transformações inspiradas no contacto com o Ocidente, mas antes construída a partir dos recursos culturais indígenas. Consistia, portanto, na defesa de uma teleologia do desencantamento universal, concretizada em cada sociedade internamente, mas em todo o globo.

Estas três abordagens convergem metodologicamente na inclinação para quadros analíticos nacionais e civilizacionais. Apesar das significativas diferenças, todas elas dependem de lógicas endógenas para explicar o que deve ser entendido como um fenómeno global. Se quisermos levar a sério o desafio da história global, devemos ir além destas três abordagens e concentrarmo-nos na análise das conexões e dos processos de integração que moldaram e reconfiguraram as sociedades globalmente. Sanjay Subrahmanyam defendeu que a modernidade é «historicamente um fenómeno global e conjuntural, não um vírus que se propaga de um lugar para o outro. Localiza-se numa série de processos históricos que colocaram em contacto sociedades até então relativamente isoladas e temos de procurar as suas raízes num conjunto diversificado de fenómenos.» ([18]) Nesse sentido, é menos instrutivo indagar sobre as alegadas origens, sejam elas europeias ou não, do que centrar a nossa atenção nas interações e nas condições globais que criaram o mundo moderno. É por isso que as noções de integração global e de dependências de tipo sistémico são tão importantes: as mudanças que acontecem num determinado local, no interior de um mundo integrado, repercutem-se e afetam também outras partes do sistema.

É claro que estas quatro abordagens aqui expostas — história mundial, pós-colonialismo, múltiplas modernidades e história global — não podem ser bem separadas, uma vez que se confundem em muitos aspetos. Elas são, por outras palavras, tipos-ideais. Mas, para fins heurísticos, é útil separá-las

---

([18]) Sanjay Subrahmanyam, «Hearing Voices: Vignettes of Early Modernity in South Asia, 1400–1750», *Daedalus* 127, no. 3 (1998), 75–104, citação: 99–100.

analiticamente. Vamos analisar brevemente algumas questões para compreendermos como os diferentes paradigmas podem levar a resultados muitos díspares (e, na verdade, a questões bem diferentes). De seguida, analisaremos o caso do nacionalismo para demonstrar com mais detalhe as vantagens analíticas da história global *vis-à-vis* as dos três outros paradigmas.

O caso dos direitos humanos, sobre o qual uma substancial historiografia despontou recentemente, servirá de primeiro exemplo. Uma perspetiva-padrão da história mundial sustentaria que os direitos do homem têm uma genealogia europeia que remonta ao humanismo, talvez até um pouco mais cedo, antes de coalescer num programa de alcance global durante a Revolução Francesa. Estes direitos, com pretensões universais, viajaram, então, para lá do seu lugar de origem e alcançaram, gradualmente, uma aceitação mundial.([19]) A leitura pós-colonial, por seu lado, destacaria o carácter paroquial e culturalmente específico da noção de direitos humanos, assim como o modo indiscriminado como o termo foi utilizado para marginalizar, e, de facto, eliminar, noções alternativas de direitos e de igualdade, que eram menos dependentes das conceções de nação e de indivíduo. A terceira abordagem, das múltiplas modernidades, enfatizaria os recursos políticos e culturais indígenas que contribuíram para o surgimento, em diferentes lugares, de múltiplas noções de direitos humanos amplamente independentes umas das outras. Com base nestas três abordagens, as recentes investidas numa história global dos direitos humanos focam-se, ao invés, no seu aparecimento enquanto discurso genuinamente global. Os historiadores têm explorado cuidadosamente a abrangência global do discurso dos direitos humanos, colocando menos ênfase na Revolução Francesa e mais na apropriação e universalização de uma linguagem de direitos no Haiti, poucos anos mais

---

([19]) Lynn Hunt, *Inventing Human Rights: A History*, New York (W. W. Norton) 2007.

tarde.[20] No século XX, a década de 1970 parece ter sido o momento decisivo em que o declínio do socialismo e do nacionalismo enquanto ideologias políticas preparou o caminho para a emergência de reivindicações humanitárias que aspiravam a alcançar o estatuto de «Última Utopia». Nesta leitura, as origens intelectuais dos direitos humanos são menos importantes do que as condições globais sincrónicas que, em lugares muito distintos, permitiram a sua aceitação universal assim como a sua fusão com diferentes genealogias locais.[21]

O direito internacional pode servir como caso análogo. Durante muito tempo, os historiadores consideravam a «Lei das Nações», tal como emergiu na esteira de Hugo Grócio, e o subsequente desenvolvimento do direito internacional, como uma racionalização das relações internacionais. Por oposição a esta crença na benevolente disseminação de uma conquista europeia, estudos críticos defenderam a existência de uma relação próxima entre a Lei das Nações e o imperialismo europeu, argumentando que esta aspiração universalista não era mais que um fino véu que ocultava as ambições coloniais.[22] Em terceiro lugar, ao procurarem identificar as origens independentes do direito internacional na ordem global contemporânea, alguns académicos começaram a explorar a história cultural e legal de várias sociedades para demonstrar que alguns elementos, hoje considerados senso comum, são, na verdade, contribuições de tradições

---

([20]) Laurent Dubois, *Avengers of the New World: The Story of the Haitian Revolution*, Cambridge, MA (Harvard University Press) 2004.

([21]) Samuel Moyn, *The Last Utopia: Human Rights in History*, Cambridge, MA (Harvard University Press) 2010; Roland Burke, *Decolonization and the Evolution of International Human Rights*, Philadelphia, PA (University of Pennsylvania Press) 2010.

([22]) Martti Koskenniemi, *The Gentle Civilizer of Nations: The Rise and Fall of International Law, 1870–1960*, Cambridge (Cambridge University Press) 2001; Anthony Anghie, *Imperialism, Sovereignty and the Making of International Law*, Cambridge (Cambridge University Press) 2005; Turan Kayaoglu, *Legal Imperialism: Sovereignty and Extraterritoriality in Japan, the Ottoman Empire, and China*, Cambridge (Cambridge University Press) 2010.

alternativas não-ocidentais. Uma abordagem global gostaria de abordar mais especificamente outras questões como o porquê de o direito internacional ter surgido naquela altura, quais as razões para ter sido apropriado por diferentes atores em todo o mundo e de que forma pode ser entendido como resposta a um desafio global. Por outras palavras, deslocaria o foco dos atores e dos titulares de patentes intelectuais para a prática real do direito internacional. ([23])

Esta diferenciação heurística entre as quatro abordagens é extensível a todos os campos de investigação histórica. Foi o conceito de raça uma invenção europeia, uma ferramenta imperialista, um conceito que surgiu das diversas raízes indígenas ou uma resposta aos desafios globais? Foi o Iluminismo um feito da cultura de salão europeia, uma imposição ocidental, um produto da racionalização de várias culturas indígenas ou, antes, uma forma pela qual as elites sociais de todo o mundo se reconciliaram com novas realidades globais? ([24]) Pensemos nas tentativas de historizar a história global do fascismo. Os historiadores mundiais procuraram definir o conceito, invocando um conjunto de variáveis necessárias: um líder carismático, mobilização das massas, uma ideologia ultranacionalista, e assim sucessivamente. Na verdade, todas estas variáveis derivam da experiência europeia. Outros casos, como o fascismo no Japão ou na Argentina, parecem estar aquém destes requisitos; de facto, nem sequer o Nacional-Socialismo alemão esteve à altura do modelo estabelecido pelo fascismo italiano, e vice-versa. Ao usarem a história global como lente corretiva destas análises ligeiramente míopes, os historiadores prestaram mais atenção às transferências e aos contactos diretos e, com isso, conseguiram revelar até que

([23]) As quarto abordagens, em diferentes graus, estão presentes nos contributos de Bardo Fassbender, Anne Peters, Simone Peter e Daniel Högger (eds.): *The Oxford Handbook of the History of International Law*, Oxford (Oxford University Press) 2013.

([24]) Sebastian Conrad, «Enlightenment in Global History: A Historiographical Critique», *American Historical Review* 117 (2012), 999–1027.

ponto a Alemanha e a Itália serviram de modelos de inspiração a outros casos em todo o mundo.

Finalmente, para lá da história das transferências e comparações, um enfoque mais sistemático na integração global começaria com a situação global partilhada no entre-guerras, e a procura, por parte de muitas sociedades, de uma «terceira via» entre o liberalismo clássico e o comunismo, procura essa que levou vários governos a experimentar novas formas de mobilização e de organização social. Deste ponto de vista, a ausência deste ou daquele elemento da lista de requisitos — por exemplo: existiu um partido de massas que desafiou a classe dominante ou apenas uma mobilização «vinda de cima»? — importa menos do que perceber o modo como casos distintos, com diferentes formas de lidar com as transformações estruturais e de desafiar a ordem internacional, acabavam por estar relacionados. ([25])

Estudo de caso: nações e nacionalismo na história global

Nesta secção final, vamos examinar com mais profundidade a historiografia do nacionalismo, pois é aqui que podemos observar mais claramente como as novas perspetivas globais foram capazes de complementar e modificar formas antigas de situar a nação na história mundial. Em certa medida, a nação é um candidato improvável para tal empreitada. Não há muito tempo atrás, na década de 1990, quando a palavra «globalização» se tornou moda, alguns analistas apressaram-se a prever o fim do Estado-nação. No âmbito académico, as perspetivas eram igualmente sombrias. As histórias transnacionais e globais foram escritas com o explícito propósito de irem além do Estado-nação. Mas este momento de crise — ou talvez de euforia — durou pouco tempo, e deu lugar ao reconhecimento de que

([25]) As primeiras abordagens provisórias a este problema podem ser consultadas na obra de Stein U. Larsen (ed.), *Fascism outside Europe: The European Impulse against Domestic Conditions in the Diffusion of Global Fascism*, Boulder, CO (Social Science Monographs) 2001.

os Estados-nação mantinham o seu poder e continuariam a ser relevantes, embora num contexto alterado. Tornou-se também claro que a história global não pretende consignar a nação/Estado-nação ao «caixote do lixo» da história, mas antes reavaliar o seu papel histórico e explicar, apropriadamente, a sua emergência e significado.

De que forma as abordagens mais recentes podem ser comparadas com as anteriores tentativas de situar a nação no mundo? Até certo ponto, não é exagerado dizer que a teoria do nacionalismo operou, desde o princípio, a uma escala global. Logo, as abordagens explicativas inspiradas pela inicial teoria da modernização — em particular a de Ernest Gellner — eram de âmbito universal. Postulavam a formação de nações como efeito da transição contínua de sociedades tradicionais para sociedades modernas. Embora os nacionalistas enfatizassem o carácter particular de uma determinada nação, Gellner descartou todas as pretensões de excecionalidade ao defender a existência de uma lei universal de desenvolvimento: o desenvolvimento industrial destruiu as hierarquias da sociedade agrária para garantir a mobilidade do fator trabalho e para obter, assim, um crescimento constante. A auto-legitimação nacionalista pode ter enfatizado aspetos como a história partilhada, a língua comum e idênticos padrões culturais, mas, para Gellner, o nacionalismo era «o estabelecimento de uma sociedade impessoal e anónima (...), que vem tomar o lugar de uma anterior estrutura complexa de grupos locais (...). É o que acontece *realmente.*» ([26])

Nesta perspetiva, todos os nacionalismos eram, apesar de variações superficiais, essencialmente iguais; fossem de onde

---

([26]) Ernest Gellner, *Nations and Nationalism*, Oxford (Blackwell) 1983, 57 [*Nações e nacionalismo*, trad. Inês Vaz Pinto, Lisboa (Gradiva) 1993]. Para um enquadramento geral sobre a teoria do nacionalismo, veja-se Geoff Eley e Ronald Grigor Suny (eds.), *Becoming National: A Reader*, Oxford (Oxford University Press) 1996; Umut Özkirimth, *Contemporary Debates on Nationalism: A Critical Engagement*, Basingstoke (Palgrave Macmillan) 2005.

fossem, eram o produto da modernização socioeconómica e podiam ser inteiramente explicados a partir de fatores endógenos. Sendo esse o caso, não existiam obstáculos à comparação de experiências locais, independentemente do quão distintas e longínquas elas fossem umas das outras. Pelo contrário, abordagens mais recentes destacaram as conexões e as transferências. Concluíram que a prevalência mundial do nacionalismo no século XIX não pode ser apenas imputada a fatores internos, mas que deve também ser entendida como dependente de um processo de difusão.

Embora Benedict Anderson tenha recebido atenção como defensor de uma abordagem construtivista do nacionalismo, o seu principal contributo metodológico consiste na descrição que faz do carácter modular das nações. Com isso argumentava que, após uma fase inicial de criação, a forma da nação pôde ser transferida, em princípio, para outros âmbitos, como uma espécie de modelo-padrão. Esta forma desenvolveu-se, primeiro, nas sociedades crioulas das Américas e, posteriormente, em meados do século XIX, na Europa. Ora, os conceitos e os modelos do nacionalismo foram ali gerados e tornaram-se, depois, disponíveis à escala global como uma espécie de caixa de ferramentas. A partir de então, todos os nacionalismos emergentes foram moldados e influenciados por este mesmo paradigma. ([27])

A abordagem de Anderson marca um avanço fundamental, quando comparada às anteriores abordagens inspiradas na teoria da modernização, uma vez que, a partir daquele momento, a disseminação global do nacionalismo deixava de ser concebida como algo semelhante a um resultado mecânico das leis do desenvolvimento social. No entanto, os mecanismos concretos que possibilitavam a difusão da forma nacional foram objeto de pouca atenção. O interesse de Anderson circunscrevia-se ao desenvolvimento do nacionalismo na

---

([27]) Benedict Anderson, *Imagined Communities: Reflections on the Origins and Spread of Nationalism.* Revised edition, London (Verso) 1991, 81. [*Comunidades imaginadas: reflexões sobre a origem e a expansão do nacionalismo*; trad. Catarina Mira; Lisboa (Edições 70) 2005.

Europa e às complexas condições que o tornaram possível. No que dizia respeito ao resto do mundo, a sua análise centrava-se apenas nos modos como a nação foi utilizada e modificada. Resumidamente, o autor tomou a sua transferibilidade por garantida.([28]) Impõe-se, aqui, uma questão: como é que podemos compreender a dinâmica das transferências se limitamos a nossa atenção à origem, à difusão e à natureza dessa forma, mas ignoramos as condições de possibilidade que tornaram essa transferência atrativa para os seus recetores? O estudo de Anderson foi alvo de críticas por parte dos historiadores pós-coloniais que atribuíam especial relevância às condições imperiais específicas sob as quais os movimentos nacionalistas se desenvolveram no mundo colonizado. Na sua muito citada obra, *Nationalist Thought and the Colonial Word*, Partha Chatterjee defende que, no mundo colonial, o nacionalismo deve continuar a ser entendido como um fenómeno derivado da Europa, como um «discurso derivado». Embora fosse verdade que os movimentos nacionalistas se opunham ao domínio estrangeiro, a um nível ontológico — afirmou Chatterjee — eles continuavam imersos nos parâmetros do discurso dominante, isto é, imperial.([29])

Além do exposto, o livro contém um segundo argumento. Fundamentalmente, defende Chatterjee, o nacionalismo anticolonial é alimentado pela oposição ao Ocidente, oposição essa que assume, muitas vezes, a forma de um confronto enfático entre a espiritualidade nacional não-ocidental e o materialismo ocidental. Na verdade, a dicotomia entre um oriente espiritual e um ocidente materialista foi um ingrediente padrão do discurso político asiático de finais do século XIX. O argumento de Chatterjee foi posteriormente

([28]) Para uma perspetiva crítica do conceito de Anderson, veja-se Manu Goswami, «Rethinking the Modular Nation Form: Toward a Sociohistorical Conception of Nationalism», *Comparative Studies in Society and History* 44 (2002), 776–783.

([29]) Partha Chatterjee, *Nationalist Thought and the Colonial World: A Derivative Discourse*, Minneapolis, MN (University of Minnesota Press) 1993.

desenvolvido em *A Nação e os seus Fragmentos*, obra que, em certa medida, consiste numa revisão do seu primeiro livro. Nela, o autor divide o «nacionalismo» em duas esferas: uma externa, material, e outra interna e espiritual. No nível espiritual, «o seu verdadeiro e essencial domínio», Chatterjee entende que a nação é soberana antes mesmo de alcançar a soberania política. Este domínio interno equivaleria então ao reino da verdadeira expressão cultural da nação. Por outras palavras, mesmo que a «forma nacional» (Étienne Balibar) seja transferível e que o discurso nacional permaneça derivado ao nível formal, a substância do nacionalismo é geográfica e culturalmente específica e não pode ser derivada do modelo imperial europeu. ([30])

Em que medida, podemos agora perguntar, é essa particularidade do conteúdo do nacionalismo produto de constelações globais? Trata-se de uma pergunta pertinente, uma vez que a abordagem de Chatterjee permanece em dívida para com o modelo endógeno: enquanto reconhece a transferência da nação como uma forma dentro do contexto do poder imperial, a natureza específica da substância do nacionalismo colonial é explicada com referência aos recursos culturais locais e, em particular, às tradições pré-coloniais mais antigas. Chatterjee foi acusado de idealizar e reificar os recursos culturais pré-coloniais. ([31]) Da perspetiva da história global, no entanto, devem ser formuladas duas outras críticas, que são ainda mais importantes. Em primeiro lugar, esta análise continua focada na relação binária entre a nação colonizada e os colonizadores. Trata-se de uma limitação que a sua análise partilha com o impulso geral do paradigma pós-colonial. As dinâmicas do

---

([30]) Partha Chatterjee, *The Nation and Its Fragments: Colonial and Post-Colonial Histories*, Princeton (Princeton University Press) 1993, 6. Veja-se também Étienne Balibar, «The Nation Form: History and Ideology», *in*: Balibar e Immanuel Wallerstein, *Race, Nation, Class: Ambiguous Identities*, London (Verso) 1991, 86–106.

([31]) Sumit Sarkar, «The Decline of the Subaltern in Subaltern Studies», *in*: *Writing Social History*, New Delhi (Oxford University Press) 1997, 82–108.

nacionalismo indiano, chinês ou tailandês fizeram parte de uma constelação global. O paradigma de uma «reação» local a estímulos provenientes da Europa ou dos Estados Unidos, por mais importante que seja, acaba por restringir o escopo da análise. Da mesma forma que privilegiar as referências às tradições culturais autóctones não permite contar a história toda. Ao agarrar-se a uma narrativa pós-colonial, Chatterjee arrisca-se a desconsiderar o contexto global mais amplo e a negligenciar o modo como os atores históricos de várias regiões, a partir do século XIX e com progressiva frequência, fizeram referência a uma totalidade global. O nacionalismo e o pensamento acantonado em categorias nacionais desenvolveram-se dentro de um contexto de integração global.

A segunda crítica resulta do facto de o autor excluir como fator importante o grau em que a substância do nacionalismo não depende apenas das anteriores tradições endógenas, mas muito mais como um produto das constelações globais. Ao invés de fazer uma distinção analítica entre «forma da nação» (universal, transferível) e a manifestação culturalmente específica do seu conteúdo, o seu objetivo deveria incidir sobre a reconstrução de ambos os níveis, cada um no seu contexto global. Não obstante, a ampla realidade geopolítica foi sempre um fator crucial para determinar, entre as inúmeras tradições locais, quais as que acabariam por ser mobilizadas em proveito dos projetos nacionais.(32)

É necessário, portanto, uma incrustação mais profunda dos modos pelos quais a nação foi definida, entendida e posta em prática em contextos globais — partindo, e indo para lá das perceções dos estudos comparados, das histórias da difusão e das abordagens pós-coloniais. Uma série de recentes incursões no campo da história global do nacionalismo demonstrou quão profícua esta análise pode ser. Vejamos dois estudos ilustrativos desta tendência.

---

(32) Esta linha crítica é inspirada em Christopher L. Hill, *National History and the World of Nations: Capital, State, and the Rhetoric of History in Japan, France, and the United States*, Durham, NC (Duke University Press) 2008.

A obra de Andrew Sartori, *Bengal in Global Concept History*, servirá de primeiro exemplo. Sartori demonstra como, a partir da década de 1880, os intelectuais de Bengala se debatiam com uma noção de cultura que tinha muitas semelhanças com o conceito de *Kultur*, de Herder, e com propostas coevas provenientes da Rússia e do Japão. A problemática geral consiste em explicar a relação entre o todo e as partes. Por outras palavras, como explicar as semelhanças entre estas versões distintas do discurso sobre cultura, sem perder de vista a especificidade dos debates bengalis? Recuperemos os tipos-ideais expostos anteriormente: foi o *culturalismo* de Bengala o resultado da transferência das ideias do Ocidente e da sua posterior apropriação local? Ou foi o produto de relações desiguais de poder e, por isso mesmo, uma forma de colonização das mentes? Devemos, antes, enfatizar os recursos culturais indígenas e as genealogias tradicionais de um entendimento específico (local) bengali de cultura?

Na sua análise histórica global, Sartori ultrapassa todas estas interpretações. Embora o seu trabalho seja claramente influenciado pelas leituras pós-coloniais, o autor acaba por considerar que aquelas abordagens estão reféns da premissa da incomensurabilidade cultural, afastando-se da leitura do conceito de cultura enquanto derivação ocidental ou como forma de imperialismo cultural. Para Sartori, as semelhanças não são um mero efeito da difusão e das disparidades do poder; pelo contrário, vê Bengala como um lugar, entre muitos outros, no qual a noção de «cultura» foi empregue como resposta a desafios globais. «A história do conceito de cultura em Bengala», insiste Sartori, «não pode ser tratado nem como um desvio local, nem como uma reiteração tardia de uma forma intelectual essencialmente ocidental, mas deve antes ser investigada como um momento espacial e temporalmente específico na história global do conceito de cultura.» ([33])

A viragem para a cultura pode ser lida como um ato de rejeição da anterior versão do liberalismo, caracterizada pelo

([33]) Sartori, *Bengal in Global Concept History*, 5.

individualismo racional e pelo egoísmo económico. Contra este evangelho liberal, a noção de cultura foi adotada por grupos sociais que formularam uma crítica nacionalista ao domínio britânico e à hegemonia económica. Na leitura de Sartori, as estruturas globais às quais estes eminentes intelectuais respondiam eram principalmente económicas. Na esteira da crise financeira de 1840, o comércio e a indústria foram crescentemente monopolizados pelos mercadores britânicos, enquanto o capital nativo era investido apenas em propriedades e bens imóveis. A sociedade de Bengala afastava-se, assim, da dinâmica do comércio. Perante isto, a noção de cultura passou a integrar um discurso quase romântico, com o qual as elites hindus procuravam afirmar os seus vínculos orgânicos à terra e à mão de obra agrária. De uma forma geral e bastante mais abstrata, Sartori correlaciona o debate «liberalismo *versus* cultura» com a expansão do capitalismo. Defende que o *culturalismo* emergiu em todo o mundo como reação a formas particulares de alienação e de subjetividade que as relações laborais e as formas de produção capitalistas geraram em determinadas áreas. É claro que a noção específica de cultura se encontrava imersa na particularidade local, mas as alegadas tradições não só foram completamente reformuladas pelo capitalismo, como também foram pressionadas para se acomodarem às práticas sociais do regime capitalista. Assim sendo, o *culturalismo* não pode ser plenamente explicado como efeito de uma transferência intelectual; deve sim ser compreendido como uma série de respostas únicas a uma mesma problemática global.

O segundo exemplo é a obra *Staging the World*, de Rebecca Karl, um estudo sobre o nacionalismo no período final da China Qing. Também para Karl, a ideia da China enquanto nação só poderia tomar forma num momento histórico específico, o momento exato em que a China descobriu, por si mesma, o novo «mundo». Este momento não se pautou apenas pela perceção das regiões que estavam fora da sua zona de influência, para lá da sino-esfera, mas passou principalmente pela consciencialização da existência do mundo como um todo estruturado, cada vez mais composto por Estados(-nação) soberanos e por países coloniais dependentes. Esta nova perceção do «mundo» como uma totalidade de unidades conectadas por intermédio de forças de alcance global, como o imperialismo e o capitalismo, substituiu a milenar dicotomia mental entre o Reino do Meio e barbárie.

O que é que isto significa em termos concretos? Rebecca Karl estava particularmente interessada em compreender a forma como determinados acontecimentos que, de uma perspetiva chinesa, pareciam marginais — como a anexação do Havai pelos Estados Unidos, as partições da Polónia no século XVIII, a conquista americana das Filipinas, o domínio britânico no Egito, entre outros — se tornaram, por volta de 1990, objeto de um intenso debate no país. No interior da cosmologia tradicional da corte Qing, estes locais eram de facto periféricos, ou seja, situavam-se à margem (e tantas vezes fora do alcance) da «Civilização Chinesa». No virar do século, no entanto, os reformadores chineses começaram a perceber que as ameaças políticas e económicas que o país enfrentava não eram muito diferentes das situações que, a determinada altura, afligiam estas nações mais pequenas. Embora, em termos culturais, o Havai fosse muito diferente da China, a moderna lógica da geopolítica colocou-o numa situação muito semelhante à do Império Qing. O processo de colonização já não era uma preocupação exclusiva dos povos remotos e exóticos, mas ameaçava agora também a própria China. Como resultado das eficazes estruturas globais, as parecenças já não eram determinadas por fatores culturais, mas sim geopoliticamente: eram agora o resultado da ameaça colonial e da posição periférica da China na economia mundial capitalista.([34])

O argumento central da obra de Karl pode ser colocado da seguinte forma: a perceção da China enquanto uma nação entre outras e como parte da «Ásia» — aqui entendida muito mais como unidade que partilha uma condição marginal dentro da ordem imperial hegemónica, e menos em termos

([34]) Rebecca E. Karl, *Staging the World: Chinese Nationalism at the Turn of the Twentieth Century*, Durham, NC (Duke University Press) 2002.

de semelhanças culturais e étnicas — só foi possível dentro do contexto da integração global. «A China apenas se tornou especificamente nacional (e não um império) e regionalmente asiática ao mesmo tempo que, e apenas quando, se mundializou.» ([35]) A fundação da nação foi simultaneamente uma projeção diacrónica e uma resposta à incorporação da China no mundo. Como sugere o título do livro, o aparecimento da dinâmica nacionalista não resultou de uma fase diacrónica de desenvolvimento, mas antes de uma sincrónica «encenação do mundo»: uma atuação num palco global.

Tanto a obra de Sartori como a de Karl foram escritas por académicos cujas contribuições para a história global estão, em grande medida, centradas nas suas áreas de especialidade: a Índia e a China modernas. Enquanto outros historiadores globais analisam as redes de nacionalistas, comparam movimentos nacionalistas em diferentes locais ou procuram estabelecer uma síntese planetária, os estudos aqui citados concentram-se num local particular, que depois analisam através dos seus entrelaçamentos globais.

Mais importante: ambos os livros são exemplos de um movimento histórico mais amplo que procura perceber as estruturas globais, não apenas pela necessidade do contexto, mas também como condição prévia necessária para a emergência de formas particulares de nacionalismo. ([36]) Ambos os autores focam-se, predominantemente, na economia política, postulando uma noção altamente abstrata de capitalismo e apontando-o como força motriz da história. Fazer equivaler uma totalidade global ao capitalismo pode parecer demasiado rígido e, de facto, ambos foram criticados por se basearem

([35]) Rebecca E. Karl, «Creating Asia: China in the World at the Beginning of the Twentieth Century», *American Historical Review* 103 (1998), 1096–1118, citação: 1099.

([36]) Para outros exemplos, veja-se Manu Goswami, *Producing India: From Colonial Economy to National Space*, Chicago (University of Chicago Press) 2004; Sebastian Conrad, *Globalisation and Nation in Imperial Germany*, Cambridge (Cambridge University Press) 2010; Hill, *National History and the World of Nations.*

dogmaticamente em noções excessivamente abstratas da expansão capitalista. Ainda assim, as possíveis limitações destas obras não diminuem o seu valor enquanto exemplos do quão integral pode ser uma compreensão matizada do global. Como vimos, a conceção e a explicação da integração global podem ter várias formas. Sartori e Karl são aqui relevantes, uma vez que analisam o global não como contexto externo ou adicional, mas sim como contexto constitutivo, modelador dos objetos de estudo, ao mesmo tempo que é moldado por eles.

No seu conjunto, a lista de preferências metodológicas esboçadas neste capítulo, assim como a ênfase no conceito de integração, constituem uma rejeição das explicações que menosprezam, ou que desconsideram perentoriamente, as influências e os fatores externos. Este é o cerne metodológico da história global entendida enquanto abordagem distinta. As convencionais teorias sociais operam geralmente dentro do que poderíamos classificar de paradigma *internalista*. Nas anteriores grandes narrativas da modernização, os fenómenos históricos eram explicados endogenamente, a partir de dentro, e eram tipicamente analisados no interior das fronteiras da sociedade. Este enfoque nas mudanças internas tem sido o símbolo de praticamente todas as teorias sociais até hoje. Inspiradas pelo marxismo, por Max Weber, por Talcott Parsons ou pelo trabalho de Michel Foucault, as teorias sociais tratam essencialmente as sociedades como entidades que se geram a si próprias e assumem que as mudanças sociais são sempre obra da própria sociedade.

Por contraste, a história global coloca-se fora deste enquadramento *internalista* ou genealógico. Presta particular atenção às interações e aos entrelaçamentos ao longo das fronteiras e admite o impacto das estruturas que ultrapassam os limites fronteiriços das sociedades individuais. Com isso, a história global reconhece a relevância causal de fatores que não se encontram ao alcance de indivíduos, nações e civilizações. Em última análise, ela promete superar, por inteiro, a dicotomia entre o interno e o externo.

CAPÍTULO 5

História global e formas de integração

O último capítulo ofereceu uma definição útil de história global, entendida não como um objeto de estudo, mas como uma perspetiva particular. A história global como abordagem distinta explora espacialidades alternativas, é fundamentalmente relacional e autorreflexiva no que toca à questão do eurocentrismo. Sublinhámos especialmente o conceito de integração e de transformações estruturadas a uma escala global. Este enfoque nos contextos sistémicos corresponde a uma decisão heurística que distingue esta abordagem de outras, uma vez que a história global toma a integração estruturada como um contexto, mesmo quando ela não é o principal tópico de pesquisa. Isto significa também que os historiadores globais colocam a questão da causalidade a um nível global.

A prioridade dada à integração implica ainda que a história global não tem apenas como princípio orientador a conectividade. Este é um passo importante, dado que a ênfase conferida às conexões é central para a definição reduzida que encontramos, muitas vezes, na literatura académica. Sem dúvida que as ligações são importantes e que continuarão a aparecer com proeminência em qualquer análise global. Sem mobilidade e interação não existe globalidade. Mas as conexões variam em qualidade e em intensidade. Algumas, por serem espúrias, efémeras ou territorialmente limitadas, têm um impacto reduzido. Não é muito útil fazer equivaler prematuramente à globalização os laços comerciais que atravessam o Saara ou a importação para a China Tang de penas de martim-pescador-grande e de cornos de rinoceronte. No fim de contas, a qualidade e o impacto das conexões depende do grau em que os mundos se integraram em totalidades mais ou menos sistémicas. Em 185 a.C., o último dos reis de Máuria foi assassinado e o seu reino colapsou — este foi um ponto de viragem decisivo na história da Ásia Meridional, com reverberações importantes no mundo helénico; mas certamente que não lançou todo o planeta num estado de turbulência, como aquele que ocorreu depois do assassinato do arquiduque Francisco Fernando da Áustria, mais de dois mil anos mais tarde. Por isso, há que medir a relevância das ligações e das conexões — até onde chegaram e quão importantes foram na realidade? — tendo em conta o grau de integração que, de facto, foi alcançado. Por vezes, o decréscimo registado nas atividades comerciais de uma região dificilmente afetará outras regiões; já a depressão de 1929 desencadeou uma crise sistémica de proporções mundiais.

Por outras palavras, é difícil separar a história global enquanto perspetiva de uma avaliação do processo de integração global. Por conseguinte, a abordagem tem mais potencial quando aplicada aos períodos em que a integração foi duradoura e de certa densidade. Em contrapartida, para épocas históricas em que as conexões eram apenas espúrias e a integração muito pouco palpável, a abordagem revela-se muito menos profícua — e, possivelmente, menos eficiente do que outras abordagens, como a história comparada, que não são, para falarmos com propriedade, história global.

Enquanto paradigma distinto, com o seu foco na integração e nas transformações globais estruturais, a história global é uma abordagem realmente específica. Não se trata, certamente, de um método tão geral que explique tudo o que alguma vez aconteceu debaixo do sol. Este capítulo discute, de forma mais aprofundada, as implicações que advêm da escolha deste paradigma. Nas páginas que se seguem, abordaremos, com algum detalhe, três grandes questões. Primeira: será que a ênfase na integração faz efetivamente da história global uma história da globalização? Segunda: como é que podemos entender a noção de «integração» e as forças motrizes que a originam? E, para terminar: se a história global se baseia na integração, até que período do passado podemos aplicar as perspetivas globais?

A história da globalização

Comecemos pela primeira questão: será que a ênfase na integração faz efetivamente da história global uma história da globalização? Os estudos da globalização, entendida como o processo de crescente interconexão, preocupam-se com o incremento das ligações e da complexidade, e, bem assim, com a emergência do mundo enquanto sistema único. Uma vez que a abordagem da história global necessita de alguma compreensão da integração estruturada, a história da globalização pode parecer, à primeira vista, a temática de estudo mais natural dos historiadores globais.

De facto, não são raras as vezes em que a história global e a história da globalização se confundem. No entanto, fazê-lo é incorrer em imprecisão, por duas razões. Em primeiro lugar, tal como é aqui entendida, a história global é, antes de mais, uma abordagem; a história da globalização, por outro lado, denota um processo histórico. E, em segundo lugar, a integração a um nível global é uma condição necessária para o uso da perspetiva global — é um contexto, embora não necessariamente o objeto de estudo. As investigações em história global não têm, por isso, de explicar as origens e as causas da integração, podendo centrar-se no seu impacto e nos seus efeitos. Podemos dizer, então, que a história da globalização constitui um subgénero importante da historiografia global, mas que ela não equivale ao campo em si mesmo.(1)

---

(1) Uma discussão particularmente útil é a de Jürgen Osterhammel, «Globalizations», *in:* Jerry H. Bentley (ed.), *The Oxford Handbook of World History*, Oxford (Oxford University Press) 2011, 89–104.

O termo «globalização» é uma adição recente ao vocabulário dos historiadores. Antes da década de 1990, aparecia apenas muito raramente no discurso público; daí para a frente, contudo, a sua difusão tornou-se quase epidémica.([2]) Inicialmente, o termo era sobretudo empregue pelos historiadores económicos, mas, com a viragem do século, a história da globalização tornou-se um objeto historiográfico legítimo e o seu alcance alargou-se bem além da questão específica do desenvolvimento de uma economia mundial. Inúmeros trabalhos têm recorrido ao termo, tentando aplicá-lo, de forma fecunda, às investigações sobre a longa história do processo de globalização e outros assuntos históricos.([3])

Mas, se o termo é novo, quão novo é o fenómeno em si? De acordo com Manuel Castells, hoje somos testemunhas de um ponto de viragem na história do mundo: «As fundações materiais da sociedade, do espaço e do tempo estão a ser transformadas e organizadas em torno dos fluxos do espaço e da atemporalidade do tempo. (...) É o começo de uma nova existência, e de facto o início de uma nova era, a Era da Informação, marcada pela autonomia da cultura *vis-à-vis* as bases materiais da nossa existência». Contudo, esta afirmação de Castells — de que se trata de um fenómeno inaudito — não é nova. Já em 1957, os teóricos da modernização M. F. Millikan e W. W. Rostow se encontravam «no meio de uma grande revolução mundial. (...) A rápida aceleração da extensão da literacia, das comunicações de massas e das viagens (...) está a derrubar as instituições tradicionais e os padrões culturais

---

([2]) Sobre a história do conceito veja-se Olaf Bach, *Die Erfindung der Globalisierung: Untersuchungen zu Entstehung und Wandel eines zeitgeschichtlichen Grundbegriffs*, Frankfurt am Main (Campus) 2013.

([3]) Michael D. Bordo, Alan M. Taylor, e Jeffrey G. Williamson (eds.), *Globalization in Historical Perspective*, Chicago (University of Chicago Press) 2003; Anthony G. Hopkins, *Globalization in World History*, London (Pimlico) 2002; Michael Lang, «Globalization and its History», *Journal of Modern History* 78 (2006), 899–931; Jürgen Osterhammel e Niels P. Petersson, *Globalization: A Short History*, Princeton (Princeton University Press) 2009.

que, no passado, mantinham as sociedades coesas. Em resumo, a comunidade mundial está-se a tornar mais interdependente e mais fluida do que alguma vez foi em qualquer outro período da história.» Mas antes mesmo, em 1917, o sociólogo americano Robert Park já se mostrava convencido de que o mundo estava a cruzar o limiar de uma nova era na história da humanidade, ainda que esta transição estivesse enraizada nas tecnologias do século XIX: «A ferrovia, o navio a vapor e o telégrafo estão a mobilizar rapidamente os povos da Terra. As nações saem do seu isolamento e as distâncias que separam as diferentes raças vão diminuindo, com celeridade, perante a extensão da comunicação. (...) Grandes forças cósmicas derrubaram as barreiras que antes separavam as raças e as nacionalidades do mundo, e forçaram-nas a novas intimidades e novas formas de competição, rivalidade e conflito.» Podíamos até ir mais atrás, visto que os relatos acerca de uma mudança social rápida e pouco inteligível têm acompanhado o mundo moderno desde a Revolução Francesa. E desde meados de oitocentos que esta mudança tem sido associada à interação transfronteiriça. Logo em 1848, no *Manifesto Comunista*, Karl Marx e Friedrich Engels declararam que «para o lugar da velha autossuficiência e do velho isolamento locais e nacionais, entram um intercâmbio omnilateral, uma dependência das nações umas das outras. (...) A unilateralidade e estreiteza nacionais tornam-se cada vez mais impossíveis.»

De que modo podemos analisar (para já não falar em periodizar) um processo histórico que parece embriagado por uma sensação de novidade incessante? A convicção generalizada, constantemente reiterada, de que estamos a experienciar uma transformação histórica radical e de que temos vindo a testemunhar um ponto de viragem fundamental, parece desvalorizar qualquer pretensão de estabelecer subdivisões significativas. «Como poderemos avaliar, com seriedade, as pretensões da globalização», perguntou Adam McKeown, «quando o único destino consistente de cada nova Era transformadora é o de ser encarada como um período de estagnação e isolamento face à nova era que se lhe segue?» (4)

Alguns historiadores chegaram a sugerir que se arquivasse a questão de uma vez por todas. Na sua opinião, quer olhemos para a globalização, quer para a integração global, o projeto está condenado ao fracasso logo à partida, devido (em parte) ao facto de o conceito de globalização ser teoricamente vago e relativamente indefinido. Contudo, o seu ceticismo é, antes de mais, empírico. Se um processo não se estende absolutamente ao mundo inteiro, segundo argumentam, então não é válido denominá-lo «global». Nem mesmo no nosso presente aparentemente global todas as pessoas se encontram interligadas. Em várias partes do mundo, existem pessoas que não possuem telemóveis, que não veem os Jogos Olímpicos e que não se conectam à Internet. «O mundo foi, durante muito tempo — e ainda é —, um espaço com relações económicas e políticas desiguais; está repleto de nódulos», escreveu Frederick Cooper. «As estruturas e as redes penetram em alguns lugares (...), mas os seus efeitos dissipam-se noutras regiões.» (5) Por todo o planeta, continuam a existir grupos de pessoas excluídas dos benefícios e das alienações dos chamados fluxos globais. Uma integração genuinamente global nunca ocorreu, e talvez ela nunca chegue a ocorrer enquanto existirem exceções à norma mais geral.

É claro que se trata de uma perspetiva bastante rígida e, de certa forma, fundamentalista. Em última análise, ela descarta virtualmente toda a terminologia agregada ou

(4) Adam McKeown, «Periodizing Globalization», *History Workshop Journal* 63 (2007), 218–30, citação: 219. As quatro citações anteriores foram também tiradas de McKeown, «Periodizing Globalization», 218–219.

(5) Frederick Cooper, «What Is the Concept of Globalization Good for? An African Historian's Perspective», *African Affairs* 100 (2001), 189–213, citação: 190 [«Para que serve o conceito de globalização? O ponto de vista de um historiador de África», *Histórias de África: Capitalismo, Modernidade e Globalização*, trad. Bárbara Direito, Lisboa (Edições 70), Coleção «História e Sociedade», 2016, pp. 173–210]

macrossociológica, uma vez que se pode sempre invocar contraexemplos para todos os padrões generalizados. No entanto, vários exercícios recentes em história global não encaixam nesta descrição. Eles não equiparam o «global» à ausência de limites e fronteiras, nem insistem na totalidade planetária dos processos históricos. Pretendem, pelo contrário, ultrapassar os limites das unidades estabelecidas e dos compartimentos, rastreando os movimentos de bens, ideias e pessoas entre fronteiras, onde quer que as suas trajetórias os tenham levado. Além disso, estes movimentos não ocorriam livremente: eles eram tipicamente estruturados e seguiam padrões específicos.

Contrariamente, outros estudos têm procurado as origens históricas da integração global, recuando até, em alguns casos, aos períodos mais remotos. Historiadores dos sistemas-mundo, como André Gunder Frank, insistiram na ideia de que a história do sistema-mundo pode ser seguida desde há cinco mil anos. Ao contrário das interpretações de Wallerstein e outros, Frank argumenta que o início da acumulação inexorável de capital não se deu apenas no século XVI, podendo ser identificada muito mais cedo, vários séculos antes. ([6]) De uma perspetiva bem diferente, Jerry H. Bentley, um dos pioneiros do paradigma da história mundial, propôs uma história da interação transcultural que vai do quarto milénio a.C. aos dias de hoje. Bentley sugere que «dos tempos remotos até ao presente, as interações interculturais têm tido ramificações políticas, sociais, económicas e culturais significativas para todos os povos envolvidos.» Segundo este ponto de vista, as variadas formas de mobilidade, de comércio e de construção de impérios geraram conectividade global através dos tempos, ainda que de formas diferentes. ([7]) Há ainda quem tenha ido

---

([6]) Andre Gunder Frank e Barry K. Gills (eds.), *The World System: Five Hundred Years or Five Thousand?* London (Routledge) 1993.

([7]) Jerry H. Bentley, «Cross-Cultural Interaction and Periodization in World History», *American Historical Review* 101 (1996), 749–70, citação: 749. Veja-se também Jerry H. Bentley, *Old World Encounters: Cross*

mais longe e procurado os inícios da interconexão global no próprio desenvolvimento da linguagem humana.([8])

Propostas radicais como estas são, sem dúvida, problemáticas. Embora seja importante explorar a longa história das ligações transculturais e das rotas de interação, e reconhecer a complexidade das primeiras civilizações, isto não nos deve levar a assumir que as ligações observadas fazem parte de uma narrativa contínua que atravessa continentes e que permanece intacta ao longo dos tempos. A maioria dos historiadores é mais cautelosa, afastando-se de juízos maniqueístas ou de fórmulas de «sempre ou nunca».([9]) Em vez de estabelecerem alternativas dicotómicas, os historiadores começaram a perguntar mais concretamente: quando é que o mundo começou a mostrar sinais de coesão, de um carácter inter-relacional fundamental? Quando é que os povos se tornaram tão interligados que os eventos que se deram num certo lugar tiveram efeitos imediatos e relevantes noutro? Quando é que o mundo se converteu num sistema único?

Toda uma indústria de estudos surgiu em resposta a estas questões, procurando localizar as conjunturas críticas e identificar as origens da globalização.([10]) Esta literatura é uma reação ao presentismo de que padecia a inicial interpretação sociocientífica da globalização, ao reservar o uso do termo somente para as décadas mais recentes. Segundo esta formulação seminal, que apareceu gradualmente na década de 1970 e acelerou

---

Cultural Contacts and Exchanges in Pre-Modern Times, New York (Oxford University Press) 1993.

([8]) William H. McNeill e John Robert McNeill, *The Human Web: A Bird's-Eye View of World History*, New York (Norton) 2003.

([9]) Para a tipologia do sempre, nunca e por vezes, veja-se Samuel Moyn e Andrew Sartori, «Approaches to Global Intellectual History», *in*: Moyn e Sartori (eds.), *Global Intellectual History*, New York (Columbia University Press) 2013, 3–30.

([10]) Michael Lang, «Globalization and Its History», *Journal of Modern History* 78 (2006), 899–931; David Held e Anthony McGrew, «The Great Globalization Debate: An Introduction», *in*: Held e McGrew (eds.), *The Global Transformations Reader*, Cambridge (Polity Press) 2006.

radicalmente nos anos 1990, a comunicação baseada na Internet, a produção global de bens, o investimento de capitais transnacionais e a emergência de estruturas de governança global transformaram o mundo, provocando uma interação de maior intensidade e de uma nova qualidade, fundamentalmente diferente das antigas formas de interconexão.([11])

Por seu lado, os historiadores não demoraram a desafiar a ideia de um corte radical com o passado. Hoje, a grande maioria concorda que a globalização tem uma história muito mais longa, que tanto prefigura, como afeta o presente. Na literatura académica, os debates em torno dos grandes impulsos para a integração global centram-se sobretudo em dois momentos históricos: no século XVI e nos finais do século XIX.([12]) Atualmente, toma-se por garantido que, pela década de 1880, a aceleração dos contactos transfronteiriços coalesceu a ponto de se poder falar num todo global integrado. Era já virtualmente impossível impor o isolamento político, como o Japão e a Coreia haviam conseguido durante séculos. Os mercados laborais e os preços das mercadorias convergiam independentemente das fronteiras políticas e geográficas.([13]) As redes de comunicação cobriam o mundo inteiro, dando a impressão de simultaneidade. Em 1884, Sandford Fleming declarava, em tom triunfal, que «as condições nas quais vivemos não são mais as mesmas. (...) O mundo inteiro foi arrastado para a vizinhança imediata e para as relações de proximidade.»([14]) É claro que o momento e o grau

---

([11]) David Held *et al.*, *Global Transformations: Politics, Economics and Culture*, Oxford (Blackwell) 1999.

([12]) Sobre os problemas da periodização, veja-se Anthony G. Hopkins, «The History of Globalization —and the Globalization of History?» *in*: Hopkins (ed.), *Globalization in World History*, London (Pimlico) 2002, 21–46; Robbie Robertson, *The Three Waves of Globalization: A History of a Developing Global Consciousness*, London (Zed Books) 2002.

([13]) Kevin H. O'Rourke e Jeffrey G. Williamson, *Globalization and History: The Evolution of a Nineteenth-Century Atlantic Economy*, Cambridge, MA (MIT Press) 1999.

([14]) Sandford Fleming, *International Meridian Conference: Recommendations Suggested*, Washington, DC (sine nomine) 1884, 6.

de integração das múltiplas componentes neste mundo de simultaneidade global variaram, mas, quando a I Guerra Mundial eclodiu, a integração tinha já alcançado todas as sociedades e provocado uma verdadeira re-territorialização do mundo.(15)

No entender de outros historiadores, o real ponto de origem de um sistema mundial unificado deve, antes, ser encontrado no início do século XVI. De facto, alguns dos processos que prenunciavam uma maior coesão global iniciaram-se por volta de 1500: a «descoberta» europeia das duas Américas, o início do colonialismo e as ligações comerciais capitalistas dominadas pelos europeus. A conquista das duas Américas marcou o começo da expansão europeia, que haveria de mudar o rosto da Terra nos séculos vindouros. A criação de redes comerciais trans-pacíficas, através dos famosos galeões de Manila, ligavam as Américas à Ásia e tornaram possível o desenvolvimento do mercado mundial. Muitas das estruturas estabelecidas neste período de «globalização Ibérica» — passagens marítimas globais, a economia mundial, o crescimento de grandes Estados, a difusão de tecnologias e uma mais ampla consciência da totalidade global — exibiram um grau de perseverança notável.(16)

Para lá da globalização

A história da globalização tornou-se num verdadeiro subgénero da historiografia global, tendo como características

(15) Charles S. Maier, «Consigning the Twentieth Century to History: Alternative Narratives for the Modern Era», *American Historical Review* 105 (2000), 807–831.

(16) Serge Gruzinski, *Les quatre parties du monde: Histoire d'une mondialisation*, Paris (La Martiniere) 2004; Dennis O. Flynn e Arturo Giráldez, «Born with a "Silver Spoon": The Origin of World Trade in 1571», *Journal of World History* 6 (1995), 201–221; Geoffrey Gann, *First Globalization: The Eurasian Exchange, 1500–1800*, Lanham, MD (Rowman & Littlefield) 2003.

de destaque a procura por momentos decisivos de mudança e pelas origens de uma totalidade global. De um ponto de vista heurístico, as narrativas sobre a globalização continuarão a ser relevantes para quem deseje tentar compreender a genealogia do presente e explicar a mudança a uma escala global. Elas servem também como uma primeira orientação, ajudando a situar eventos e processos dentro de contextos mais vastos. Não menos importante é a possibilidade que as histórias da globalização oferecem a quem queira abordar questões de fôlego global e de longo prazo.

Mas, em última instância, fazer do passado uma história da globalização gera dificuldades. Algumas devem-se ao carácter vago do próprio termo: nem sempre é claro onde é que as conexões terminam e começa a globalização. As histórias da globalização sofrem também da tendência para privilegiar um nível de explicação em relação a outros. São vários os estudos que colocam uma ênfase redutora na história política e, sobretudo, na história económica, de tal modo que o relato da integração dos mercados acaba por se confundir com a história global *tout court*.

Além destas questões práticas, uma perspetiva sobre a globalização padece de inúmeros problemas mais basilares. Primeiro, ela simplifica a história e formata-a de acordo com um critério único, o da interconexão, o que implica menosprezar a diversidade de trajetórias e as repercussões dos desenvolvimentos passados, traduzidos num vocabulário de «mais» e «menos». De certa maneira, a historiografia da globalização assemelha-se, portanto, a uma recriação da teoria da modernização, em que a «tradição» é substituída pelo isolamento e a «modernidade» pelo entrelaçamento.([17])

Em segundo lugar, as histórias da globalização operam segundo o mito da continuidade. Elas traçam processos de longa duração que um exame minucioso mostra não terem seguido

---

([17]) Raymond Grew, «On the Prospect of Global History», *in*: Bruce Mazlish e Ralph Buultjens (eds.), *Conceptualizing Global History*, Boulder, CO (Westview Press) 1993, 227–249.

uma trajetória linear e um ritmo regular. Houve picos de alta interconexão seguidos de períodos de relativa desconexão e divergência. A não ser que operemos a escalas temporais colossais, a ênfase na convergência, tão típica das histórias da globalização, torna-se altamente problemática. Em geral, a ideia de continuidade é sobretudo uma ficção retrospetiva. Frequentemente, as histórias da globalização veem conexões e, por vezes, dependências de trajetória entre as formas mais antigas e mais recentes de entrelaçamento, chegando assim à conclusão de que os acontecimentos mais recentes derivaram dos mais antigos. No entanto, isto pode ser enganador. Colombo nada sabia de Leif Erikson, que tinha chegado a Newfoundland quinhentos anos antes. Na China, as memórias da visita de Marco Polo tinham praticamente caído no esquecimento quando os portugueses chegaram a Cantão, em 1517. A ideia de uma continuidade subjacente à globalização deve muito mais aos desejos do presente do que à lógica do passado.

E, em terceiro lugar, a busca pelas origens da globalização pressupõe que as ligações tiveram um ponto de partida bem definido, quando, na verdade, não tiveram. Além disso, a obsessão pelas origens ameaça forçar o passado, de modo a caber numa única trajetória dominante e aparentemente lógica que é igualmente ficcional.

As trocas comerciais e de mercado, os padrões de migração, a expansão das comunicações, a difusão das ideias, a trajetória dos conflitos sociais, as aspirações dos impérios e das comunidades religiosas — estes e muitos outros processos seguem uma cronologia própria, com pontos de viragem distintos, e só raramente se sobrepõem de forma nítida. Assim, o termo «globalização» obscurece a realidade das conexões e dos processos globais: o seu carácter diverso e multifacetado, bem como as suas lógicas diferentes e não raro incompatíveis. Classificá-los a todos sob a etiqueta unificadora de «globalização» confere ao processo uma aparência essencialista e oculta a heterogeneidade do passado. ([18])

([18]) Osterhammel, «Globalizations», 91.

Não é ainda claro se a noção de globalização irá sobreviver como conceito analítico útil aos historiadores. Muitos advogam a ideia de que quanto mais específicos os conceitos e quanto maior a sua sensibilidade ao contexto histórico, mais profícuos serão os seus resultados — e isto mesmo se aceitarmos a necessidade de periodizar o passado, não apenas de forma local e regional, mas também à escala global. Num certo sentido, podemos até dizer que a perspetiva da história global nos torna, em parte, imunes às intromissões da retórica da globalização. Com a sua preferência pela sincronia e pela localização dos eventos no espaço global, a perspetiva global acaba por desafiar, de facto, o pressuposto de uma continuidade de longo prazo. Para estudar uma variedade de tópicos, será muito mais apropriado utilizar frações de tempo como unidades temporais, do que lançar mão da alegada marcha inexorável da globalização.

Que integração? Que estruturas?

Como acabámos de ver, a perspetiva da história global pode ser equiparada, simplesmente, a uma história da globalização. Ainda assim, uma das suas características basilares é a noção de integração global. Exploraremos esta ideia nas seguintes secções. Comecemos por mencionar que o conceito não carrega uma teleologia inerente. Por exemplo, as estreitas conexões entre a Ásia e a Europa no século XIII começaram a dissipar-se depois da queda dos mongóis. O estudo da integração, da transformação estruturada a uma escala global, não pressupõe um movimento regular e contínuo do menor para o maior, da escassez para a plenitude.

A noção de integração, embora pareça óbvia, complica-se a partir do momento em que procedemos a um escrutínio mais detalhado. A sua premissa básica é a de que nenhuma sociedade pode ser integralmente compreendida se observada em isolamento. A mudança social não ocorre num qualquer local apenas por si mesma; ela depende das trocas entre grupos. Quando falamos de integração, assumimos que tais contactos são mais do que ornamentais, ou seja, que eles afetam as sociedades de importantes maneiras. Também supomos que as interações não são efémeras e acidentais, mas recorrentes e, por isso, capazes de moldar trajetórias de uma forma sustentada e, por vezes, modelar. De um ponto de vista metodológico, o conceito de integração tem muito em comum com a noção sociológica de estrutura. Quando aplicada às relações entre as sociedades, outros termos têm sido introduzidos, em especial o conceito de sistema. Alguns historiadores recorreram a uma terminologia menos rígida, preferindo antes falar de «circulação», entendida como uma repetição de movimentos.([19])

Por muito sofisticada que seja a literatura sobre esta matéria, o conceito de integração continua a ser, em vários aspetos, vago e esquivo. Aquilo que conta como «importante», «sustentado» e «modelar» está aberto a escrutínio em cada caso, tal como o estão as fronteiras do todo integrado. Semelhante à diferença entre as árvores e a floresta, a diferença entre um mundo interligado e um mundo integrado pode ser intuitivamente plausível, mas requere, sem dúvida, interpretação. No entanto, ainda que seja difícil de definir, qualquer estudo de história global depende de algum conhecimento básico acerca do grau, escopo e qualidade da integração a grande escala. Esse conhecimento pode ajudar-nos a diferenciar, por exemplo, formas distintas de mobilidade e interação. No fim de contas, um náufrago, como Robinson Crusoé, arrastado para uma ilha remota não é o mesmo que um fluxo constante de turistas que aterra na ilha de Bali, trazidos pela aviação

---

([19]) Para uma discussão acerca do conceito de estrutura, veja-se Anthony Giddens, *The Constitution of Society: Outline of the Theory of Structuration*, Cambridge (Polity) 1984; William H. Sewell Jr., *Logics of History: Social Theory and Social Transformation*, Chicago (University of Chicago Press) 2005. O conceito de circulação é discutido por Engseng Ho em *The Graves of Tarim: Genealogy and Mobility across the Indian Ocean*, Berkeley, CA (University of California Press) 2006.

moderna, como parte de uma economia de consumo global. E isto faz uma certa diferença.

É claro que as estruturas sociais não são entidades autónomas. Não são entidades dadas nem estáveis. Na verdade, elas são produzidas e reproduzidas através de práticas individuais, quer dizer, através da atividade humana. Não devem, por isso, ser tratadas como entidades abstratas com as quais nos confrontamos, uma vez que elas são o produto da ação subjetiva, de práticas quotidianas e de modificações e transformações constantes. Isto significa também que não existe uma oposição inerente entre conexões e estruturas. Antes pelo contrário, sendo elas próprias um produto das interações e das trocas, as estruturas baseiam-se na conectividade. Quando abordamos estas questões, uma série de perguntas surge de imediato: como têm lidado os historiadores com a questão da integração? Em que forças se têm focado para explicar a coesão e a possibilidade de intercâmbios transfronteiriços? Como podemos explicar as formas de interligação sistémica que, ao que parece, puseram termo a qualquer possibilidade de desenvolvimento isolado? Onde é que os historiadores localizam o poder que cria as estruturas globais e que dita a sua lógica?

Que os historiadores tenham privilegiado amiúde uma das forças motrizes relativamente a todas as outras é um facto surpreendente. Claro que as discussões se tornam mais confusas, quando se atribui importância a diferentes fatores. Mas, para efeitos desta nossa discussão, é possível distinguir cinco motores de mudança que dominam a historiografia: a tecnologia, o império, a economia, a cultura e a biologia. No fim, proporemos que as causas da integração são múltiplas, tal como o são as suas manifestações ou consequências e, também, num certo sentido, as suas cronologias (algumas mais prolongadas que outras). Antes, porém, detenhamo-nos brevemente nesses cinco modelos de integração a que os historiadores tanto recorrem.

Uma das narrativas mais poderosas usada para explicar a emergência da coesão global é a da mudança tecnológica e da evolução dos meios de comunicação de massas, que facilitaram a interação e a comunicação transfronteiriças. Esta é a história da invenção da escrita, da imprensa, da transmissão elétrica a longa distância e da Internet. É ainda a história da roda e da construção naval, da máquina a vapor e da aviação. E, não menos importante, a história da revolução militar: das espadas e da artilharia, das metralhadoras e dos tanques, e ainda das armas nucleares. Tal como a expansão dos antigos impérios dependeu da invenção das carruagens de rodas raiadas, é difícil conceber o Império Britânico sem as canhoneiras e o telégrafo. Não há dúvida que a contração do mundo no século XIX teria sido impossível sem os barcos a vapor e os caminhos de ferro. Segundo esta linha de pensamento, no essencial, as mudanças verificadas na integração global podem ser atribuídas às transformações que ocorreram ao nível da maquinaria. ([20])

Um segundo paradigma coloca a tónica nas tomadas de decisão política e na expansão militar, centrando-se nos impérios, as mais poderosas entidades da história humana. As histórias globais do império alertam-nos para a notável capacidade de resistência dos Estados expansionistas e multiétnicos. ([21]) Ao longo dos tempos, os impérios organizaram o comércio a longas distâncias e facilitaram a deslocação de pessoas e ideias fora das suas comunidades originais. Pensamos

---

([20]) Daniel R. Headrick, *Power over Peoples: Technology, Environments, and Western Imperialism, 1400 to the Present*, Princeton (Princeton University Press) 2009; Manuel Castells, *The Information Age: Economy, Society, and Culture*, 3 volumes, Oxford (Blackwell) 1996–1998. [*A era da informação: economia, sociedade e cultura*, trad. Alexandra Lemos, Catarina Lorga, Tânia Soares; coord. José Manuel Paquete de Oliveira, Gustavo Leitão Cardoso, Lisboa (Fundação Calouste Gulbenkian) 2002–2003, 3 volumes].

([21]) John Darwin, *After Tamerlane: The Global History of Empire*, London (Penguin) 2007; [*Ascensão e queda dos impérios globais: 1400–2000*, trad. Jaime Araújo, Lisboa (Edições 70) 2015]; Jane Burbank e Frederick Cooper, *Empires in World History: Power and the Politics of Difference*, Princeton (Princeton University Press) 2010.

aqui nos romanos e na dinastia Máuria, nos mongóis, nos espanhóis e nos britânicos. Nos períodos moderno e contemporâneo, a interação dos impérios forjou um sistema imperialista e alimentou o processo de globalização do presente. Quer sejam saudadas como um modelo benéfico ou vistas com ceticismo, as forças da expansão imperial foram cruciais, ao ligar regiões distantes do globo e ao promover uma integração de larga escala.([22])

Em terceiro lugar, tem-se atribuído o papel de impulsionador principal, talvez com muito mais frequência do que a todos os outros candidatos, às interações económicas. Existem duas narrativas complementares neste ponto: a do comércio e a dos modos de produção. Ao longo de muitos séculos, se existiu uma arena global, ela terá sido a do «mundo que o comércio criou».([23]) Já na Antiguidade, a produção destinava-se, em parte, a mercados distantes. Foram encontrados fragmentos de porcelana chinesa, datados dos séculos IX e X, na península Arábica e na África Oriental. Desde cerca do século XIII que as regiões comerciais se tornaram mais estreitamente ligadas, e a maioria dos historiadores económicos acredita que, a partir do século XIX, emergiu um mercado mundial integrado. Esta integração de mercado levou a uma convergência de preços e conduziu ao aparecimento de um mercado de trabalho globalizado. No final do século XIX, os trabalhadores rurais da Itália exploravam as diferenças sazonais entre a Europa e a América Latina, passando o inverno europeu como andorinhas, migrando para os campos de trigo da Argentina. A descida dos custos de transporte, a ampliação das cadeias de produção e a migração da mão de obra com-

---

([22]) James Belich, *Replenishing the Earth: The Settler Revolution and the Rise of the Anglo-World, 1783–1939*, Oxford (Oxford University Press) 2009; Gary Magee e Andrew Thompson, *Empire and Globalisation: Networks of People, Goods and Capital in the British World, c.1850–1914*, Cambridge (Cambridge University Press) 2010.

([23]) Kenneth Pomeranz e Steven Topik, *The World that Trade Created: Society, Culture, and the World Economy, 1400 to the Present*, Armonk, NY (M. E. Sharpe) 1999.

binaram-se para produzir um sistema integral em que as alterações experimentadas num local provocavam respostas noutros lugares. Com o rebentar da Guerra Civil americana, a produção algodoeira caiu a pique, desencadeando a abertura de novos campos de algodão no Togo e no Egito, bem como a subida dos preços dos têxteis na Europa e na Ásia. ([24])

Se a narrativa do comércio é francamente direta e, até certo ponto, quantificável, o relato que se foca nos modos de produção e no capitalismo é mais complexo. Segundo o seu principal argumento, as redes mercantis podem-se acomodar a uma enorme variedade de sociedades, mas a transformação capitalista da economia desde o século XVI implicou uma transformação dos modos de produção e das relações sociais em geral. De acordo com esta leitura, há um salto qualitativo entre a circulação *per se* e a circulação que se dá em condições capitalistas. A incorporação capitalista de regiões do mundo cada vez mais vastas — largamente conseguida no decurso do século XIX — não só conduziu ao alargamento dos mercados, como transformou profundamente as relações sociais. A conversão do valor de uso em valor de troca tornou possível mercantilizar as interações sociais, do trabalho assalariado às relações familiares. O argumento aqui é que a mudança foi sistémica, embora não necessariamente homóloga. A ascensão da indústria automóvel na Europa e nos EUA criou empregos para trabalhadores com contrato, mas também provocou o crescimento das plantações de borracha que empregavam trabalho forçado ou escravo. ([25]) Nesta interpretação, porque a integração global só se tornou possível devido à penetração capitalista, ela é vista como um fenómeno bastante recente.

([24]) O'Rourke e Williamson, *Globalization and History*; Bordo, Taylor, e Williamson, *Globalization in Historical Perspective*. Para um recente argumento teórico, veja-se Köjin Karatani, *The Structure of World History: From Modes of Production to Modes of Exchange*, Durham, NC (Duke University Press) 2014.

([25]) William H. Sewell Jr., «A Theory of Structure: Duality, Agency, and Transformation», *in*: Sewell, *Logics of History*, 124–151.

A integração não se trata, então, de uma questão de escala (o planeta inteiro) e de quantidade (o volume de negócios), mas sim de qualidade: a mercantilização das coisas e das relações sociais cria uma coerência sistémica, ao permitir que haja compatibilidade e permutabilidade através de fronteiras geográficas, culturais e étnicas.([26])

Muitos historiadores têm reagido com ceticismo àquilo que consideram ser uma forma de determinismo económico. Estes defendem, ao invés, que o ingrediente-chave do processo de globalização é a cultura. Alguns apontaram para as grandes religiões que, desde a Era Axial — o período por volta de 500 a.C. em que as grandes filosofias e religiões apareceram, de forma independente, na China, na Índia, no Médio Oriente e na Grécia —, têm criado laços poderosos entre as diferentes religiões do planeta. Outros têm-se focado nas ideologias e nas cosmologias. Sanjay Subrahmanyam, por exemplo, defendeu a existência de «uma conjuntura milenar de escala euroasiática» que terá unido várias sociedades, da Península Ibérica à planície do Ganges, do século XV ao XVII, atravessando clivagens políticas e religiosas.([27])

O rol de exemplos é vasto. Mas, além dos casos empíricos, em que premissas metodológicas se baseiam estes argumentos culturalistas? A noção de paradigma de Thomas Kuhn — entendida como «um corpo comum de crenças que (pode ser tomado) por garantido» — é um dos candidatos. Outro será o conceito de *episteme* de Michel Foucault — que «num dado momento (...) define as condições de possibilidade de todo o saber».([28]) Ambos representam abordagens

---

([26]) Andrew Sartori, «Global Intellectual History and the History of Political Economy», *in*: Moyn e Sartori, *Global Intellectual History*, 110–133. Para uma crítica a esta posição, vejam-se os capítulos de Samuel Moyn e Frederick Cooper no mesmo volume.

([27]) Sanjay Subrahmanyam, «Du Tage au Gange au XVIe siècle: une conjoncture millenariste a l'echelle eurasiatique», *Annales. Histoire, Sciences sociales* 56 (2001), 51–84, citação: 52.

([28]) Thomas Kuhn, *The Structure of Scientific Revolutions*, Chicago (University of Chicago Press) 1962, 13 [*A estrutura das revoluções científicas*,

essencialmente voltadas para o interior, uma vez que consideram que a mudança — novos paradigmas, ruturas epistémicas — é gerada a partir de dentro do campo cultural. Também os sociólogos que perfilham a escola da sociedade mundial (*world polity school* ou neoinstitucionalismo de Stanford) propuseram argumentos sistemáticos a favor do impacto dos fatores culturais. Estes teóricos neoinstitucionalistas argumentam que o processo-chave da globalização tem sido, desde o século XIX, a emergência de uma cultura mundial. Noções como as de liberdade, direitos, soberania e progresso foram disseminadas ao nível global e moldaram as instituições sociais em todo o mundo. Segundo esta perspetiva, a vida quotidiana em todo o planeta foi transformada por um conjunto de normas globalmente aceites, mais do que pelas trocas comerciais e pela competição política. Os seus efeitos foram de um enorme alcance, afetando tudo, das instituições estatais (como a educação pública) às disposições individuais (como a individualidade). Desta forma, a cultura mundial foi capaz de sanar diferenças culturais tradicionais e de criar um mundo de «isomorfismos» e de crescentes semelhanças. (29)

Por último, também a ideia de que os fatores ecológicos e biológicos são os catalisadores da mudança global foi avançada por alguns historiadores. Estes centram-se nos acontecimentos ambientais que afetaram o passado humano: a Peste Negra, que assolou a Ásia, a Europa e a África em meados do século XIV e que ceifou 1/4 da população mundial; as doenças transmitidas pelos Espanhóis no outro lado do Atlântico e que dizimaram a população indígena das Américas;

---

trad. Carlos Marques, Lisboa (Guerra e Paz) 2009]; Michel Foucault, *The Order of Things: An Archaeology of the Human Sciences*, New York (Pantheon Books) 1970, 168, [*As Palavras e as Coisas: Uma Arqueologia das Ciências Humanas*, trad. Isabel Braga, Lisboa (Edições 70) 1988].

(29) John W. Meyer, John Boli, George M. Thomas, e Francisco O. Ramirez, «World Society and the Nation-State», *American Journal of Sociology* 103 (1997), 144–181; Georg Krücken e Gili S. Drori (eds.), *World Society: The Writings of John W. Meyer*, Oxford (Oxford University Press) 2009, 30.

o intercâmbio biológico que, na esteira das descobertas de Colombo, trouxe trigo e gado para as Américas e batatas e milho para a China; os mosquitos que ajudaram a enfraquecer os impérios europeus na América Latina e em África; a Pequena Idade do Gelo do século XVII — a lista podia continuar. Mais recentes são os debates sobre o Antropoceno, o período que se seguiu à Revolução Industrial em que a pegada humana começou a alterar a geologia do planeta. Os historiadores que adotam esta perspetiva consideram que foi a continuidade da experiência humana, parcialmente fisiológica, que possibilitou a existência de elos entre diferentes grupos. A unidade biológica da espécie torna-se, assim, um dos fatores que permite observar o globo como uma totalidade integrada. ([30])

Integração através da sobreposição de estruturas

Por razões heurísticas, temos descrito, uma a uma, as forças motrizes da integração global. Elas representam a grande variedade de estruturas possíveis, que vão das «que dão forma e constrangem o desenvolvimento do poder militar mundial às que formatam e limitam as brincadeiras de um grupo de amigos que se reúnem ao domingo para pescar». ([31]) Enquanto algumas adquiriram um alcance global, outras são de dimensão muito mais limitada. A integração estrutural pode dar-se, apenas, a um nível regional e até mesmo local. Ela não tem de ser necessariamente global. Para muitos historiadores globais, a infraestrutura que o Império Britânico proporcionou

---

([30]) Jared Diamond, *Guns, Germs, and Steel: The Fates of Human Societies*, New York (W. W. Norton) 1997 [*Armas, germes e aço: os destinos das sociedades humanas*, trad. Manuel Marques, Lisboa (Relógio d'Água) 2002]; John Robert McNeill, *Mosquito Empires: Ecology and War in the Greater Caribbean, 1620–1914*, Cambridge (Cambridge University Press) 2010.

([31]) Sewell, «A Theory of Structure», 22.

e as rotas de comércio do oceano Índico nos inícios da Idade Moderna são cruciais para explicar a mudança global.

Deveríamos também evitar a ideia de que a integração é um processo quase-natural. Na verdade, ela resulta do trabalho de agentes históricos. Vários grupos e atores procuraram concretizar os seus próprios projetos globalizantes — projetos que competiam uns com os outros e que, por vezes, se contradiziam, diferindo em densidade e em alcance geográfico: por exemplo, a rede da Companhia Holandesa das Índias Orientais, o império de Napoleão, as redes transnacionais de anarquistas, a criação do horário universal por Sandford Fleming. Boa parte do que hoje entendemos por estruturas globais resulta desses projetos, dessas estratégias que competiam para gerar e controlar circulação, assim como dos mais diversos esquemas de criação de mundos.

De resto, a integração estruturada não pode ser atribuída a uma única causa ou conjunto de causas. Uma das tarefas da história global enquanto perspetiva está precisamente em compreender a relação de diferentes causalidades que operam a uma grande escala. Em certos momentos e em determinados espaços, as relações comerciais desempenharam um papel fundamental; noutros, a coerência global foi acelerada pela mudança tecnológica. De um modo geral, é útil compreender a integração global, não como resultante de um único fator, mas como produto de estruturas que se sobrepõem. É que é difícil separar com clareza as dimensões económica, política e cultural. A convergência dos mercados, por exemplo, está longe de ter sido um processo autónomo, visto que as preferências culturais o influenciaram e as intervenções políticas o «facilitaram» — por intermédio da captura, pelos portugueses, de barcos guzarates no Índico, das canhoneiras britânicas e da abertura forçada de cidades portuárias em Yokohama, Incheon, Ningbo e Xiamen.

Estes processos não foram, por isso, independentes, nem tão-pouco homólogos: não apontavam todos na mesma direção, nem seguiram a mesma cronologia. Se a I Guerra Mundial levou ao levantamento de barreiras económicas, o intercâmbio cultural e as organizações internacionais floresceram no entre-guerras. As fases de integração económica podiam ocorrer a par de fenómenos de dissociação política; uma crescente abertura cultural podia não acompanhar as fases de intercâmbio económico e político. Por tudo isto, aquilo a que geralmente nos referimos como «globalização» foi o resultado de uma complexa rede de estruturas justapostas e interrelacionadas, cada uma delas seguindo a sua dinâmica própria. Nas palavras de Charles Tilly tratou-se de «um grande processo interdependente».([32]) O modo como estes processos se intersectaram variou. Por outras palavras, a fórmula da estrutura não foi a mesma em todo o lado. Daqui resulta que o impacto destas forças mais vastas tivesse sido sentido de forma muito irregular.([33])

Importa lembrar, por último, que a ênfase nas estruturas não implica que os indivíduos, bem como a atividade humana em geral, já não sejam cruciais. Trata-se de uma ressalva a ter em conta. Tal como a retórica da globalização, o vocabulário da estrutura pode dar a impressão de uma jaula de ferro, ou seja, de macroprocessos avassaladores que não deixam espaço ao individual, aos eventos que reconfiguram as estruturas, ao acidental e às descobertas fortuitas. Algumas investigações, em particular as que abarcam vários séculos e largos períodos, podem dar a ideia de uma história movida por forças macroestruturais anónimas: uma história sem seres humanos, como se a Terra fosse uma megalópole despovoada. Contudo, isto não é apenas enganador. Trata-se, com efeito, de algo mais grave, porque os processos de integração estruturada dependem dos indivíduos e dos grupos, das suas atividades quotidianas, que lhes conferem duração e estabilidade.

([32]) Charles Tilly, *Big Structures, Large Processes, Huge Comparisons*, New York (Russell Sage Foundation) 1984, 147.

([33]) Uma obra notável que trabalha a partir das estruturas sobrepostas das redes económicas, políticas, militares e ideológicas é a de Michael Mann, *The Sources of Social Power*, 4 volumes, Cambridge (Cambridge University Press) 1986–2012.

As estruturas podem fornecer as condições em que as pessoas atuam e em que os entrelaçamentos ocorrem, mas elas não determinam totalmente estas ações. A originalidade e a criatividade das ações humanas não podem ser previstas pelo simples estudo dos contextos.

A história global enquanto perspetiva não é, portanto, nem funcionalista, nem necessariamente macrossociológica no que toca à abordagem. A causalidade não deve ser derivada apenas dos macroprocessos. Além disso, as forças que atuam ao nível macro não têm necessariamente de exercer um maior impacto que outros processos de natureza mais local. Para dar um exemplo, embora a Pequena Idade do Gelo do século XVII tenha tido repercussões de proporções globais, a grande maioria dos acontecimentos podem ainda ser mais bem explicados sem recorrer ao fator da alteração climática. O que continua a ser importante é explorar estas problemáticas e estar aberto a investigar as questões de causalidade até ao nível global.

Quando ocorreu o global?

Tendo como pano de fundo a nossa discussão sobre o carácter multinível das transformações estruturadas, estamos agora em melhor posição para abordar a questão final: quando é que houve história global? Ou, com mais precisão, para que períodos faz sentido usar uma perspetiva de história global? Será que há períodos em que ela se revela particularmente útil e com garantia de melhores resultados comparativamente a outras abordagens? Existirão momentos em que o seu uso não faça qualquer sentido? Será que há épocas do passado humano que se encontram fora do alcance da história global? Quão atrás no tempo pode ir um historiador global?

A minha proposta é a seguinte. Quando pensamos na longa história humana, uma perspetiva de história global não está nunca excluída à partida, tal como já descrevemos neste livro. Em princípio, podemos aplicá-la a qualquer região e a qualquer período do passado. Nenhuma época histórica possui um monopólio sobre as perspetivas globais. Isto pode parecer contraintuitivo, dada a forte ênfase que este capítulo atribuiu à integração global. De facto, a plausibilidade e o poder explicativo das abordagens globais serão tanto mais fortes quanto mais densas as conexões e mais intensas as interações de determinado período. Isto é particularmente ajustado ao período que se seguiu ao século XVI, e especialmente a partir do século XIX, quando o impacto dessa integração foi sentido por um grande número de coetâneos em todo o mundo.

Mas, enquanto perspetiva, a abordagem global pode ainda ser alargada às épocas anteriores com resultados proveitosos. Podemos, de facto, ir muito mais atrás para encontrar variadas formas de ligações a longa distância. Sem dúvida que os movimentos de pessoas não são exclusivos dos séculos recentes. Pelo contrário, eles caracterizaram a condição humana desde os tempos pré-históricos. E, pelo menos desde a Antiguidade, a produção não se limitava somente a satisfazer o consumo local, sendo canalizada para a troca comercial, por vezes a muito longas distâncias. Aliás, desde muito cedo que se tomou consciência das potenciais vantagens dessas ligações.

Ao reconstruírem as conexões e as formas de consciência do passado, alguns historiadores globais chegaram a proclamar uma Idade Média global, enquanto outros começaram a investigar aquilo a que tiveram coragem de denominar «globalizações antigas». Quando Edward Gibbon, escrevendo no século XVIII, comentou em nota de rodapé que a queda na procura de peixe inglês em 1328 se ficou a dever à expansão do Império Mongol, achou «bem caprichoso que as ordens de um clã mongol, que reinava nas fronteiras da China, pudessem ter reduzido o preço dos arenques no mercado inglês».(34) É claro que um assombro como este e a retórica do capricho

(34) Citado em Ronald Findlay e Kevin O'Rourke, *Power and Plenty: Trade, War and the World Economy in the Second Millennium*, Princeton (Princeton University Press) 2007, 141.

já não imperam. Nos anos recentes, os historiadores têm descoberto um conjunto fascinante de interações que não figuram de forma saliente nos estudos mais antigos, confinados que estavam a uma civilização ou a uma sociedade apenas: a difusão do Budismo pela Ásia; as ligações comerciais no Índico, de Malaca à África Oriental; os impérios Mongóis que transformaram, de forma duradoura, grande parte da Eurásia; as comunidades mercantis em diáspora e as rotas comerciais das caravanas, como as que atravessavam o Saara; ou as viagens de Ibn Battuta no século XIV, que o levaram do Norte de África a Espanha até à China e que dele fizeram, nas palavras de Jawaharlal Nehru, um «dos grandes viajantes de todos os tempos».([35]) Alguns destes entrelaçamentos deixaram uma marca indelével e transformaram visivelmente as sociedades envolvidas. Na Idade Média, na Antiguidade e mesmo antes, estabeleceram-se importantes padrões de conectividade global. A investigação das conexões globais destes períodos antigos originou novas e estimulantes obras, mostrando que não só é possível, como também muito produtivo estender as perspetivas globais aos períodos mais remotos do passado humano. Para alguns estudos, aliás, seria até absurdo não o fazer — basta lembrarmo-nos das investigações sobre as alterações climáticas na longa duração.([36])

([35]) Jawaharlal Nehru, *Glimpses of World History* [1934], Oxford (Oxford University Press) 1985, 752. Para uma impressionante obra de síntese que enfatiza as trocas e os entrelaçamentos, veja-se Felipe Fernández-Armesto, *The World: A Brief History*, New York (Pearson Prentice Hall) 2007.

([36]) Veja-se o número especial «The Global Middle Ages», *Literature Compass* 11 (2014); Oystein S. LaBianca e Sandra Arnold Scham (eds.), *Connectivity in Antiquity: Globalization as a Long Term Historical Process*, Sheffield (Equinox) 2006; Justin Jennings, *Globalizations and the Ancient World*, Cambridge (Cambridge University Press) 2010; Martin Pitts e Miguel John Versluys (eds.), *Globalization and Roman History: World History, Connectivity, and Material Culture*, Cambridge (Cambridge University Press) 2014.

É certo que, nestes tempos distantes, as ligações e as conexões eram muito mais fracas e o seu impacto mais discreto do que, digamos, no século XX. Embora não fossem necessariamente ornamentais, em muitos casos o seu impacto era limitado. Por exemplo, era mais comum afetarem apenas as elites de umas poucas cidades portuárias do que sociedades inteiras. Além disso, algumas conexões eram efémeras. Dada a grande importância atribuída pela abordagem global às questões da integração e das estruturas globais, estas limitações devem ser tidas em conta. Neste sentido, não se afigura útil projetar questões globais indiscriminadamente sobre o passado remoto. ([37])

Como vimos, nem todos os tópicos se prestam de igual modo às perspetivas globais. Tomemos o exemplo do recente estudo de Siep Stuurman sobre dois dos mais célebres historiadores da Antiguidade, Heródoto e Sima Qian. Ao escreverem, respetivamente, no século V a.C. e por volta do ano 100 d.C., ambos interpretaram o passado a partir de dentro da sua ecúmena cultural, muito embora estivessem interessados nas sociedades vizinhas e tivessem usado, para compreendê-las, o que hoje se poderia chamar um «olhar antropológico» (inclusive para imaginar como é que, por sua vez, esses estranhos os viam). Trata-se de um estudo sobre um objeto transcultural vasto, com uma abordagem ampla e estimulante, que nos permite encontrar semelhanças onde a antiga historiografia apenas via diferenças (de língua, de cultura e de mundivisões). No entanto, e estritamente falando, não se trata de história global no sentido que aqui lhe atribuímos: ao nível metodológico, este estudo não deixa de ser uma comparação tradicional. É claro que em si mesmo isto não equivale a uma falha. Dada a ausência ou escassez de ligações diretas entre a Grécia Antiga e a China Han e o hiato de vários séculos entre

([37]) Uma tentativa – algo eufórica e demasiado ambiciosa – para documentar a globalização nos tempos mais antigos é a de Jan Nederveen Pieterse, «Periodizing Globalization: Histories of Globalization», *New Global Studies* 6, n.º 2 (2012), artigo 1.

os dois historiadores, uma comparação acaba por ser, talvez, o instrumento mais eficaz. Mas se o tópico é vasto e até mesmo global, a abordagem não o é. No essencial, ambos os casos são tratados nos seus próprios termos, ou seja, de um modo *internalista.* ([38])

Imaginemos agora uma comparação entre as ações de construção estatal no Império Romano e na China Han. A questão será porventura muito diferente. Há que admitir que terão sido escassos os contactos diretos entre estes dois impérios, cada um dominando uma grande extensão do mundo antigo. Quando o governo chinês enviou Gan Ying como seu embaixador a Roma, em 97 d.C., o emissário voltou para trás quando alcançou o Mar Negro, antes de chegar à cidade do Tibre. Esta foi a única ocasião em que a China Han esteve mais perto de encetar uma interação direta com Roma. De qualquer modo, fatores externos afetaram as duas estruturas políticas, de formas distintas, mas relacionadas. As trocas comerciais ao longo da Rota da Seda ligavam indiretamente ambos os impérios e os seus ritmos sujeitavam-nos a desafios conexos, se não mesmo idênticos. Isto aconteceu, por exemplo, quando as guerras na estepe asiática dificultaram o fluxo comercial na Ásia Central. Também os conflitos com as populações nómadas nas periferias imperiais afetaram-nos a ambos, sendo certo que as guerras travadas nas regiões ocidentais da China geravam, habitualmente, insurreições na fronteira oriental do Império Romano.

Assim, um estudo das técnicas de construção estatal nestes dois impérios deveria tomar em consideração este tipo de contextos mais vastos. E embora possa estar organizado na forma de comparação, esse trabalho poderia tratar, muito explicitamente, assuntos de história global. Ao contrário do exemplo anterior, partiria de alguma forma de integração estruturada, usada como contexto de relevo, mesmo que as

---

([38]) Siep Stuurman, «Herodotus and Sima Qian: History and the Anthropological Turn in Ancient Greece and Han China», *Journal of World History* 19 (2008), 1–40.

guerras nómadas e a Rota da Seda não fossem os temas centrais da análise. Um tal contexto não precisa de ser prioritário e colocado acima de tudo o resto, pois, na verdade, pode até ser menos proeminente que outros fatores. Mas não é esta a questão. Medir o impacto relativo de diferentes graus e diversas formas de integração é uma das tarefas dos historiadores globais. Qualquer que seja o alcance da integração, uma perspetiva de história global também nos instiga a abordar o problema da causalidade nesta escala maior, a escala global.

CAPÍTULO 6

O espaço na história global

Com o advento da globalização, os historiadores começaram a questionar os parâmetros espaciais da sua disciplina. As experiências realizadas com geografias alternativas são apenas a manifestação mais visível de uma «viragem espacial» (*spatial turn*) mais geral, que procura reabilitar o espaço enquanto categoria teórica.(1) A um nível prático, é este esforço que tem sido associado, com mais frequência, à história global. A procura de conceções inovadoras do espaço e de novos quadros espaciais que permitam romper com o pensamento compartimentado, gera importantes questões para a disciplina. Será que a história global abarca toda a experiência humana? Tem a história global de ser, necessariamente, de âmbito planetário e de abarcar o mundo inteiro? Quais são as unidades — os sítios, os lugares — mais apropriadas para os historiadores globais?

É claro que tais questões não são novas. Há muito que os historiadores vêm debatendo os méritos de diferentes perspetivas, da visão micro, de proximidade, em comparação com as vantagens da visão macroscópica. As diferenças de opinião tornaram-se especialmente notórias quando a micro-história desafiou as abordagens estruturalistas. Em diversos sentidos, as problemáticas atuais são herdeiras destes debates mais

---

(1) Jörg Döring e Tristan Thielmann (eds.), *Spatial Turn: Das Raumparadigma in den Kultur-und Sozialwissenschaften*, Bielefeld (Transcript) 2008; Barney Warf e Santa Arias (eds.), *The Spatial Turn: Interdisciplinary Perspectives*, London (Routledge) 2008.

antigos. Ao mesmo tempo, a questão da escala adquire particular urgência no campo da história global. Por um lado, os historiadores globais afirmam ultrapassar as veneráveis espacialidades eurocêntricas e, ao fazê-lo, colocam a questão bem no centro da agenda académica. Por outro lado, o problema sobre *onde* se deve localizar «o global» não é, de todo, trivial. Será o global uma esfera distinta de ação social e de análise? Será um facto dado ou será antes produzido pela atividade social e pela prática?

O objetivo declarado da inteira falange de historiadores universais, transnacionais e globais é escrever «histórias para uma era menos nacional».([2]) Esse reservatório que a moderna disciplina da história tem tomado por garantido — o Estado-nação — deve ser deixado para trás; e mais do que isso: o desafio está em libertar-se de todas as unidades espaciais estabelecidas, incluindo os impérios, as religiões e as civilizações. Também aqui os historiadores precisam de reinventar a roda. Há muito tempo que os historiadores dos impérios, do comércio, da migração e das religiões, apenas para citar alguns, têm preterido as narrativas nacionais em favor das ligações e das conexões à distância. De facto, alguns têm abordado os seus objetos de análise com uma lente intensivamente «transregional». A história do tráfico de escravos é um bom exemplo. Embora o fluxo transatlântico tenha servido de ponto central de análise, os padrões de recrutamento em África, as múltiplas formas de escravatura intra-africana e os mercados esclavagistas no oceano Índico revelaram-se igualmente cruciais. Este tópico potenciou a abertura de visões mais amplas, uma vez que envolvia uma multiplicidade de atores da Europa, da África, das Américas e do Médio Oriente. As trajetórias das rotas mercantis e as migrações criaram também novos espaços de comunicação social, como o recorrente «ir e vir» de antigos escravos no «Atlântico Negro». Apesar de tudo isto, os historiadores recorreram, frequentemente, a uma perspetiva

([2]) Kenneth Pomeranz, «Histories for a Less National Age», *American Historical Review* 119 (2014), 1–22.

nacional, tratando a escravatura como parte da história dos EUA, de Cuba ou do Brasil.

Outro campo de estudos dotado de uma aparente globalidade intrínseca é a história ambiental, visto que a poluição e as alterações climáticas transcendem, sem dúvida, as fronteiras políticas e culturais. Todavia, durante muitos anos, a transnacionalidade inerente ao fenómeno não impediu que os historiadores dividissem os seus materiais em relatos nacionais sobre movimentos ecologistas e legislação ambiental, até porque os dados disponíveis se encontravam agregados a um nível nacional. Porém, em princípio, os efeitos da erosão do solo, os terramotos e os *tsunamis*, a par da propagação de germes e agentes patogénicos, de doenças e epidemias, entre outros, requerem, claramente, perspetivas abertas aos espaços que são constituídos pelo objeto de estudo, cujos limites não coincidem necessariamente com as fronteiras nacionais e imperiais. (3)

Mas será mesmo necessário saltar de imediato para o nível global para escapar às narrativas nacionais? É isto que, na verdade, se tende a associar à nova abordagem. E, de facto, as últimas duas décadas testemunharam uma torrente de publicações que representam o seu objeto sobre uma tela de escopo planetário: as histórias globais da Guerra Fria, do açúcar e do algodão, da construção dos Estados, do século XIX, e até mesmo da humanidade. Estas são histórias de uma espécie omnívora, histórias de tudo, da totalidade planetária. Algumas

---

(3) As histórias ecológicas globais incluem William McNeill, *Plagues and Peoples*, New York (Anchor) 1976; Joachim Radkau, *Nature and Power: A Global History of the Environment*, Cambridge (Cambridge University Press) 2008; John F. Richards, *The Unending Frontier: An Environmental History of the Early Modern World*, Berkeley, CA (University of California Press) 2003; John R. McNeill, *Something New under the Sun: An Environmental History of the Twentieth Century*, New York (Norton) 2000; Edmund Burke III e Kenneth Pomeranz (eds.), *The Environment and World History*, Berkeley, CA (University of California Press) 2009; Corinna Unger e John R. McNeill (eds.), *Environmental Histories of the Cold War*, New York (Cambridge University Press) 2010.

delas são trabalhos magistrais, capazes de alterar, de uma forma significativa e eficaz, os parâmetros do seu tópico de pesquisa, formando um subcampo importante da história global. Mas ainda que tenham atraído muita atenção mediática, elas não são representativas da história global enquanto abordagem académica. Ao contrário destes trabalhos de síntese, a maioria dos projetos de investigação e dos estudos mais inovadores não tem optado pelo palco mundial, procurando antes localizar os seus objetos de análise em espaços históricos alternativos.

Não têm sido poucas as tentativas de conceber novas espacialidades e de explorar novas geografias para lá da nacional, sem chegar à global. O que é considerado inovador irá depender, certamente, do campo e do período: por exemplo, as perspetivas europeias mais vastas colocam menos dificuldades aos historiadores medievalistas do que aos historiadores da Idade Moderna. Na secção que se segue, discutiremos, em algum detalhe, quatro estratégias para repensar o espaço global: a construção de grandes regiões transnacionais; o paradigma do «rastreamento»; o pensamento em redes e as micro-histórias do global. Por fim, o capítulo defenderá que, por mais importante que possa ser essa procura por unidades espaciais alternativas, o verdadeiro desafio consiste em ir variando entre as diferentes escalas analíticas e em articulá-las, e não tanto em limitar a análise a territórios fixos.

Espaços transnacionais: os oceanos

Uma das estratégias mais populares para ultrapassar o confinamento analítico do Estado-nação tem sido trabalhar dentro de espaços mais extensos, supranacionais, que medeiam entre as condições locais e as grandes constelações globais. Neste contexto, os espaços interativos passaram para primeiro plano, espaços esses que — como os grandes oceanos — facilitavam as trocas entre diferentes regimes políticos, até mesmo a grandes distâncias, por um longo período de tempo.

Estes espaços permitem-nos ver como a interação e a comunicação criaram novas formas de estabilidade.

Estas perspetivas não são novas. Grandes regiões como a designada «Eurásia islamicada», a «Sinosfera» dominada pela China e, em especial, o Mediterrâneo, já foram biografadas. Na esteira da obra clássica de Fernand Braudel, outros mares — tais como o oceano Atlântico e o Índico — têm gerado uma extensa historiografia. O principal foco temporal destes trabalhos regionalistas tem sido o início da Idade Moderna, um segmento do passado que não se organizava, predominantemente, segundo critérios nacionais. A este propósito, transcender o Estado-nação não era apenas um objetivo da agenda académica. Mas, ainda assim, o estudo de grandes regiões e dos oceanos colocava um enorme desafio às geografias convencionais e aos estudos de área. Durante grande parte da história humana, os grandes mares não funcionaram como massas de água que isolavam os territórios, mas como meios que permitiam estabelecer contactos e interconexões entre fronteiras políticas e culturais. ([4])

Nos anos mais recentes, os historiadores globais partiram destas abordagens já consolidadas. A investigação sobre o Atlântico, em particular, tornou-se num terreno verdadeiramente fértil para a pesquisa em história transnacional e

([4]) Marshall Hodgson, *Rethinking World History: Essays on Europe, Islam, and World History*, Cambridge (Cambridge University Press) 1993; Gagan Sood, «Circulation and Exchange in Islamic Eurasia: A Regional Approach to the Early Modern World», *Past and Present* 212 (2011), 113–162; Joshua A. Fogel, *Articulating the Sinosphere: Sino Japanese Relations in Space and Time*, Cambridge, MA (Harvard University Press) 2009. Veja-se também David C. Kang, *East Asia before the West: Five Centuries of Trade and Tribute*, New York (Columbia University Press) 2010; Shu-mei Shih, *Visuality and Identity: Sinophone Articulations across the Pacific*, Berkeley, CA (University of California Press) 2007. Peregrine Horden e Nicholas Purcell, *The Corrupting Sea: A Study of Mediterranean History*, Oxford (Blackwell) 2000; William V. Harri (ed.), *Rethinking the Mediterranean*, Oxford (Oxford University Press) 2005.

global. ([5]) Estes trabalhos mais recentes refinaram os quadros gerais e introduziram várias modificações que superaram as limitações de estudos anteriores. Em primeiro lugar, a coesão destas macrorregiões, e da história marítima em especial, já não é encarada como exclusiva da Idade Moderna. Novas investigações determinaram até que ponto os espaços oceânicos continuaram a ser importantes bem entrada a Idade Contemporânea, enquanto arenas transnacionais que medeiam entre processos nacionais e globais, especialmente nos domínios económico e cultural. Esta extensão temporal da história oceânica ajudou a questionar a ideia de que a partir do século XIX, inevitavelmente, os quadros nacionais passaram ocupar o palco principal. ([6])

Em segundo lugar, as formas mais embrionárias de «pensar em grandes regiões» (como a história da Europa medieval) padeciam muitas vezes de um viés eurocêntrico. Essa história tradicional tem vindo a ser complexificada de várias maneiras em trabalhos mais recentes. Alguns académicos colocaram em causa as premissas habituais acerca do desenvolvimento interno Euro-americano, complementando a venerável instituição da história atlântica com um enfoque nos Atlânticos

---

([5]) Daniel T. Rodgers, *Atlantic Crossings: Social Politics in a Progressive Age*, Princeton (Princeton University Press) 1998; Bernard Bailyn, *Atlantic History: Concept and Contours*, Cambridge, MA (Harvard University Press) 2005; Jeremy Adelman, *Sovereignty and Revolution in the Iberian Atlantic*, Princeton (Princeton University Press) 2006; Jack P. Greene e Philip D. Morgan (eds.), *Atlantic History: A Critical Appraisal*, Oxford (Oxford University Press) 2009.

([6]) Sugata Bose, *A Hundred Horizons: The Indian Ocean in the Age of Global Empire*, Cambridge, MA (Harvard University Press) 2006; Thomas R. Metcalf, *Imperial Connections: India in the Indian Ocean Arena, 1860–1920*, Berkeley, CA (University of California Press) 2007; Claude Markovits, *The Global World of Indian Merchants, 1750–1947: Traders of Sind from Bukhara to Panama*, Cambridge (Cambridge University Press) 2000; Hamashita Takeshi, *Kindai chūgoku no kokusaiteki keiki: Chōkō bōeki shisutemu to kindai Ajia* [*International Factors in Modern Chinese History: The Tributary Trade System in Modern Asia*], Tokyo (Tokyo Daigaku Shuppankai) 1990.

Negro e Vermelho.[7] Outros investigaram as maneiras pelas quais a Europa foi moldada pelas ligações a outras partes do mundo, como a Rota da Seda, por exemplo.[8] Estas obras mostram que a história europeia não pode ser entendida como tendo sido gerada internamente. De contrário, esqueceríamos o impacto que nela tiveram os seus numerosos entrelaçamentos.[9]

Uma outra técnica usada para minar as grandes narrativas eurocêntricas surgiu de novos estudos realizados em regiões onde a Europa apenas desempenhou, durante um longo período, um papel menor. Um exemplo relevante desse tipo de investigação é a história do oceano Índico, que por vezes toma o nome de «berço da globalização». Muito antes da presença europeia na região, esta massa de água possibilitou o estabelecimento de relações económicas e culturais entre a África, o mundo Árabe, o subcontinente indiano, o Sudeste Asiático e até mesmo a China.[10] O Mar Negro, o Mar da China Meridional, o Pacífico e a Baía de Bengala desempenharam papéis similares.[11] Outro espaço oceânico que tem

---

(7) Veja-se Paul Gilroy, *The Black Atlantic: Modernity and Double-Consciousness*, Cambridge, MA (Harvard University Press) 1993; e o menos sofisticado Jace Weaver, *The Red Atlantic: American Indigenes and the Making of the Modern World 1000–1927*, Chapel Hill, NC (University of North Carolina Press) 2014.

(8) Xinru Liu, *The Silk Road in World History*, Oxford (Oxford University Press) 2010; Christopher I. Beckwith, *Empires of the Silk Road: A History of Central Eurasia from the Bronze Age to the Present*, Princeton (Princeton University Press) 2009.

(9) Dominic Sachsenmaier, «Recent Trends in European History: The World beyond Europe and Alternative Historical Spaces», *Journal of Modern European History* 7 (2009), 5–25.

(10) Para uma síntese, veja-se Markus P. M. Vink, «Indian Ocean Studies and the "New Thalassology"», *Journal of Global History* 2 (2007), 41–62; Michael N. Pearson, *The Indian Ocean*, London (Routledge) 2003.

(11) Denys Lombard, *Le carrefour javanais: Essai d'histoire globale*, 3 volumes, Paris (Ecole des hautes etudes en sciences sociales) 1990; Charles King, *The Black Sea: A History*, New York (Oxford University Press) 2004; Matt Matsuda, «The Pacific», *American Historical Review* 111 (2006),

merecido a mais recente atenção académica é o mundo marítimo da Ásia Oriental, onde uma rede de relações se estendia do Mar do Japão ao Mar da China Oriental. Boa parte destes estudos, publicados maioritariamente em línguas asiáticas, representa, antes de mais, um contributo para a história do leste asiático. Mas estes trabalhos também estimulam os historiadores globais. Por exemplo, estudos recentes demonstram que as condições favoráveis à expansão e penetração dos poderes ocidentais na Ásia Oriental foram criadas por circunstâncias regionais específicas. Esta região não foi simplesmente «incorporada» no mundo comercial europeu. A sua ligação à economia mundial dominada pelo Ocidente deve ser analisada tendo como pano de fundo uma ordem asiático-oriental construída de forma deliberada, interligada através do sistema tributário, e conectada, por intermédio da economia da prata, a outros circuitos que se estendiam até às Américas. ([12])

Explorando espacialidades alternativas

Além das histórias das grandes regiões e dos mundos marítimos, a história global também estimulou formas experimentais de ordenamento do espaço. Em vários domínios

---

758–780; Katrina Gulliver, «Finding the Pacific World», *Journal of World History* 22 (2011), 83–100; R. Bin Wong, «Between Nation and World: Braudelian Regions in Asia», *Review* 26 (2003), 1–45; Sunil Amrith, *Crossing the Bay of Bengal: The Furies of Nature and the Fortunes of Migrants*, Cambridge, MA (Harvard University Press) 2013.

([12]) Takeshi Hamashita, *China, East Asia and the Global Economy: Regional and Historical Perspectives*, editado por Linda Grove e Mark Selden, New York (Routledge) 2008; Mizoguchi Yuzo, Hamashita Takeshi, Hiraishi Naoaki, e Miyajima Hiroshi (eds.), *Ajia kara kangaeru* [*Rethinking History from the Perspective of Asia*], 7 volumes, Tokyo (University of Tokyo Press) 1993–94; John Lee, «Trade and Economy in Preindustrial East Asia, c. 1500–c. 1800: East Asia in the Age of Global Integration», *Journal of Asian Studies* 58 (1999), 2–26; Sugihara Kaoru, *Ajia taiheiyō keizaiken no koryū* [*The Rise of the Asia-Pacific Economy*], Osaka (Osaka Daigaku Shuppankai) 2003.

— entre os quais se contam as histórias das mercadorias, das organizações globais, da saúde global e da mão de obra global — os historiadores têm criado novos quadros espaciais para os seus estudos. Ao invés de se basearem em territorialidades fixas, as propostas mais inovadoras nesta direção começam por colocar perguntas, seguindo, depois, as pessoas, as ideias e os processos aonde quer que estes conduzam. Desta maneira, os historiadores têm sido capazes de transcender territorialidades demarcadas, de conectar lugares do interior de uma nação com outros níveis, supranacionais, e de explorar espaços que se sobrepõem.([13])

Estas novas incursões foram estimuladas por debates que ocorreram em campos vizinhos, como a antropologia. Numa afirmação que se tornou famosa, George Marcus transformou o «seguimento» num mantra metodológico dos trabalhos etnográficos numa era global: seguir as pessoas, seguir a coisa, seguir o conflito, e assim por diante.([14]) Os historiadores acolheram esta sugestão e embarcaram em estudos que, não tendo um ponto de referência territorial fixo, atravessam regiões dependendo da dinâmica dos objetos em causa. Um exemplo recente é a história global do guano, de Gregory Cushman. Trata-se de um livro sobre dejetos de pássaros, ainda que talvez fosse mais digno e não incorreto descrevê-lo como o estudo de um produto com altas concentrações de nitrogénio, usado como um fertilizante muito procurado, que esteve por detrás do aumento da produtividade agrícola na era industrial. «Descoberto» por Alexander von Humboldt no início de oitocentos, em meados do século as exportações de guano representavam mais de 60% das receitas estatais do

---

([13]) Algumas destas abordagens também já começaram a transformar o campo da história oceânica: Eric Tagliacozzo, *Secret Trades, Porous Borders: Smuggling and States along a Southeast Asian Frontier, 1865–1915*, New Haven, CT (Yale University Press) 2005; Ulrike Freitag, *Indian Ocean Migrants and the Reform of Hadhramaut*, Leiden (Brill) 2003.

([14]) George E. Marcus, «Ethnography in/of the World System: The Emergence of Multi-Sited Ethnography», *Annual Review of Anthropology* 24 (1995), 95–117.

Peru. O guano era, primeiro, colhido nas ilhas situadas frente à costa do Peru, mas o autor alarga a sua história aos locais onde os excrementos o levaram. Em vez de se centrar num espaço particular, o autor segue o guano: o comércio, as pessoas envolvidas e um conjunto de ideias, por toda a costa sul-americana, pelo mundo das ilhas do Pacífico até aos centros agrícolas da Grã-Bretanha e dos Estados Unidos.([15])

Por vezes, as conexões estudadas são mais imaginadas do que reais. Num livro inspirador, Engseng Ho seguiu a diáspora dos descendentes do Profeta Maomé, que começou no sul do Iémen e terminou, quinhentos anos volvidos, no Sudeste Asiático, depois de atravessar o oceano Índico. Nos seus diversos destinos, os chamados Saídes integraram-se nas sociedades locais (sociedades que eram, elas mesmas, afetadas pelos impérios português, holandês e britânico), enquanto ao mesmo tempo se destacavam como elites cosmopolitas. Digno de nota é o facto de não terem formado uma comunidade distinta e de pertencerem a diferentes Estados, nações e grupos etnolinguísticos. A sua conexão era, antes de mais, imaginada através da ideia de uma genealogia comum que lhes garantia o seu *status* social. O que Engseng descreve e reconstrói é, com efeito, uma «sociedade dos ausentes», um mundo virtual, mas com importantes consequências reais, uma vez que a condição de Saíde facilitava as viagens e a fixação.([16])

Noutros campos, a mobilidade «translocal» encontra-se mais firmemente situada no interior de constrangimentos estruturais e institucionais. A história global do trabalho, por exemplo, traça a cartografia da mobilidade de diferentes tipos de trabalhadores — incluindo escravos, trabalhadores forçados, empregados sazonais, e «trabalhadores convidados»

([15]) Gregory T. Cushman, *Guano and the Opening of the Pacific World: A Global Ecological History*, Cambridge (Cambridge University Press) 2013.

([16]) Engseng Ho, *The Graves of Tarim: Genealogy and Mobility across the Indian Ocean*, Berkeley, CA (University of California Press) 2006.

de origem estrangeira (*guest workers*) — relacionando os seus movimentos com os mercados e as infraestruturas imperiais. ([17]) A história das mercadorias rastreia objetos particulares — o caso mais famoso é o do açúcar (no estudo clássico de Sidney Mintz), mas também o algodão, a soja, a porcelana e o vidro — através de geografias distantes e ao longo do tempo. Estes estudos da interconexão ligam os contextos de produção e de consumo de diferentes locais e mostram como as mercadorias afetaram agregados familiares, bem como formações sociais e grupos maiores. ([18]) De uma forma ainda mais explícita, os historiadores das cadeias produtivas enfatizam os modos pelos quais as exigências de mercado e as iniciativas dos agentes históricos acabam por coincidir, além de colocarem em relevo as condições institucionais que moldam as trajetórias dos trabalhadores e dos bens. Esta categoria, que surgiu como um subcampo da história económica, também se pode abrir às perspetivas da história cultural, na medida em que cria um espaço no qual se examinam os motivos e as mundivisões de trabalhadores e empresários, de banqueiros e comerciantes, de compradores e consumidores. Se a reconstrução das cadeias de produção sublinha, de forma bem concreta, o fluxo «transregional» de bens e de mão de obra, o enfoque em localizações específicas permite que ela mostre

---

([17]) David Northrup, *Indentured Labor in the Age of Imperialism, 1834–1922*, Cambridge (Cambridge University Press) 1995; Jan Lucassen (ed.), *Global Labour History: A State of the Art*, Bern (Peter Lang) 2006; Marcel van der Linden, *Workers of the World: Essays Toward a Global Labor History*, Leiden (Brill) 2008.

([18]) Sidney W. Mintz, *Sweetness and Power: The Place of Sugar in Modern History*, New York (Viking) 1985; Christine M. Du Bois, Chee Beng Tan, e Sidney W. Mintz, *The World of Soy*, Chicago (University of Illinois Press) 2008; Alan Macfarlane e Gerry Martin, *Glass: A World History*, Chicago (Chicago University Press) 2002; Robert Finlay, *The Pilgrim Art: The Culture of Porcelain in World History*, Berkeley, CA (University of California Press) 2010; Sven Beckert, *Empire of Cotton: A Global History*, New York (Knopf) 2014.

as estruturas que possibilitam e que, simultaneamente, limitam o comércio global. ([19])

Como fica bem ilustrado nestes exemplos, as abordagens de história global instigaram os historiadores a explorar enquadramentos alternativos e a experimentar categorias espaciais que tomam em consideração a interconetividade do passado. No melhor dos casos, consegue-se capturar as regularidades de grandes processos transfronteiriços, prestando atenção, ao mesmo tempo, ao nível local, como acontece quando o foco recai sobre os produtores e os consumidores. Em campos como a história global da mão de obra ou a história das cadeias produtivas, também se demonstra que não existe um contraste inerente entre o que alguns autores denominaram «processos de territorialização» — a regulação do espaço por impérios e Estados-nação — e «desterritorialização» — vagamente concebida como a dissolução daquelas ordens estáveis. A ideia prevalecente no início dos anos 2000, segundo a qual a globalização conduziria ao desaparecimento das fronteiras e a um mundo fluido de fluxos e conexões, revelou-se infundada. Como estudos recentes vieram demonstrar, será mais útil falar em regimes de territorialidade — relações mutáveis entre a nação e o Estado, a população e a infraestrutura, o território e a ordem global. As mudanças verificadas nestes regimes resultam da dissolução de certos laços, enquanto outras estruturas e outras formas de incrustação passam a primeiro plano. Os elementos de desterritorialização sempre se fizeram acompanhar de processos de re-territorialização. ([20])

([19]) Steven Topik, Carlos Marichal, e Zephyr Frank (eds.), *From Silver to Cocaine: Latin American Commodity Chains and the Building of the World Economy*, Durham, NC (Duke University Press) 2006; Jeremy Prestholdt, *Domesticating the World: African Consumerism and the Genealogies of Globalization*, Berkeley, CA (University of California Press) 2008. Veja-se também Arjun Appadurai (ed.), *The Social Life of Things: Commodities in Cultural Perspective*, Cambridge (Cambridge University Press) 1986.

([20]) Charles Maier, «Transformations of Territoriality, 1600–2000», *in*: Gunilla Budde, Sebastian Conrad e Oliver Janz (eds.), *Transnationale*

Redes

Uma abordagem especialmente popular, que promete escapar às falácias metodológicas do espaço fechado, tem usado o conceito de «rede». Desde os anos 90 do século passado que o termo se tornou um chavão quase omnipresente nos estudos da globalização no interior das ciências sociais, chegando também a predominar na historiografia. Grande parte do seu prestígio deve-se à impressão generalizada de que o processo de globalização em curso é caracterizado por uma reconfiguração fundamental do poder e do espaço, com traços que se assemelham a uma rede. Deste ponto de vista, a era dos Estados-nação inclinados a controlar territórios — concebidos como áreas geográficas contíguas — deu lugar a uma era de interconexão em que a transferência de bens, de informação e de pessoas ocorre cada vez mais entre pontos, ou nódulos, no interior de redes. «O crucial é que estas posições diferentes não coincidem com países», afirma o sociólogo Manuel Castells, um dos pioneiros desta abordagem. «Elas organizam-se em redes e fluxos, usando a infraestrutura tecnológica da economia da informação.» ([21])

Para Castells, a sociedade em rede é um produto do século XX tardio. No seu entender, o desenvolvimento de tecnologias de informação baseadas, em especial, no computador e na Internet ajudou a manter e a perpetuar os modos de comunicação e de interação que substituíram formas antigas de construção de comunidades. Castells encara este momento como o limiar de uma nova era, determinada, em última instância, pela tecnologia. «Esta nova economia surgiu no último

---

Geschichte: Themen, Tendenzen, Theorien, Göttingen (Vandenhoeck & Ruprecht) 2006, 24–36.

([21]) Manuel Castells, *The Rise of the Network Society*, vol. 1: *The Information Age: Economy, Society, and Culture*, Oxford (Blackwell) 1996, 146. [*A era da informação: economia, sociedade e cultura, Vol. 1 – A sociedade em rede*, trad. Alexandra Lemos, Catarina Lorga, Tânia Soares; coord. José Manuel Paquete de Oliveira, Gustavo Leitão Cardoso, Lisboa (Fundação Calouste Gulbenkian) 2002].

quartel do século XX, porque a Revolução da Tecnologia de Informação fornece a base material indispensável à sua criação». É claro que as relações sociais e as redes já existiam há muito tempo, mas Castells acredita que só agora é que se tornou possível organizar a complexidade de um modo sustentável e além de fronteiras restritivas.([22])

Não é preciso ser um entusiasta incondicional da ideia de que a sociedade em rede é uma forma radicalmente nova de ordem social, como Castells, para reconhecer que o conceito de rede oferece importantes pontos de referência aos estudos de história global. Por exemplo, os historiadores que procuram as raízes históricas da interconexão infraestrutural do mundo apontaram para casos paralelos em que os avanços tecnológicos mais antigos alteraram profundamente a sociedade. As revoluções nos meios de comunicação — como a invenção da escrita na antiga Suméria e na Mesopotâmia ou a introdução da imprensa de caracteres móveis na Coreia, na China, e por Gutenberg — expandiram as esferas de comunicação. No século XIX, a colocação de cabos de comunicação submarina e a instalação do sistema telegráfico (a «Internet vitoriana») contribuíram, ambas, para uma revolução nas comunicações que se assemelha, em certos aspetos, às mudanças observadas por Castells.([23])

O conceito de rede pode também revelar-se útil noutros sentidos, independentemente da sua relevância para o desenvolvimento das infraestruturas e da tecnologia. Afinal, as redes moldaram a conectividade do mundo durante séculos. Até mesmo os grandes impérios, como o canato mongol, se baseavam nos laços interpessoais entre soberanos, governadores e

---

([22]) Castells, *The Information Age,* 77.

([23]) Tom Standage, *The Victorian Internet: The Remarkable Story of the Telegraph and the Nineteenth Century's Online Pioneers,* New York (Walker) 1999. Ver também Dwayne R. Winseck e Robert M. Pike, *Communication and Empire: Media, Markets, and Globalization, 1860–1930,* Durham, NC (Duke University Press) 2007; Daniel R. Headrick, *Power over Peoples: Technology, Environments, and Western Imperialism, 1400 to the Present,* Princeton (Princeton University Press) 2009.

vassalos. Pensemos também nas redes de entrepostos comerciais: por exemplo, o Estado da Índia português, pese embora o seu poderio económico, mais não foi que um frágil sistema de cidades portuárias asiáticas, muitas vezes isoladas dos espaços envolventes e expostas a perigos constantes. De facto, devemos imaginar uma grande parte da história das interações transfronteiriças como tendo uma estrutura de rede. Isto aplica-se aos fluxos de mercadorias, em que, durante séculos, as boas relações entre fornecedores e vendedores foram cruciais; aos movimentos de pessoas, que não raro tomaram a forma de cadeias migratórias; e também aos investimentos transfronteiriços de capital, que colocaram os banqueiros em contacto com devedores em quem podiam confiar.

Não admira, por isso, que a noção de rede se tenha popularizado entre os historiadores. Quer falem nos mercadores Hadhramaut, nos missionários jesuítas, nos santos sufistas ou nos ativistas anticoloniais, os historiadores apropriaram-se rapidamente do termo em voga, de modo a investigar as redes humanas que deram forma às interações do passado. ([24]) A extensa literatura sobre os mediadores da globalização — os intérpretes e os tradutores, os viajantes e os *experts*, os *brokers* e os intermediários — deve parte da sua eficácia à forma como retrata o mundo «conectado em rede» e o poder global, não como uma totalidade hermética, mas como que disperso e descontínuo. A analogia das redes serve também para ligar pessoas reais a processos globais e para reabilitar o poder da ação individual face às grandes estruturas. ([25])

([24]) Para dois exemplos de uma extensa bibliografia: Azyumardi Azra, *The Origins of Islamic Reformism in Southeast Asia: Networks of Malay-Indonesian and Middle Eastern "Ulama" in the Seventeenth and Eighteenth Centuries*, Honolulu, HI (University of Hawaii Press) 2004; Gary Magee e Andrew Thompson, *Empire and Globalisation: Networks of People, Goods and Capital in the British World, c. 1850–1914*, Cambridge (Cambridge University Press) 2010.

([25]) E. Natalie Rothman, *Brokering Empire: Trans-Imperial Subjects between Venice and Istanbul*, Ithaca, NY (Cornell University Press) 2012; Francesca Trivellato, *The Familiarity of Strangers: The Sephardic Diaspora,*

Embora muitos historiadores a considerem intuitivamente útil, o *status* teórico da noção de rede é muito menos claro. No geral, são raras as reflexões sistemáticas acerca do que, na verdade, constitui uma rede e do que a distingue de uma sequência frouxa de contactos. Quão densa deve ser a teia de interações para que possa ser considerada uma rede? Que nível de consolidação e estabilidade pode ser observado? Qual é a frequência e a duração das interações? Que meios de comunicação permitem manter e perpetuar as redes? Habitualmente, o valor analítico do conceito de rede permanece vago e indeterminado.

Ainda que possa ser heuristicamente produtiva, a literatura sobre redes globais partilha algumas das deficiências próprias da ênfase irrefletida atribuída às conexões e aos entrelaçamentos. Tais estudos nem sempre prestam suficiente atenção ao facto de que as redes são parte integrante de estruturas de poder mais amplas. O remoto posto avançado de um império continua a derivar a sua autoridade de contextos que não podem ser caracterizados, de forma satisfatória, como simples efeitos de uma rede: são as diferenças no poder militar, as dependências dos mercados ou as estruturas discursivas que legitimam e sustêm a hegemonia. Em contrapartida, as redes exercem um impacto direto mesmo sobre aqueles que não fazem parte delas. De facto, a exclusão e a marginalização não garantem, de forma alguma, uma imunidade aos efeitos das redes. Devemos sempre lembrar que a rede está incrustada em desigualdades estruturais, sob pena de darmos a impressão de que ela atua no vácuo.

O mesmo pode ser dito a propósito do funcionamento interno de uma rede. À primeira vista, poderia parecer que ele consiste nos que estão «dentro» em oposição aos que estão «fora». Pressupõe-se que a pertença garante acesso a recursos

---

Livorno, and Cross-Cultural Trade in the Early Modern Period, New Haven, CT (Yale University Press) 2009; Sebouh David Aslanian, *From the Indian Ocean to the Mediterranean: The Global Trade Networks of Armenian Merchants from New Julfa*, Berkeley, CA (University of California Press) 2011.

e poder, enquanto os que são excluídos estão condenados à marginalização. Existe, sem dúvida, um certo grau de verdade nisto. Contudo, devemos ter presente que as hierarquias também desempenham um papel crucial dentro das redes. E a transição abrangente que Castells descreve, de uma era de hierarquias para uma outra baseada em redes, não é uma descrição adequada do processo histórico. ([26])

Por isso, é importante que o debate sobre as redes e os fluxos não passe a ideia de que enfrentamos processos que se geram a si próprios, tal como não é útil considerar a conectividade, e a globalização em geral, como sendo desprovidas de ação humana. No fim de contas, todas as redes são construídas. Em alguns casos, as instituições estatais impulsionam a sua criação — entidades que raramente são tidas em conta nos estudos sobre redes. Mais frequentemente, elas são criadas e mantidas por aqueles que as fazem funcionar. Isto mesmo é reconhecido por Bruno Latour, outra figura influente na teoria das redes. Segundo o seu mantra, os historiadores deviam «limitar-se a seguir os atores» ([27]). Mais conhecido pela sugestão controversa de incluir nas redes os não-humanos, como os animais e os objetos, para Latour as redes operam do baixo para o alto, reproduzindo constantemente conexões cuja estabilidade não pode ser simplesmente tomada por garantida. Este autor defende que, empiricamente, somos apenas capazes de observar formas de interação de pequena escala, pelo que nos deveríamos focar nas suas dinâmicas, deixando de lado as grandes estruturas. Uma sociedade, por exemplo, deve ser entendida não como «um lugar, uma coisa, um domínio ou algum tipo de matéria», mas antes como «um movimento temporário de novas associações». ([28])

([26]) Manuel Castells, «Toward a Sociology of the Network Society», *Contemporary Sociology* 29 (2000), 693–699.

([27]) Bruno Latour, *Reassembling the Social: An Introduction to Actor-Network Theory*, Oxford (Oxford University Press) 2005, 237.

([28]) Latour, *Reassembling the Social*, 238.

O trabalho de Latour alerta-nos para a importância da observação de proximidade e para os perigos que advêm de postular, prematuramente, causalidades abstratas e impossíveis de rastrear. «Se se estabelecem conexões entre lugares», defende o autor, «isso deveria ser feito através de mais descrições, e não indo à boleia de entidades todo-o-terreno como Sociedade, Capitalismo, Império, Normas, Individualismo, Campos, etc.» ([29]) Tanto o seu apelo a escalas mais maneáveis, como a sua atenção às interações e aos elos concretos, têm sido especialmente influentes nas recentes histórias globais da ciência. Em particular, o seu conselho para que o historiador se centre naquilo a que chama «móveis imutáveis», quer dizer, as formas estandardizadas de mensuração e representação — incluindo os seus respetivos instrumentos, tabelas, gráficos e textos — provou ser útil, de um ponto de vista heurístico: facilitou a análise de como as redes são estalecidas e se mantêm coesas no espaço e no tempo. Se Latour não é, talvez, o melhor guia para um historiador que deseja escrever uma história global, isto não se fica a dever à proximidade da sua abordagem com a dos microestudos. Pelo contrário, como se verá na próxima secção, a visão microscópica não é incompatível com a exploração de diferentes escalas, da local à global. ([30]) A forte oposição de Latour a conceitos de estrutura, essa sim, torna difícil reconciliar a sua abordagem com a noção de integração na qual a história global, em última análise, se baseia.

Micro-histórias do global

Intuitivamente, a maioria das pessoas associa a história global às macro-perspetivas, às narrativas planetárias sobre a

([29]) Latour, *Reassembling the Social*, 137.

([30]) Para um exemplo de um estudo inspirado em Latour e relacionando diferentes escalas, veja-se Timothy Mitchell, *Carbon Democracy: Political Power in the Age of Oil*, London (Verso) 2011.

mudança observada à maior escala possível. O debate sobre a «Grande Divergência» e os estudos da globalização económica são muitas vezes equiparados à história global. E muitos dos trabalhos escritos para o grande público abarcam, de facto, o mundo inteiro. Mas a correspondência entre história global e uma orientação macro-histórica é enganadora. São muito mais comuns e, em muitos casos, bem mais enriquecedores, os estudos que analisam um objeto concreto na sua especificidade espacial e social e que, ao mesmo tempo, o posicionam no interior de contextos globais. As questões mais fascinantes são, com frequência, aquelas que nascem da intersecção entre os processos globais e as suas manifestações locais.

O global e o local não são, por isso, necessariamente opostos. Donald R. Wright, em *The World and a Very Small Place in Africa*, identifica os modos pelos quais a minúscula região de Niumi, na atual Gâmbia, foi sendo integrada na economia mundial desde o século XV. Wright descreve os grandes processos gerais que afetaram a comunidade ao longo dos séculos: a difusão do Islão, o tráfico de escravos transariano, a chegada dos portugueses, a procura europeia por amendoins da região a partir da década de 1830, a colonização britânica e a independência durante a Guerra Fria. Ao mesmo tempo, o autor segue as correntes de reações locais, as formas de apropriação e os espaços de autonomia que fizeram dos habitantes de Niumi atores históricos mundiais de pleno direito. Em cada um dos capítulos, a obra foca-se em africanos concretos, nas respostas que deram aos principais desenvolvimentos e ao modo como lidaram, controlaram e influenciaram, nos seus próprios termos, a mudança ao nível global. ([31])

Ao passo que Wright, devido ao seu compromisso teórico com a teoria dos sistemas-mundo, aborda a questão da ação humana individual através da sua interpretação das grandes estruturas, outros historiadores têm adotado, por inteiro, uma

---

([31]) Donald R. Wright, *The World and a Very Small Place in Africa: A History of Globalization in Niumi, the Gambia*, 2.ª ed., Armonk, NY (M. E. Sharpe) 2004.

abordagem individualizada. Estes últimos identificam o nível micro com agentes históricos singulares, cujos itinerários transfronteiriços se tornam objeto de biografias globais. Em alguns casos, estas histórias de vida percorrem terrenos familiares e baseiam-se numa metodologia convencional. Noutros, essas histórias encontram-se ligadas, de uma forma mais explícita, a uma estratégia desenhada de molde a que possamos ler a história «a partir de baixo». Um exemplo desta estratégia é o estudo de Natalia Zemon Davis sobre Leão, *o Africano* (c. 1486–1554), no qual a autora retrata «um homem com uma dupla visão, que suportava dois mundos culturais, imaginando por vezes duas audiências e usando técnicas tomadas do repertório árabe e islâmico que articulava, à sua maneira, com elementos europeus.» ([32])

Leão, *o Africano*, nasceu na Granada muçulmana (Espanha) com o nome de al-Hasan ibn Muhammad ibn Ahmad al-Wazzan. Cresceu em Fez, Marrocos, e atravessou todo o Saara até ao Cairo e Istambul, antes de ser capturado por piratas e oferecido, como dádiva, ao papa Leão X. Foi batizado em Roma, no ano de 1520, e tornou-se confidente de vários sábios, incluindo do sumo pontífice. Leão recebeu, em Roma, uma atenção muito superior àquela que a sua condição social lhe teria valido na sua terra natal, encontrando-se na feliz posição de ser capaz de aproveitar as oportunidades que a mobilidade transcultural lhe tinha proporcionado.

Davis, que é uma das pioneiras da micro-história, apresenta o seu protagonista como sendo representativo de um período de transição. Naquela época, os mundos muçulmano e cristão aproximaram-se: embora as tensões entre identidades religiosas, étnicas, culturais e nacionais (que haveriam de se intensificar) fossem já bastante notórias, o facto é que havia a possibilidade de se chegar a algum nível de entendimento mútuo. O texto de Davis está impregnado de um desejo de diálogo entre culturas, o que faz dele, a este respeito, um

([32]) Natalie Zemon Davis, *Trickster Travels: A Sixteenth-Century Muslim between Worlds*, New York (Hill & Wang) 2006, 12–13.

produto típico do seu tempo. Trata-se de uma obra escrita em resposta às previsões de um «choque de civilizações» e ao retorno dos conflitos religiosos que se generalizaram no início do século XXI. De facto, muitas biografias globais, embora não todas, tendem a romantizar as experiências individuais de cruzamento de fronteiras e de globalização.([33]) Isto resulta, muitas vezes, de uma perspetiva que encara o mundo pelos olhos dos protagonistas e que subestima as estruturas mais vastas, exceto quando os próprios atores históricos tinham consciência delas.

No melhor dos casos, contudo, o enfoque nos indivíduos ou nos pequenos grupos pode levar-nos a descobertas fascinantes sobre os processos de mudança global e ao modo como eles condicionam o espaço da ação humana individual. Não menos importante, as micro-perspetivas têm o poder de revelar a heterogeneidade do passado e a resistência dos agentes históricos. «A história local pode-nos apontar os caminhos pelos quais as particularidades locais desafiam a homogeneidade das narrativas globais e onde as práticas locais divergem da trajetória conducente a uma cada vez maior interconexão. A função do local é lembrar-nos da diversidade local que

---

([33]) Para outros exemplos deste género, veja-se Tony Ballantyne e Antoinette Burton (eds.), *Moving Subjects: Gender, Mobility and Intimacy in an Age of Global Empire*, Champaign, IL (University of Illinois Press) 2009; Desley Deacon, Penny Russell e Angela Woollacott (eds.), *Transnational Lives: Biographies of Global Modernity, 1700–Present*, Basingstoke (Palgrave Macmillan) 2010; Miles Ogborn (ed.), *Global Lives: Britain and the World, 1550–1800*, Cambridge (Cambridge University Press) 2008; Linda Colley, *The Ordeal of Elizabeth Marsh: A Woman in World History*, New York (Pantheon) 2007; David Lambert e Alan Lester (eds.), *Colonial Lives across the British Empire: Imperial Careering in the Long Nineteenth Century*, Cambridge (Cambridge University Press) 2006; Tonio Andrade, «A Chinese Farmer, Two African Boys, and a Warlord: Toward a Global Microhistory», *Journal of World History* 21 (2010), 573–591; Sanjay Subrahmanyam, *Three Ways To Be Alien: Travails and Encounters in the Early Modern World*, Waltham, MA (Brandeis University Press) 2011; Emma Rothschild, *The Inner Life of Empires: An Eighteenth-Century History*, Princeton (Princeton University Press) 2011.

floresceu devido às conexões que moldaram o mundo moderno, mas também apesar delas.» ([34])

Um bom exemplo é um estudo de Sho Konishi, no qual o autor segue a viagem do russo Lev Mechnikov, um membro do primeiro movimento anarquista, em direção ao Japão, logo depois do início da Restauração Meiji, em 1868. Mechnikov, que ignorava as perspetivas dominantes na Europa do seu tempo, não via no Japão um país atrasado, potencialmente colonizável. Pelo contrário, estava convencido do seu potencial revolucionário e das possibilidades abertas para um anarquismo «vindo de baixo», não-eurocêntrico e longe do darwinismo social. O entusiasmo que revelou ao descobrir as associações de assistência mútua nas zonas rurais do Japão foi retomado, mais tarde, por outros anarquistas como Kropotkin — e isto com tanto fervor que, quando os aspirantes anarquistas japoneses do início do século XX se voltaram para os seus mentores russos, acabaram por se confrontar com tradições que se tinham originado na sua própria sociedade, durante o período Tokugawa. ([35])

Em geral, a agenda da história global e o interesse pelos casos concretos e individuais não são, de modo algum, mutuamente exclusivos. Como é sugerido pelo *slogan* «glocalização», os processos globais foram experienciados e constituídos por constelações locais. Não basta, por isso, que nos centremos nas macro-perspetivas — e o mesmo serve para a linguagem da especificidade e da contingência sem mais. Uma das tarefas mais fundamentais e profícuas que os historiadores globais

---

([34]) Anne Gerritsen, «Scales of a Local: The Place of Locality in a Globalizing World», *in*: Douglas Northrop (ed.), *A Companion to World History*, Oxford (Wiley-Blackwell) 2012, 213–226, citação: 224. Ver também Anthony G. Hopkins (ed.), *Global History: Interactions between the Universal and the Local*, New York (Palgrave) 2006.

([35]) Sho Konishi, «Reopening the "Opening of Japan": A Russian-Japanese Revolutionary Encounter and the Vision of Anarchist Progress», *American Historical Review* 112 (2007), 101–30; Konishi, *Anarchist Modernity: Cooperatism and Japanese-Russian Intellectual Relations in Modern Japan*, Cambridge, MA (Harvard University Press) 2013.

podem eleger é a de compreender melhor a «tradução», a apropriação e a modificação de ideias, instituições e estruturas globais no interior de quadros idiomáticos e institucionais locais, e ainda o modo como estes contextos, por sua vez, foram reconfigurados devido aos efeitos daquelas conexões globais.

As unidades da história global

Oceanos, redes, o local... ou o planeta na sua totalidade? Quais as unidades de análise mais apropriadas para se fazer história global? Trata-se de perguntas que nos podem ocorrer, mas que são, na verdade, falsas questões. É que para as abordagens globais, não existe uma unidade que seja, por definição, mais adequada do que outras. As entidades estudadas irão variar, no final, consoante as questões que são colocadas. Algumas problemáticas — por exemplo: como é que a introdução da imprensa afetou a sociabilidade no *hinterland* rural de Calcutá? — exigem uma análise de proximidade; outras, como um estudo sobre os efeitos da transição para agricultura no crescimento demográfico, beneficiam de uma perspetiva macro. De molde a responder a certas questões, necessitamos de compreender os motivos de indivíduos específicos, enquanto outras apenas podem ser respondidas a um nível agregado.

Nenhuma unidade é intrinsecamente superior. Algumas permitem, simplesmente, generalizar, ao passo que outras nos encorajam a ser mais específicos. O mesmo significa também que a nossa seletividade — o que incluir, o que deixar de fora — irá depender das unidades que escolhamos. Adam McKeown di-lo com enorme clareza: «Assim como um historiador de Potosí não tem de conhecer a história de cada mina, igreja e indivíduo da cidade para escrever um relato convincente, também o historiador da Bolívia não precisa de saber a história de cada cidade boliviana, nem um historiador do mundo é obrigado a conhecer as histórias de todas as nações, impérios e diásporas comerciais. De igual modo, ninguém pode supor que uma generalização acerca da industrialização nos EUA se aplique igualmente a Chicago, à Geórgia e à reserva nativo-americana Hopi.» Nenhuma unidade é a única e verdadeira unidade de análise. Além disso, diferentes unidades desviam a nossa atenção para diferentes processos. Por outras palavras, unidades diferentes não são apenas janelas distintas sobre um mesmo objeto. Cada janela permite observar processos que podem não ser alcançados a partir de outra. «A crítica habitual de que as grandes narrativas se enganam nos detalhes é irrelevante — elas visam as tendências e os processos mais amplos.» ([36])

Portanto, se diferentes unidades se complementam, podemos extrair três conclusões adicionais. Primeiro, as perspetivas globais não podem tomar qualquer unidade por garantida, no sentido de componente essencial perfeita para abordar um mundo cada vez integrado. Ao invés, elas necessitam de estar atentas aos processos que geram coesão e impulsionam a própria existência de determinados lugares ou regiões. Isto, por sua vez, obriga-nos a estar vigilantes a propósito do carácter construído de todas as entidades territoriais. O mesmo implica ainda que as forças que criaram estes espaços não devem ser procuradas, inteiramente, dentro das próprias unidades. A conceção convencional de unidades territoriais — sejam elas regionais, nacionais ou até mesmo locais — baseia-se em imagens de autossuficiência e autarquia. Mas a emergência histórica dessas entidades espaciais desafia a ficção da autonomia. Para a sua formação têm contribuído tanto os fatores internos, como as forças que são exógenas a esses territórios. A constituição e fixação de unidades espaciais devem ser lidas como parte da transformação que a territorialidade sofreu a uma escala global. ([37])

([36]) Adam McKeown, «What are the Units of World History?» *in*: Northrop, *Companion to World History*, 79–93, citação: 83.

([37]) Para o exemplo das macrorregiões veja-se Martin W. Lewis e Karen E. Wigen, *The Myth of Continents: A Critique of Metageography*,

Em segundo lugar, na sequência local-nacional-regional--global, o nacional é simplesmente reduzido a um nível entre outros. O Estado-nação até pode aparecer, nas declarações programáticas, como o espectro detestado pelos historiadores globais que pretendem transcender a justaposição das narrativas nacionais como pérolas num colar. Contudo, isto não significa que as nações e os Estados-nação se tornaram obsoletos. Desde o século XIX que emergiu um sistema político global único baseado nos Estados-nação. Estes últimos têm moldado muitas sociedades e, em muitos sentidos, a sua realidade institucional — a ordem política, o Estado-providência, os sistemas de conhecimento e muito mais — é ainda nacionalmente determinada. Alguns tópicos de pesquisa podem mesmo sofrer uma distorção, quando forçados a um enquadramento transnacional. Por isso mesmo, o nacional continuará a ser um nível de análise relevante para um grande número de questões.

Em terceiro lugar, se é verdade que o medo do nacionalismo metodológico não nos deve levar a abandonar por completo a nação, tão-pouco devemos cair na situação diametralmente oposta: a de incorrermos em globalismo metodológico. Para alguns temas e questões, o global é o nível de análise adequado; para outros, pode ser menos útil. A cidade portuária italiana de Génova esteve, durante séculos, profundamente enredada nos circuitos transnacionais, mas o mesmo não acontecia com algumas aldeias das montanhas da Suíça, que hoje se encontram a poucas horas de viagem daquela cidade. Porque nem todos os lugares se entrelaçam do mesmo modo, seria errado privilegiar sempre processos de alcance mundial em detrimento das dinâmicas locais. Por outras palavras, não devemos atribuir, *a priori*, prioridade causal às estruturas globais.([38])

Berkeley, CA (University of California Press) 1997. Para o exemplo da Ásia Oriental: Sebastian Conrad e Prasenjit Duara, «Viewing Regionalisms from East Asia», *American Historical Association Pamphlet* 2013.

([38]) Duncan Bell, «Making and Taking Worlds», *in*: Samuel Moyn e Andrew Sartori (eds.), *Global Intellectual History*, New York (Columbia University Press) 2013, 254–279.

Jogos de escalas

Frequentemente, a procura por unidades e espaços alternativos tem problematizado a melhor maneira de espacializar o passado global, sem propor, todavia, uma solução. Em vários casos, os historiadores optaram por novas geografias, apenas para acabar por tratar estes novos espaços como dados. Pensemos na história dos oceanos: o enfoque nos encontros marítimos coloca importantes desafios às noções fechadas convencionais sobre o espaço nacional. E embora não se possa negar que o impulso crítico desta nova visão residia na tentativa de minar as unidades convencionais, a verdade é que os oceanos não tardaram a aparecer como as novas entidades privilegiadas, garantes da convergência e da coesão. Em lugar de servirem como espaços heurísticos, os oceanos transformaram-se, eles próprios e a breve trecho, em entidades territoriais fixas. Os historiadores tinham simplesmente substituído um espaço — a nação — por outro. Desta forma, vários estudos neste domínio continuam presos às formas estanques de pensamento, que a nova abordagem se propunha descartar. Ao invés de explorarem as entidades espaciais, esses estudos pressupõem-nas fixas. A geografia de um projeto de investigação — quer dizer, as suas unidades espaciais — não pode ser o ponto de partida: tem de ser vista como parte do puzzle. Trata-se, com efeito, de um problema fundamental que se coloca à prática da história global, que não raras vezes «apenas *re-espacializa* o passado, não por intermédio de uma reconsideração radical dos espaços da história, mas simplesmente através do rearranjo dos espaços existentes a partir de uma perspetiva que supostamente os transcende a todos.» ([39])

A distinção crucial que devemos estabelecer neste ponto é a que diferencia as unidades e as escalas. Podemos estudar uma localização particular — como Potosí — sem deixar de

([39]) Arif Dirlik, «Performing the World: Reality and Representation in the Making of World Histor(ies)», *Journal of World History* 16 (2005), 391–410, citação: 406.

relacionar esta unidade de análise com uma variedade de escalas: nacional, regional, trans-pacífica, global. Cada um desses níveis permite vislumbrar diferentes dimensões do objeto de análise. Sem sair de Potosí, podemos formular questões acerca das diferenças étnicas e de classe, das relações de género e das expressões culturais locais. Mas podemos também mencionar o nível global e formular grandes questões, ainda que estejamos a observar um pequeno lugar. Fazê-lo não equivale a estudar todos os possíveis níveis analíticos ao mesmo tempo. Tal como os cientistas podem optar por estudar uma floresta, uma árvore ou as células de uma árvore sem reclamarem, por princípio e para cada um destes níveis, uma prioridade, os historiadores poderão privilegiar uma determinada escala dependendo da questão que coloquem. O problema da escala não é certamente exclusivo da história global; mas esta abordagem fez dele uma das suas vantagens, ao salientar de forma bem explícita, por um lado, a questão das escalas que se cruzam e, por outro, a das perspetivas espaciais mais adequadas, o que força os historiadores a refletir sobre as suas escolhas. ([40])

É importante reconhecer que as escalas em questão não são elementos dados, mas sim constituídos através da atividade social das práticas quotidianas. O «local», por exemplo, emergiu como categoria de identificação e de análise em resposta a processos de construção nacional e de globalização. «Aquilo que muitas vezes é referido como local», afirmou o cientista social Roland Robertson, «está basicamente incluído dentro do global.» ([41]) Também o global não deve ser entendido como uma formação dada *a priori*, mas muito mais como

([40]) Pomeranz, «Histories for a Less National Age»; Sebouh David Aslanian, Joyce E. Chaplin, Ann McGrath, e Kristin Mann, «AHR Conversation: How Size Matters: The Question of Scale in History», *American Historical Review* 118 (2013), 1431–1472.

([41]) Roland Robertson, «Globalization: Time-space and homogeneity-heterogeneity», *in*: Mike Featherstone, Scott M. Lash e Roland Robertson (eds.), *Global Modernities*, London (Sage) 1995, 25–44, citação: 35.

constituída e materializada por intermédio das atividades dos atores sociais.

É por via da interação de diferentes medidas da realidade — aquilo a que Jacques Revel chamou «jogos de escalas» (*jeux d'échelles*) — que as diferentes dimensões do passado se tornam visíveis. A história deve ser entendida como um processo multinível, no qual cada um dos diferentes estratos segue, até certo ponto, a sua própria lógica. Estes níveis não podem ser simplesmente fundidos ou somados apenas para compor um todo uniforme e coerente. Isto implica que as conclusões a que se chega num dos níveis não se transferem, sem mais, para um outro. Os seus efeitos, contudo, são palpáveis e afetam os restantes níveis. No processo histórico, as diferentes escalas de investigação constituem-se mutuamente: os macroprocessos colossais afetam as sociedades até chegar ao nível individual, enquanto as mudanças que ocorrem no terreno podem afetar, por sua vez, as estruturas de maior alcance. ([42])

Esta escala do passado, com os seus níveis de atividade humana e entrelaçamento que se sobrepõem e interrelacionam, pode parecer demasiado abstrata, mas afigura-se especialmente interessante para os historiadores globais. Concluamos esta secção com o exemplo de *Alabama in Africa*, um livro de Andrew Zimmerman, que abre com histórias de vida individuais e acaba por lançar luz sobre configurações mais vastas.

A história de Zimmerman começa num dia chuvoso de novembro de 1900, quando quatro licenciados do Instituto Normal e Industrial de Tuskegee, no Alabama, subiram a bordo do Graf Waldersee que os levaria de Nova Iorque, passando por Hamburgo, até ao Togo, então uma colónia alemã. Os quatro tinham sido recrutados pelo Comité Económico Colonial Alemão (o *Kolonialwirtschaftliches Komitee*) com a missão expressa de ensinar «os negros a semear e a

([42]) Jacques Revel (ed.), *Jeux d'echelles: Le micro-analyse à l'experience*, Paris (Seuil-Gallimard) 1996.

colher o algodão de uma forma racional e científica.» ([43]) Desde 1884 que o Togo era uma colónia alemã. Depois de uma fase inicial marcada pela iniciativa privada e pela exploração, no final do século, burocratas coloniais com uma visão reformista começaram a aspirar a uma intervenção mais sistemática e contínua, procurando modernizar a colónia e transformá-la numa empresa rentável. Ao tomarem este novo rumo, mais científico, reconheceram que a população nativa teria de desempenhar um papel central. Por isso, a escolarização, as formações sanitárias e a omnipresente «educação do negro para o trabalho» contavam-se entre as principais metas dos reformistas.

O interesse dos alemães pelos licenciados de Tuskegee baseava-se na convicção de que as relações raciais no sul dos Estados Unidos da América podiam servir de modelo para as colónias alemãs em África. Os burocratas e os cientistas sociais alemães estavam especialmente admirados com o diretor do instituto, Booker T. Washington, que transmitira aos estudantes afro-americanos a sua ideia acerca da hierarquia natural das raças. Washington acreditava que, depois da abolição da escravatura, seria necessário «educar», primeiro, os afro-americanos para uma vida cristã, de trabalho manual e de agricultura de pequena escala, de modo a que pudessem, com o tempo, adquirir a cidadania plena. As suas visões conservadoras acerca das relações sociais e raciais encontravam-se bem alinhadas com as ideias imperialistas europeias sobre o controlo e a segregação. Os licenciados de Tuskegee pareciam ser, portanto, os intermediários ideais para pôr em prática um projeto de modernização que não ameaçasse a ordem política e racial das colónias. Washington, por seu lado, apoiava o

([43]) Citado em Andrew Zimmerman, «A German Alabama in Africa: The Tuskegee Expedition to German Togo and the Transnational Origins of West African Cotton Growers», *American Historical Review*, 110 (2005), 1362–1398, citação: 1380. Veja-se também Zimmerman, *Alabama in Africa: Booker T. Washington, the German Empire, and the Globalization of the New South*, Princeton (Princeton University Press) 2010.

imperialismo, uma vez que considerava que África era um continente atrasado, necessitado de uma missão civilizadora. E estava convencido, de resto, que os alemães eram especialmente habilitados para a tarefa. Porém, o projeto do Togo — uma escola para ensinar os estudantes a cultivar algodão para o mercado europeu — acabou por redundar num falhanço político e económico.

Esta experiência pode ser analisada a diferentes níveis da ação social. A um nível micro, tanto o funcionamento interno do complexo Tuskegee no Alabama como o da composição social do Togo são fundamentais para compreender o destino do projeto. Por exemplo, sem analisar de perto as relações sociais no território dos ewe — o grupo étnico dominante na região sul do Togo — não seria possível identificar o que causou o conflito entre os métodos agrícolas importados e locais, o papel específico desempenhado na história pelas mulheres togolesas — que antes se dedicavam sobretudo à agricultura — ou a tenaz resistência da população ao recrutamento, à instrução, às condições laborais impostas e à intervenção social.

Além do local, o episódio lança também luz sobre outras escalas que tiveram um certo impacto nesta história. Entre elas, encontramos o império alemão, visto que um dos principais objetivos da política colonial da Alemanha (cuja indústria algodoeira era, por volta de 1900, a terceira maior do mundo) era a oferta de algodão em bruto. Um outro nível é o espaço inter-imperial, ou seja, a formação mais vasta do colonialismo ocidental que fornecia o discurso hegemónico e uma justificação geral para a intervenção colonial, resumida na missão civilizadora e na retórica do «progresso» e do desenvolvimento. Em terceiro lugar, esta experiência do Togo desenrolou-se no que se tem vindo a chamar de «Atlântico Negro», entre as ligações estabelecidas pela mobilidade transoceânica dos afro-americanos e os debates sobre o pan-africanismo. A um quarto nível, o Togo associava-se à expectativa dos cientistas sociais alemães de que a ordem social do sul dos EUA podia servir de modelo para estruturar, seguindo uma linha de segregação étnica, as relações laborais na agricultura — não somente nas colónias, mas também nas regiões polacas da Prússia Oriental, a médio prazo. A este nível, o Togo foi incorporado num sistema que explorava as regiões agrícolas do interior em condições (quase) coloniais. Por último, mas não menos importante, há ainda neste exemplo uma escala de análise imprescindível que é explicitamente global, relacionada com a integração dos mercados e da economia mundial. O projeto do Togo, a este nível, pode ser interpretado como um efeito da reestruturação da produção de matérias-primas depois do fim do tráfico de escravos e como parte de um esforço contínuo para substituir as plantações de mão de obra escrava por regimes de trabalho aparentemente livres, que em muitos casos o não eram, na realidade.

É evidente que grande parte da dinâmica deste caso foi causada pela sobreposição de uma variedade de forças e pela interação de diferentes escalas. Através deste jogo, os historiadores globais estão em posição de gerir vários níveis da prática social e de abordar as interações globais, sem terem, forçosamente, de fazer do mundo inteiro a sua unidade de análise. Por outras palavras, o global não é uma esfera distinta, exterior aos casos nacionais ou locais. Trata-se, antes, de uma escala para que se pode remeter, mesmo quando olhamos para as vidas de indivíduos concretos e para os pequenos espaços.

CAPÍTULO 7

O tempo na história global

Aparentemente, a história global não fala a linguagem do tempo. Mais rapidamente associamo-la ao espaço. O vocabulário privilegiado dos historiadores globais — mapeamento, circulação, fluxos, redes, desterritorialização — está quase exclusivamente preocupado em oferecer um novo entendimento do papel do espaço na história. No outro lado desse fascínio, encontramos o desafio que o mesmo representa à hegemonia do tempo, uma hegemonia que há muito caracteriza as narrativas históricas. Todas as variantes da teoria da modernização, por exemplo, assumiram o tempo como a sua categoria central. Todo um arsenal retórico de termos temporais — revolução e progresso, nações evoluídas e atrasadas, estagnação e convergência, a *longue durée* e a sincronia (ou a sua ausência) — foi convocado para posicionar as pessoas, as sociedades e as civilizações dentro de uma matriz temporal mais ampla. A história foi, na verdade, maioritariamente cronométrica. Enquanto abordagem, a história global coloca uma crítica elementar a este paradigma. Desafia o privilegiar das metáforas temporais e a visão consolidada da história como genealogia e desenvolvimento (internos).

Tal não significa, no entanto, que a questão do tempo tenha sido inteiramente marginalizada ao ponto de já não ter mais relevância conceptual. Em parte, por efeito da primazia do espaço nas suas perspetivas, a história global também induziu uma reconfiguração do tempo nas suas narrativas históricas. Duas proposições, em particular, merecem ser aqui discutidas. Elas estão situadas nos extremos opostos da escala temporal, concentrando-se nas extensões temporais mais longas e mais breves. Num polo do espectro, os historiadores começaram a cobrir toda a história da humanidade (e até mais) dentro de um enquadramento coerente. No outro extremo, a noção de sincronia emergiu como um traço característico que desafia as noções temporais de desenvolvimento.

Em última instância, o debate sobre esses extremos do amplo espectro das escalas temporais revela que, em resposta a diferentes questões, é apropriado usar diferentes períodos de tempo que irão moldar as respostas que obteremos. Não existe, portanto, nenhum quadro inerentemente superior; antes pelo contrário, as diferentes escalas temporais são complementares. Cada estudo deverá privilegiar uma escala específica que seja mais propícia para abordar as questões colocadas. Neste capítulo defenderemos, no entanto, que a maioria dos estudos de caso sairá a ganhar se considerar, conjuntamente, diferentes escalas temporais e se prestar atenção às suas respetivas vantagens analíticas.

A grande história e a história profunda

Os historiadores globais não começaram apenas a mover-se ao longo do planeta. Começaram também expandir as estruturas temporais das suas análises. A sua ótica privilegiada é a do «telescópio ao invés do microscópio».(1) Muitas obras cobrem extensos períodos de tempo e os seus autores parecem não ter qualquer tipo de hesitações em percorrer um milénio inteiro ou mais. Os amplos períodos temporais são, naturalmente, a base de trabalho de qualquer estudo de síntese. Mas o desejo de alcançar o global parece ter desencadeado uma especial ânsia de cobrir tudo, em todos os lugares e sempre. Alguns historiadores que propagam perspetivas radicais de

(1) David Armitage, «What's the Big Idea? Intellectual History and the Longue Durée», *History of European Ideas* 38 (2012), 493–507, citação: 493

longo prazo chegaram ao ponto de sugerir que apenas os estudos com gigantescos períodos temporais seriam capazes de revelar a verdade sobre o passado humano.

Este jogo foi batizado de «história profunda» e «grande história». Os seus proponentes apresentam-nas como análogas à crítica do eurocentrismo que é, frequentemente, identificada com a história global. Como Daniel Lord Smail e Andrew Shryock disseram, «podemos seguir o exemplo dos teóricos pós-coloniais que seguiram uma agenda semelhante no meio espacial, embora o tenham raramente feito, se é que alguma vez o fizeram, no que toca ao tempo». Depois de «provincializar a Europa», trata-se agora de provincializar a modernidade: de ampliar o quadro temporal até ao passado mais remoto e de libertar o tempo histórico da teleologia da modernidade. [2]

O conceito de «história profunda», de Smail, propõe uma análise que tenha em linha de conta todo o passado humano, lembrando ainda a necessidade de se ultrapassarem barreiras conceptuais entre historiadores, arqueólogos e biólogos. Como inteligentemente argumentou, a disciplina da história opera com um limite fundamental que corresponde à invenção da escrita. Não existe, no entanto, nenhuma razão plausível para diferenciarmos o profundo passado humano das sociedades com escrita. [3] O campo da «grande história», popularizado pelo historiador australiano David Christian, vai ainda mais atrás no tempo, partindo da história natural antes do advento dos humanos e, inclusivamente, antes mesmo da existência de vida no planeta. Partindo do *Big Bang* e da formação do sistema solar, a grande história reduz a convencional história universal praticamente ao nível de um micro estudo,

---

(2) Daniel L. Smail e Andrew Shryock, «History and the "Pre"», *American Historical Review* 118 (2013), 709–737, citação: 713.

(3) Daniel L. Smail, «In the Grip of Sacred History», *American Historical Review* 110 (2005), 1336–1361; Smail, *On Deep History and the Brain*, Berkeley, CA (University of California Press) 2008; Andrew Shryock e Daniel L. Smail (eds.), *Deep History: The Architecture of Past and Present*, Berkeley, CA (University of California Press) 2011.

reduzindo ainda a história da espécie humana a pouco mais de um par de páginas. Tanto a história profunda como a grande história dedicam muita da sua atenção aos milénios ocupados pelas sociedades caçadoras e recolectoras, argumentando que estas moldaram os seres humanos de maneira crucial para a nossa atual compreensão das famílias, das religiões e das contemporâneas obsessões. (4)

Estas abordagens garantem que geram perspetivas inovadoras, que, de outra forma, seriam inacessíveis aos historiadores. Assim como algumas questões impõem uma análise de proximidade, outras apenas podem ser abordadas dentro de um extenso quadro temporal. Um bom exemplo disso é a obra de Jared Diamond, *Armas, Germes e Aço*, um dos mais populares trabalhos deste campo emergente. Entre as questões que o livro explora, figura uma investigação sobre as causas da conquista europeia do continente americano. O que é que ocorreu para que fossem os espanhóis a desembarcar na América — e não os incas na Europa? Como foi possível que, em 1532, um pequeno grupo de 168 espanhóis derrotasse um exército de 80 000 incas e conquistasse o mais poderoso Estado do continente americano? Deveu-se à superioridade do seu armamento, às suas espadas e canhões? Ou à maior coragem dos espanhóis? À sua fé católica? Terá sido a inventividade espanhola ou algum outro fator cultural? Foi por algum dos temas que os historiadores geralmente tratam? Diamond considera que não. Para o autor, a diferença fundamental era geológica: o eixo norte-sul do continente americano retardou a disseminação de plantas e animais utilizáveis — uma

---

(4) David Christian, *Maps of Time: An Introduction to Big History*, Berkeley, CA (University of California Press) 2004; Fred Spier, *The Structure of Big History: From the Big Bang until Today*, Amsterdam (Amsterdam University Press) 1996; Fred Spier, *Big History and the Future of Humanity*, Oxford (Wiley-Blackwell) 2010; Cynthia Stokes Brown, *Big History: From the Big Bang to the Present*, New York (The New Press) 2007; Michael Cook, *A Brief History of the Human Race*, New York (Norton) 2003; David Christian, Cynthia Stokes Brown e Craig Benjamin, *Big History: Between Nothing and Everything*, New York (McGraw-Hill) 2013

pré-condição para a existência de sociedades sedentárias complexas — ao longo de todas as zonas climáticas do continente. Na Eurásia, com a sua orientação este-oeste, este processo foi mais acelerado, uma vantagem que permitiu que as sociedades eurasiáticas crescessem mais rapidamente em tamanho e complexidade. Como efeito colateral da propagação de animais de tração e carga, as suas populações estavam mais acostumadas à presença de doenças fatais. Quando os europeus chegaram à América, trouxeram consigo agentes patogénicos contra os quais as populações indígenas se encontravam totalmente desprotegidas; calcula-se que 95% da população do continente tenha sido vítima de doenças recém-introduzidas. Por outras palavras, diferentes condições geológicas teriam permitido que, nas regiões centrais da Eurásia, se desenvolvessem sociedades que estariam melhor equipadas, do que os nativos das Américas, para cruzar oceanos, resistir a doenças e subjugar outros grupos. Na leitura de Diamond, a «Colisão de Cajamarca» — o primeiro encontro entre Pizarro e Atahualpa nas terras altas do Peru, em novembro de 1532 — estava pré-determinado muito antes de ocorrer.(5)

Como demonstra o exemplo exposto, as perspetivas de longa-duração são capazes de trazer à tona importantes dimensões que facilmente se perderiam de vista em análises com espectros temporais mais tradicionais. Os estudantes da história profunda e da grande história podem, portanto, oferecer visões que os seus colegas, com uma perspetiva menos galáctica, não oferecem. É por esta razão que alguns aplaudiram entusiasticamente esta nova abordagem. «Esta é uma grande conquista», disse William McNeill depois de ler a obra de David Christian, «análoga à forma como, no século XVII, Isaac Newton uniu o céu e a terra sob uniformes leis de

(5) Jared Diamond, *Guns, Germs, and Steel: The Fates of Human Societies*, New York (W. W. Norton) 1997 [*Armas, germes e aço: os destinos das sociedades humanas*, trad. Manuel Marques, Lisboa (Relógio d'Água) 2002]

movimento.» ([6]) De um modo mais prosaico, Christian recebeu o apoio de Bill Gates e da sua fundação e, juntos, iniciaram o Projeto da Grande História, procurando introduzir esta disciplina nos currículos escolares.

Ainda assim, a maioria dos historiadores é, de certa forma, relutante à ideia de abraçar o chamamento da grande ou da profunda história. Metodologicamente, duas premissas deste género de fazer história estão essencialmente em desacordo com a habitual abordagem da disciplina. Em primeiro lugar, a procura por causas últimas e por forças primordiais impulsionadoras da história levou muitos adeptos da grande história a desenvolver uma visão determinista do passado. De certa forma, tal é um corolário direto da estrutura temporal aplicada. Segundo afirmou David Christian, «existem aspetos da história humana que não podem ser adequadamente tratados a partir dos mantras familiares da autonomia e da contingência.» ([7]) Em muitas grandes histórias, o poder da geografia e do meio ambiente é tão absoluto que a intervenção humana é quase irrelevante.

Este primeiro risco, a falácia determinista, encontra-se estreitamente ligado a um segundo: os perigos de tentar fundir, num único paradigma geral, as ciências naturais e as humanidades. O debate entre as ciências nomotéticas, que procuram leis gerais, e as ciências ideográficas, como a história, é já muito antigo. Os defensores da grande ou da profunda história ambicionam, de forma muito consciente, superar este fosso. No entanto, a forma como muitas vezes o fazem acaba por converter o passado numa província das ciências naturais. Como Jared Diamond abertamente reconheceu, «o assunto é história, mas a abordagem é a das

([6]) William McNeill, «Foreword», *in*: Christian, *Maps of Time*, xv.

([7]) David Christian, «Contingency, Pattern and the S-curve in Human History», *World History Connected*, October 2009, par. 12. Online URL: <http://worldhistoryconnected.press.illinois .edu/6.3/christian.html> [acedido em 17 de março de 2014].

ciências.» ([8]) Para Ian Morris, «a história é um subconjunto da biologia, que é um subconjunto da química, que é um subconjunto da física.» ([9]) O efeito desta fusão acaba por se traduzir na subordinação da história à mesma procura por leis universais que caracterizam as ciências naturais. ([10]) Dada a sua predileção por leis, não é de admirar que os académicos da grande história se aventurem regularmente a realizar inferências sobre o futuro, como quando Ian Morris confiantemente declarou que «2103 será, provavelmente, o ponto *mais tardio* em que terminará a era ocidental.» ([11]) Enquanto a maioria dos historiadores globais se propõe desafiar as teleologias que durante muito tempo mancharam as narrativas históricas, a grande história está disposta a restaurar as noções de progresso e de direcionalidade do processo histórico.

Escalas de tempo e *Zeitschichten* (camadas de tempo)

No fim de contas, a diferença entre a grande história e o resto da disciplina resume-se à questão da escala. Como no caso do espaço, o enquadramento temporal mais apropriado depende das questões abordadas e do alcance das perguntas formuladas. Inversamente, o nosso entendimento sobre qualquer evento ou processo varia consoante a ordem temporal das análises. Por princípio, qualquer acontecimento pode ser

---

([8]) Diamond, *Guns, Germs, and Steel*, 26 [*Armas, germes e aço: os destinos das sociedades humanas*, trad. Manuel Marques, Lisboa (Relógio d'Água) 2002]

([9]) Citado em Julia Adeney Thomas, «History and Biology in the Anthropocene: Problems of Scale, Problems of Value», *American Historical Review* 119 (2014), 1587–1607, citação: 1587

([10]) David Christian, «The Return of Universal History», *History and Theory*, theme issue 49 (2010), 6–27.

([11]) Ian Morris, *Why the West Rules–for Now: The Patterns of History, and What They Reveal about the Future*, New York (Farrar, Straus e Giroux) 2010, 582 [*O domínio do Ocidente*; trad. Rita Guerra e Pedro Carvalho, Lisboa (Bertrand) 2013].

interpretado dentro de diferentes e múltiplos enquadramentos temporais. Os regimes temporais multinível, que se sobrepõem de diferentes formas, são, desde há muito tempo, do conhecimento dos historiadores. Fernand Braudel enfatizou celebremente a pluralidade dos tempos históricos, estando particularmente interessado no amplo período de tempo da *longue durée* e, portanto, em ritmos temporais tão lentos que, de outra forma, dificilmente seriam percetíveis. Mais recentemente, Reinhart Koselleck introduziu a metáfora geológica das *Zeitschichten*, camadas de tempo que se acumulam e que interagem. Alertam-nos para os diferentes níveis dos andaimes temporais, para as diferentes sequências de aceleração e duração e para os intervalos caracterizados pelo seu próprio ritmo de mudança. Escusado será dizer que estas diferentes temporalidades requerem diferentes estruturas espaciais; as escalas temporais e as escalas espaciais estão sempre intimamente ligadas.([12])

Neste tipo de esquemas, há espaço para uma variedade de quadros temporais, que vão desde momentos e eventos singulares até aos períodos mais longos da grande história. Estas escalas coexistem e complementam-se, mesmo que a abordagem e os resultados possam ser diferentes ou até incompatíveis. A sua relevância pode, também, variar consideravelmente. O prazo mais breve — um momento, um dia — não será um período temporal frutífero para a maioria dos problemas e tão-pouco o será o período mais longo. Para a maioria das questões — e aqui podemos incluir remotos acontecimentos do passado como a invenção da escrita — as origens do planeta, a sucessão de proto-humanos ou a sua expansão pela terra, pouca relevância terão.([13]) A maioria dos assuntos que

---

([12]) Fernand Braudel, «Histoire et Science sociales: La longue durée», *Annales ESC* 4 (1958), 725–753; Reinhart Koselleck, *Zeitschichten: Studien zur Historik*, Frankfurt (Suhrkamp) 2002.

([13]) Kenneth Pomeranz, «Teleology, Discontinuity and World History: Periodization and Some Creation Myths of Modernity», *Asian Review of World Histories* 1 (2013), 189–226.

os historiadores se propõem resolver não podem ser abordados de forma racional através da grande história (cuja abordagem recua vários milhões de anos), tão-pouco através da história profunda (aproximadamente 40 000 anos). Até mesmo uma perspetiva que parta do Antropoceno (os últimos 200 anos) seria demasiado lata para cobrir de forma significativa o que está em causa em muitas questões. Dito isto, é muito provável que, comparativamente às décadas mais recentes, a relevância das escalas temporais mais amplas aumente e que, em certa medida, testemunhemos o regresso da *longue durée*. Recentemente, depois de décadas em que a micro-história e a história cultural dominaram parte da disciplina, os intervalos de tempo voltaram a expandir-se, devido não só à agenda da história global, mas também às colossais bases de dados que as humanidades digitais colocaram à disposição da disciplina.(14)

Qualquer que seja o tema, diferentes camadas de tempo oferecerão perspetivas diferentes. Dependendo do que procuremos explicar e em que escala, essas camadas podem sobrepor-se. Tomemos o exemplo da ascensão da China a superpotência económica no início do século XXI. Se olharmos apenas para os últimos vinte anos, desde a morte de Deng Xiaoping em 1997, ficaríamos menos surpreendidos com as enormes taxas de crescimento do país do que com a capacidade do Partido Comunista de administrar a mudança para o capitalismo. Se estendermos o início do intervalo de análise para 1978, quando se iniciou o programa reformista de Deng, o subsequente incremento da riqueza nacional torna-se praticamente incompreensível. A China pós-maoista estava entre os países mais pobres do mundo e era dirigido por um dos governos mais autoritários. A partir da análise deste período temporal, pareceria altamente improvável que o país viesse a ser palco de uma tal onda de energia empreendedora. O foco

(14) Jo Guldi e David Armitage, *The History Manifesto*, Cambridge (Cambridge University Press) 2014.

explicativo do historiador tenderia, necessariamente, a centrar-se nas decisões tomadas pela oligarquia política.

Se ajustarmos a lente analítica de modo a incluir períodos temporais mais longos, digamos, os últimos mil anos, a fotografia voltaria a ser diferente. Durante um longo período de tempo, incluindo no século XVIII, as regiões prósperas da China integravam os núcleos de povoamento economicamente mais produtivos ao nível mundial. Desta perspetiva, a atual ascensão da China parece ser menos um novo começo do que um regresso: um retorno estruturalmente determinado à «normal» condição de superpotência. No entanto, esta imagem estaria incompleta se não prestássemos atenção ao período temporal intermédio, os últimos cento e cinquenta anos. A partir da década de 1860, sob a pressão imposta pela penetração imperialista, o governo Qing experimentou estratégias de modernização económica assentes no controlo estatal da iniciativa privada. Esta forma de capitalismo incrustado criou um importante padrão de *path-dependency* que persiste até hoje na China. Por último, a década de 1930 — a idade de ouro do capitalismo chinês irrestrito, numa altura em que as instituições estatais eram débeis — foi palco da ascensão do capital privado, que posteriormente sobreviveu em Hong Kong e entre os chineses emigrados: os efeitos deste fenómeno fazem-se ainda sentir na atual economia chinesa.([15])

Não poderíamos prever o crescimento da China a partir de nenhum destes fatores isoladamente. De facto, não era algo que estivesse determinado a longo prazo, embora tenha sido condicionado por uma série de circunstâncias históricas. Cada um destes enquadramentos temporais acrescenta uma dimensão explicativa, a que dificilmente se chegaria de outra forma. Assim como com o espaço, o escalonamento do passado, ou os jogos de escala (*jeux d'échelles*), é a melhor ferramenta metodológica para acomodar diferentes temporalidades.

([15]) Jürgen Osterhammel, *Vergangenheiten: Über die Zeithorizonte der Geschichte*, manuscrito não publicado.

A dimensão global não está intimamente conectada com nenhum destes enquadramentos temporais. As perspetivas globais podem ser usadas em todos os níveis: desde as macro-narrativas que abarcam vários séculos, às análises de curta duração ou até mesmo aos estudos de acontecimentos cruciais. O público em geral tende a associar a história global aos estudos de longo prazo, com a descrição de séculos inteiros, se não mesmo de milénios, do passado do planeta. Metodologicamente mais desafiantes, e por isso mesmo merecedoras da nossa atenção, são as abordagens com balizas temporais de mais curta duração que se focam em momentos particulares, em eventos de curto prazo ou, ainda, em situações de sincronia.

Sincronização

A preocupação com a sincronia, com o que é contemporâneo, mesmo que distante geograficamente, tornou-se um marco característico das abordagens globais. Os historiadores dedicam muita atenção aos eventos transfronteiriços, bem como aos seus efeitos simultâneos, e, mais em geral, às condições sincrónicas que fortalecem e limitam os atores históricos. Este enfoque contrasta marcadamente com as convencionais preocupações da disciplina, uma vez que abandona a tradicional busca por longas continuidades e pelas raízes mais antigas dos fenómenos; além disso, não fazem suposições acerca do poder de resistência das tradições, dos efeitos dos «remanescentes» do passado ou sobre a dependência de trajetória do desenvolvimento.

O que é que esta mudança, de um modelo genealógico para um sincrónico, implica? Vejamos, a título de exemplo, a explosão da controvérsia acerca da memória da II Guerra Mundial na Ásia Oriental, depois de 1990. Por essa altura, em toda a região, as memórias da guerra converteram-se em guerras pela memória, tanto dentro dos vários países como internacionalmente. A publicação de um manual escolar de história japonesa desencadeou acesos debates entre a opinião pública japonesa e provocou confrontos violentos nas ruas de Seul e Pequim. Este surto de uma memória ferozmente contestada é comumente descrito como «o retorno do reprimido», uma erupção quase natural da atividade memorial, depois de várias décadas de recalcamento e amnésia; é o ressurgimento de um passado traumático que continuou a assombrar o presente. O modelo genealógico, por outras palavras, enfatiza a relação entre o passado e o presente, bem como as respostas tardias a algo que acontecera cinquenta anos antes.

No entanto, é bem mais produtivo compreender as guerras pela memória no Japão, na China e na Coreia como um efeito de transformações contemporâneas e sincrónicas: como respostas a algo que aconteceu nos anos de 1990 e não como repercussões de 1937 ou de 1945. Uma leitura deste tipo situa a explosão da memória no final da Guerra Fria, no interior da transformação da ordem política e económica que a região experienciou nessa altura. A dissolução de um regime formatado, em grande parte, na dicotomia entre Oriente-Ocidente, desencadeou uma mudança que permitiu que os grupos políticos e as iniciativas da sociedade civil, assim como os interesses corporativos, se concentrassem na Ásia Oriental. Esta regionalização teve importantes consequências no campo da memória. Alterou os parâmetros do debate público: as vozes das vítimas chinesas e coreanas podiam agora ser ouvidas no Japão, e emergiram novas coligações discursivas e políticas que ultrapassavam fronteiras. Politicamente, as interpretações do passado tornaram-se numa arena predileta para negociar as possibilidades asiáticas de cooperação e comércio. Não se tratou primordialmente, portanto, do retorno das memórias de guerra, mas sim do advento de uma nova esfera pública asiática, condicionada pelas transformações geopolíticas globais e pelas novas estruturas de intercâmbio económico.([16])

([16]) Sebastian Conrad, «Remembering Asia: History and Memory in Post–Cold War Japan», *in*: Aleida Assmann e Sebastian Conrad (eds.), *Memory in a Global Age*, London (Palgrave Macmillan) 2010, 163–177.

Prestar atenção aos fatores sincrónicos e às relações espaciais não significa, obviamente, que se possa ignorar as dimensões diacrónicas da história. A questão de como gerir o impacto das estruturas sincrónicas, por um lado, e a continuidade, por outro, continua a ser um aspeto fundamental de qualquer análise em história global. Num estudo fundamental, Christopher Hill intensificou a discussão, ao olhar para o momento específico em que tanto a historiografia nacional como as suas pretensões de continuidade foram fundadas. *National History and the World of Nations* é, ostensivamente, uma análise comparativa sobre como, no final do século XIX, o género da história nacional surgiu em França, no Japão e nos Estados Unidos. Mas não se trata de uma comparação no sentido convencional do termo, que justapõe, separadamente, os países e as sociedades que aparecem como entidades intemporais.

De facto, é precisamente a ideologia do Estado-nação como contentor independente e indiscutível da história que o autor procura desafiar. Nos três países, a partir da década de 1870, publicitários e funcionários estatais começaram a repensar a história das suas nações. E nos três casos de estudo, esse fenómeno ocorreu depois de momentos de crise e de agitação social: a Restauração Meiji no Japão, a Guerra Civil nos Estados Unidos e, na França, após a queda do Segundo Império e a Comuna de Paris. O Japão, os Estados Unidos e a França ocupavam posições muito diferentes no mundo e, consequentemente, as suas versões quanto ao passado nacional não eram, de todo, idênticas. Mas os três participaram nas correntes gerais de finais de oitocentos: o desenvolvimento das relações interestatais, o crescimento do comércio internacional e a acumulação de capital, e a revolução nas comunicações. Como Hill argumenta, é precisamente dentro destas estruturas globais que tanto o apelo da história nacional enquanto género, como o do Estado-nação enquanto forma precisam de ser compreendidos. Face a este posicionamento, a análise de Hill difere marcadamente de outros estudos que enfatizam uma história da difusão, da repressão imperialista, ou que encontram as raízes da nação nas tradições comunitárias indígenas e paralelas.

Hill não é, de forma alguma, alheio às dimensões diacrónicas do seu estudo. Ele mapeia as mudanças políticas e sociais que motivaram a formulação de ideias muito específicas sobre cada nação. O enfoque exclusivo na simultaneidade teria induzido em erro. Mas a continuidade isoladamente — e é aqui que a maioria dos historiadores tende a apostar todas as suas fichas — seria igualmente problemático. Tais ficções quanto à diacronia nacional, para Hill, constituem uma inversão ideológica dos reais mecanismos em jogo. Ao invés, argumenta, o «espaço histórico-nacional» das nações modernas foi construído dentro do moderno sistema-mundo que estava em desenvolvimento — e as suas pré-histórias apenas podem aparecer como genealogias em retrospetiva. «As condições sincrónicas que criam consciência e valor», nas palavras de Hill, «invertem-se, formando narrativas diacrónicas da sua emergência. Como consequência desta inversão, as condições estruturais nas quais os Estados-nação se constituem como elementos do mercado mundial e do sistema internacional, parecem ser o fruto de processos históricos limitados nacionalmente».([17])

Uma parca atenção às constelações sincrónicas levou muitos historiadores a olharem para «momentos» e intervalos de tempo exíguos. Os estudos que se debruçam sobre um determinado ano em concreto representam a versão mais popular deste tipo de abordagem — onde todo o tipo de eventos são justapostos sem um argumento mais amplo e sem ter em conta considerações de causalidade: as histórias globais de 1688, 1800 ou de 1979, são disso exemplo. «O historiador que procura retratar o mundo», como um dos praticantes desta abordagem observou, «tenta não se limitar a nenhum estilo e a nenhum conjunto de perguntas, mas antes a seguir palpites, deixando

([17]) Christopher L. Hill, *National History and the World of Nations: Capital, State, and the Rhetoric of History in Japan, France, and the United States*, Durham, NC (Duke University Press)2008, 71.

que uma coisa o leve a outra (...). Ele deseja evitar o sistema, refletindo sobre a impossibilidade de confinar a diversidade, o esplendor e a estranheza da condição humana.» ([18])

Para gostos menos tradicionais, e para os historiadores com um carácter analítico mais vincado, a noção de «momentos globais» provou ser mais atraente. Acontecimentos emblemáticos — como o 11 de Setembro de 2001, as revoltas de 1989 ou os protestos de 1968, o *crash* de Wall Street de 1929, a vitória japonesa sobre a Rússia em 1905, ou até mesmo a erupção do vulcão indonésio Krakatoa em 1883 (que alguns historiadores chegaram a nomear como primeiro acontecimento mediático global da história) — têm sido interpretados como momentos globais, momentos que foram compreendidos de formas significativamente diferentes e, em alguns casos, contraditórias, mas que, ainda assim, foram apropriados e serviram como pontos de referência globais.

O emblemático e muito debatido *O Momento Wilsoniano*, de Erez Manela, pode ajudar-nos a obter uma ideia clara dos benefícios e dos potenciais custos de tal abordagem, assim como das consequências de nos centrarmos na sincronia em geral. A obra começa na primavera de 1919, quando as revoltas nacionalistas contra a ordem imperial irromperam numa série de locais diferentes, quase simultaneamente e, ainda assim, de forma totalmente autónoma entre elas (pelo menos aparentemente). A 1 de março, a Coreia foi palco da sua maior revolta contra o poder colonial japonês, que governava o país desde 1910. Nesse mesmo mês, no Egito, pessoas de diferentes estratos sociais saíram à rua para protestar contra a governação britânica; os ferozes conflitos que se seguiram ficaram conhecidos como a «Revolução de 1919». Na Índia, os crescentes

---

([18]) John E. Wills, *1688: A Global History*, New York (W. W. Norton) 2002, 112. Veja-se ainda Olivier Bernier, *The World in 1800*, New York (Wiley) 2000; Christian Caryl, *Strange Rebels: 1979 and the Birth of the 21st Century*, New York (Basic Books) 2013 [*Estranhos rebeldes: 1979 – O ano que mudou o mundo e o nascimento do século XXI*, trad. Ana Saldanha, Lisboa (Presença) 2014].

protestos dos movimentos nacionalistas provocaram uma violenta resposta por parte dos britânicos, que, a 13 de abril, culminou no massacre de Amritsar, que tirou a vida a aproximadamente quatrocentos civis não armados. Na China, a grande revolta de 4 de maio marcou o clímax do Movimento Nova Cultura, que se dedicara tanto à renovação cultural do país alicerçada na modernidade ocidental, como à rejeição da ordem imperial na Ásia. ([19])

Estes quatro momentos não são apenas eventos conhecidos; são momentos icónicos nas suas respetivas historiografias e determinantes marcos das memórias culturais nacionais. Todos eles foram fonte de inspiração para extensas e numerosas obras. Se Manela pode acrescentar algo de novo sobre estas questões, deve-se ao facto de abordar o assunto com uma nova perspetiva. O seu objetivo consiste em explicar a simultaneidade destes eventos com referência ao mais amplo contexto internacional, relacionando-o com a transformação da ordem internacional no pós-I Guerra Mundial.

Deste modo, os quatro casos não se encontram simplesmente justapostos e Manela vai além de uma comparação clássica. Da mesma forma, o autor não se centra nas relações diretas entre a Coreia, a Índia, a China e o Egito. O seu trabalho também difere das convencionais abordagens da história das transferências. Ao invés, ele situa os seus casos de estudo perante um ponto de referência comum: Woodrow Wilson e a sua proclamação do direito das nações à autodeterminação. Este *slogan* de Wilson foi rapidamente adotado e difundido por uma campanha de imprensa e por uma máquina de propaganda que o transformaram num ícone da libertação face ao jugo colonial. Quando se tornou claro que a paz de

([19]) Erez Manela, *The Wilsonian Moment: Self-Determination and the International Origins of Anticolonial Nationalism*, Oxford (Oxford University Press) 2007. Para a variedade de reações, compare-se a brilhante revisão de Ussama Makdisi em *Diplomatic History* 33 (2009), 133–137 com os devastadores comentários de Rebecca E. Karl em *American Historical Review* 113 (2008), 1474–1476.

Versalhes não iria ao encontro de tamanhas esperanças, a euforia deu lugar a uma profunda deceção, que, por sua vez, se tornou um catalisador para a violenta erupção dos movimentos de protesto nacionalistas.

Embora a ênfase na sincronia seja reveladora, ela também acarreta os seus custos analíticos. Em causa está a relação entre a sincronia e a continuidade, entre o momento global e a diversidade das pré-histórias. E, de facto, como fruto do entusiasmo referente ao impacto mundial de Wilson, a obra não presta atenção suficiente às longas tradições singulares dos movimentos nacionalistas dos quatro países. Certamente que o autor reconhece que aqueles movimentos não estavam condenados a permanecer num limbo até que Wilson aparecesse e os dinamizasse. No entanto, o subtítulo do livro, que identifica o momento «Wilsoniano» com as origens internacionais do nacionalismo anticolonial (*International Origins of Anticolonial Nationalism*), sugere uma relação de causalidade demasiado forte.

A atenção ao contexto sincrónico pode, potencialmente, resultar num abrir de olhos, ao relacionar determinados eventos com outros além-fronteiras e ao contemplar os entrelaçamentos espaciais. O foco nos contextos globais pode ajudar a explicar a simultaneidade dos eventos que dificilmente se tornaria percetível através das abordagens nacionalistas convencionais. Além disso, ela sensibiliza os historiadores para determinados fatores causais que operam para lá e através da sociedade ou localidade em estudo. No entanto, para que a fotografia esteja completa, é indispensável uma perspetiva histórica mais profunda — mesmo que as posteriores conjunturas possam moldar o modo como essas pré-histórias se tornam relevantes. Navegar entre as ficções de continuidade e as promessas do «momento», e negociar as relações entre a genealogia e o contexto sincrónico, encontram-se entre as tarefas mais exigentes que qualquer história global enfrenta.

Escalas, ação autónoma e responsabilidade

No final deste capítulo, vamos retornar brevemente à questão da escala. Face ao que já foi dito, podemos concluir que não existe uma estrutura temporal privilegiada para cada questão histórica — assim como não existe nenhuma entidade espacial ideal para todos os assuntos. Cada estudo requer a sua específica ordem temporal e espacial, e isto é mais do que uma mera questão técnica ou metodológica. Optar por uma escala particular na história global implica que se tomem decisões críticas quanto aos atores e às forças primárias que serão contemplados na nossa narrativa. Por outras palavras, a escolha de uma escala tem sempre implicações normativas.

Consideremos o caso da Alemanha Nazi. Quando nos focamos em momentos específicos e em curtos espaços de tempo, as decisões pessoais e a autonomia individual movem-se para o centro da análise. Um estudo em torno das últimas semanas da República de Weimar, ou sobre a Conferência de Wannsee e a decisão de assassinar os Judeus da Europa, enfatizará o leque de opções individuais e as inúmeras e diferentes direções que o processo histórico poderia seguir. Assim que alargamos o enquadramento temporal, um conjunto de fatores anónimos tende a ganhar peso analítico em detrimento do da responsabilidade individual. Quando optamos por uma perspetiva de muito longa duração — e incluímos, por exemplo, o papel do antissemitismo na Alemanha desde o século XIX ou mesmo antes, ou as tendências autoritárias que alguns historiadores rastrearam até à figura de Lutero — aquilo que, na perspetiva mais fechada, aparecia como contingência, transforma-se num processo longo e aparentemente inexorável.([20])

([20]) Sobre o tema, veja-se Carlo Ginzburg, «Microhistory: Two or Three Things That I Know about It», *Critical Inquiry* 20 (1993), 10–35; Siegfried Kracauer, *History: The Last Things before the Last*, New York (M. Wiener) 1969.

O mesmo acontece com as escalas espaciais. Um micro estudo de uma família, ou de uma cidade pequena, permite que nos concentremos nos indivíduos, nos seus interesses e escolhas: como é que uma professora da escola local lidava com a presença de alunos judeus? Por que razão a professora interrogava os alunos sobre os seus pais? E assim por diante. No entanto, se adotarmos uma escala ao nível nacional, outros atores ganham relevo e passam a predominar forças maiores à medida que o foco se move para a elite do partido, para a competição entre grupos dentro da burocracia e para a lógica institucional que muitos historiadores hoje responsabilizam pelos desenvolvimentos mais importantes e, frequentemente, fatídicos. Se progressivamente continuarmos até atingirmos um contexto global, os aspetos relevantes alteram de ordem: o impacto da Grande Depressão, a transformação da ordem internacional depois dos tratados de Versalhes, a procura global por uma terceira via entre o capitalismo liberal e o comunismo, assim como por blocos regionais e autarcia económica, e a hegemonia do discurso racial. A um tal nível agregado, a autonomia individual recua para segundo plano, e a questão da responsabilidade dá lugar a uma análise preocupada com os fatores estruturais e com a causalidade coletiva. Sintetizando: se, num micro estudo, podemos condenar (ou louvar) as condutas individuais, na perspetiva da história nacional os indivíduos aparecem como vítimas da elite política e, por último, do ponto de vista da história global, estes surgem à mercê das grandes transformações estruturais.

Esta é a razão pela qual a história global tem sido acusada de ignorar os indivíduos e de fugir às questões da responsabilização, escondendo-se atrás de fluxos anónimos, estruturas impessoais e de metáforas em torno da circulação. No seu esforço para explicar desenvolvimentos mais amplos e para forjar interpretações que aproximem experiências históricas de diferentes regiões, os historiadores globais optam, algumas vezes, por categorias analíticas que tendem a excluir a autonomia de ação humana (*agency*). Será então a história global uma história que exclui as pessoas? Em certo sentido, tal depende do estilo narrativo do historiador. Não existe nenhuma razão que justifique que a história global seja menos envolvente do que as histórias nacionais. Se uma macro-perspetiva sobre a história de uma nação pode ser entusiasmante e consciente quanto ao papel decisivo da autonomia humana, do mesmo é capaz a história global.

Contudo, ao situarem, pelo menos parcialmente, a causalidade a um nível global, os historiadores globais podem aparentar secundarizar as questões da responsabilidade que emergem ao nível local. Isto fica a dever-se a uma escolha metodológica que caracteriza a abordagem global, nomeadamente a decisão de atribuir maior relevância aos fatores sincrónicos no espaço, ao invés das genealogias de longo prazo e da continuidade temporal interna. A razão da fuga às narrativas *internalistas* é louvável, mas o que acontece se tal se fizer à custa do enfraquecimento da responsabilidade individual no terreno? Se o Holocausto pode ser, em parte, explicado por forças globais sincrónicas, não irá essa explicação relativizar a culpa dos criminosos nazis? Este excesso de contextualização — o privilegiar dos fatores globais relativamente aos atores locais — pode exteriorizar as questões da responsabilidade e da culpa. Ora, optar por uma abordagem global pode dar uma sensação de inevitabilidade àquilo que, sob um ponto de vista de maior proximidade, aparenta ser muito mais aleatório. Quanto maior a escala, menor o peso da contingência e da autonomia individual — sobretudo quando os enquadramentos temporais são colossais. Como admitiu Fred Spier, oriundo do campo da grande história, «O meu esquema explicativo tem a ver com a questão da necessidade.» ([21])

Para contrariar esta tendência, muitos historiadores fizeram questão de enfatizar o inverso e de substituir o vocabulário da necessidade pela retórica do acidental. Aplaudem as vantagens de se voltar ao local e insistem que a realidade histórica no terreno é muito mais desordenada e fragmentada do que

([21]) Spier, *The Structure of Big History*, 18.

as macro-perspetivas deixam transparecer. Além disso, questionam os princípios teleológicos das narrativas existentes. Um bom exemplo de como se eleva a «contingência» ao mais alto estatuto analítico é o debate em torno da ascensão do Ocidente, o qual foi tratado, pela anterior geração de historiadores, como um dado adquirido e como um processo praticamente natural. Esta metanarrativa é hoje colocada em causa e relativizada em textos-chave do campo global, que enfatizam o carácter idiossincrático e imprevisível do desenvolvimento histórico. «Não existiu nenhuma necessidade histórica intrínseca», insiste Janet Abu-Lughod nas suas reflexões sobre o século XIII, «que tenha alterado o sistema a favor do Ocidente ao invés do Oriente.» (22) Outros historiadores retratam a «grande divergência» entre a Inglaterra e a China desde finais do século XVIII e o fosso causado pelo desenvolvimento industrial como resultantes de pura sorte, de uma «inesperada» e «geográfica boa sorte». Segundo esta leitura, a Europa seria apenas uma «aberração afortunada». (23)

Necessidade *versus* contingência: cada escala acarreta a sua própria ideologia. Um bom exemplo disso é a tensão que marcou o recente debate sobre o Antropoceno — o período entre a Revolução Industrial e o advento da humanidade como agente geológico. Pela primeira vez na história do nosso planeta, uma espécie é capaz de alterar as condições fundamentais da vida na Terra. Como consequência, cientistas e historiadores com a mesma opinião defenderam a conveniência de se adotar uma visão mais longa e inclusiva. Afirmaram que apenas colocando o Antropoceno dentro de um quadro mais amplo da história natural do planeta, poderemos compreender o

(22) Janet L. Abu-Lughod, *Before European Hegemony: The World System, A.D. 1250–1350*, Oxford (Oxford University Press) 1989, 12.

(23) Kenneth Pomeranz, *The Great Divergence: China, Europe, and the Making of the Modern World Economy*, Princeton (Princeton University Press) 2000, 23, 12, 207 [*A Grande Divergência: A China, a Europa e a Construção da Economia Mundial Moderna*, trad. Miguel Mata, Lisboa (Edições 70) 2013].

impacto da espécie humana enquanto agente central das alterações climáticas. Esta perspetiva paleobiológica é plausível, dada a enorme escala temporal de centenas de milhares de anos. Além disso, é heuristicamente instrutiva, uma vez que destaca a urgência da proteção ecológica. Embora estas colossais escalas temporais tenham vantagens inegáveis, também produzem as suas próprias miopias. Neste caso, o foco na espécie como tal tornou impossível a distinção entre grupos e pessoas que causaram danos ambientais daqueles que não o fizeram: entre pessoas que beneficiaram das alterações climáticas e as vítimas dessas mesmas alterações. Embora nos enriqueça com valiosos e indispensáveis elementos, a categoria de «espécie», limitada a longos enquadramentos temporais, não nos permite abordar as questões da responsabilização, sejam estas históricas ou atuais. Ela oculta os interesses de grupo e as relações de poder que estiveram por detrás da transformação industrial-capitalista nas sociedades modernas e que favoreceram uma agenda desenvolvimentista, em detrimento de visões alternativas da sociedade e de diferentes conceções quanto à relação do homem com a natureza. Ao nos movermos a uma escala tão ampla, corremos o risco de encobrir as tensões sociais que ocorrem dentro do que é apresentado como «humanidade» indiferenciada. Pode ainda impedir-nos de observar as forças que — como o capitalismo ou o imperialismo — tiveram um enorme impacto no mundo que nos rodeia, forças essas que podem ser analisadas criticamente no contexto das transformações ambientais. ([24])

Enquanto os defensores da grande história pretendem criar uma variante da história que se assemelhe à ciência, ao ponto de formularem «leis históricas» análogas às leis da química ou da física, muitos historiadores, por outro lado, realçam a heterogeneidade, a contingência e a fragmentação. Mas o desafio não está em decidir a favor de uma em

---

([24]) Dipesh Chakrabarty, «The Climate of History: Four Theses», *Critical Inquiry* 35 (2009), 197–222; Thomas, «History and Biology in the Anthropocene».

detrimento de outra, mas sim em ponderar as múltiplas escalas e as suas vantagens explicativas. Ao operarmos com diferentes níveis de análise, temporais e espaciais, podemos tentar ir além das dicotomias entre estrutura e a autonomia humana (*agency*), entre necessidade e contingência. Cada uma à sua maneira, tanto a causalidade agregada ao nível macro como a ação individual ao nível micro são ângulos legítimos e igualmente necessários para uma análise completa.

Na década de 1930, para retomarmos o nosso exemplo, era altamente improvável que qualquer sociedade do centro da Europa tivesse permanecido imune aos efeitos das transformações globais e às seduções do fascismo que se seguiram. Mas a história não ficou por aqui. Pesem embora as enormes pressões exercidas pelas transformações estruturais, sociedades inteiras (como a Suíça) e determinadas pessoas na Alemanha (como, potencialmente, a nossa professora) tiveram o poder de tomar decisões dissidentes. Importa, por isso, relembrar que as estruturas globais moldam tanto a atividade humana, como são moldadas por ela; são o resultado de processos de estruturação. Como tal, elas proporcionam as condições sob as quais os indivíduos atuam, mas, em última instância, não determinam o modo como os grupos e os indivíduos escolhem agir.([25])

([25]) Anthony Giddens, *The Constitution of Society: Outline of the Theory of Structuration*, Cambridge (Polity) 1984.

CAPÍTULO 8

Posicionalidade e abordagens centradas

Qual a localização do mundo? Onde se encontram os historiadores quando escrevem a história do nosso planeta? Podem os historiadores globais estar acima do provincianismo das perspetivas nacionais, de forma alcançar uma objetividade desinteressada? Algumas declarações programáticas atribuem, de facto, à abordagem global a promessa de alcançar esse ponto de apoio de Arquimedes. Preveem chegar «a uma versão transcultural da história que poderá vir a ser aceite em todo o planeta».([1])

Estas posições são, no entanto, ilusórias. As histórias globais não são escritas num vácuo. Os historiadores podem cobrir a história do mundo inteiro, mas eles fazem-no a partir de uma localização específica e escrevem-na num tempo particular, envoltos nos seus próprios «mundos de vida». É falacioso sugerir que o mero deslocar da nossa atenção da historiografia nacional para a história mundial nos isola dos conflitos do presente. Hoje, os contextos nacionais e institucionais permanecem cruciais para moldar tanto as interpretações teóricas, como as narrativas do processo histórico.([2]) Os relatos da história do mundo, na sua maioria, são

([1]) Fred Spier, «Big History», *in*: Douglas Northrop (ed.), *A Companion to World History*, Oxford (Wiley Blackwell) 2012, 171–184, citação: 173.

([2]) Dario Castiglione and Ian Hamphser-Monk (eds.), *The History of Political Thought in National Context*, Cambridge (Cambridge University Press) 2011.

enquadrados em premissas axiomáticas e assentes em juízos de valor, assim como em hierarquias de significado. São, portanto, fundamentalmente «centrados» localmente, mesmo quando pretendem falar em nome do mundo ou da humanidade. Este capítulo irá explorar as implicações que tal *posicionalidade* acarreta para a prática da história global.

Entre os vários «centrismos» que moldam as interpretações históricas, o eurocentrismo tem sido, no decorrer dos últimos dois séculos, dominante. E uma vez que a história global é geralmente associada à ambição de ir além das visões eurocêntricas do mundo, este será o nosso ponto de partida. Assim, a história global promete transcender a típica narrativa do antigo género da história mundial estritamente centrada na «ascensão do Ocidente». Mas o que é que isto implica exatamente? É eurocêntrico enfatizar a hegemonia euro-americana dos séculos XIX e XX? Inversamente, será automaticamente sinocêntrico sublinhar a sofisticação da China Song? Precisamos de descartar a terminologia das ciências sociais sabendo que estas foram originalmente cunhadas na Europa?

Na atual conjuntura, o desafio é este: de que forma podemos superar o eurocentrismo e ter em consideração as múltiplas posições a partir das quais a história pode ser escrita, sem cair na armadilha do nativismo e sem postularmos formas alternativas de centrismo? Este capítulo abordará as inerentes tensões entre a *posicionalidade* e as abordagens centradas. Por um lado, assinala a indiscutível *posicionalidade* de qualquer interpretação do passado — a não ser que queiramos reduzir a história a uma única narrativa, precisamos de ter em conta a multiplicidade das mesmas. Por outro lado, uma forte ênfase na particularidade e na singularidade pode facilmente produzir afirmações de incomensurabilidade, ou seja, a defesa de que os recursos culturais subjacentes às diferentes sociedades são tão radicalmente distintos entre si, que tornam as sociedades mutuamente incompreensíveis. De facto, como iremos ver, o desejo de descartar o eurocentrismo desencadeou, nos últimos anos, uma proliferação de outros «centrismos» em diversas partes do mundo. Fecharemos este capítulo apelando a uma compreensão da *posicionalidade* que vá além da perspetiva cultural.

Eurocentrismo

O debate sobre o eurocentrismo é uma disputa em torno de questões básicas, metodológicas e epistemológicas, do nosso campo. Em muitos casos, encontramos alguma confusão entre duas dimensões do problema. Por um lado, existe um eurocentrismo enquanto ponto de vista, como padrão de interpretação. Por outro, encontramos o desafio de avaliar o papel dominante desempenhado pela Europa em boa parte da história recente. As duas dimensões estão intimamente relacionadas, mas é útil diferenciá-las. Iremos agora distinguir entre o eurocentrismo enquanto perspetiva e as análises «centradas na Europa» de alguns períodos históricos.

O eurocentrismo (enquanto perspetiva) surge de variadíssimas formas e possui uma série de encarnações distintas.(3) Para tornar o debate mais simples, é conveniente delinear claramente as duas principais correntes do pensamento eurocêntrico. A primeira prende-se com a ideia de que a Europa foi a principal criadora do progresso histórico: basicamente, a Europa teria impulsionado o mundo para a modernidade (trata-se do modelo da «Europa como motor principal»). O segundo modelo, o eurocentrismo conceptual, está preocupado com as normas, os conceitos e as narrativas que os historiadores utilizam para tornar o passado legível; tal pode significar uma conceção eurocêntrica, mesmo quando a Europa não é objeto de estudo. Nas próximas páginas, procederemos em três fases, analisando o modelo «Europa como motor principal» e as tentativas para ultrapassar tal visão; a

(3) Para uma tipologia, ver John M. Hobson, *The Eurocentric Conception of World Politics: Western International Theory, 1760–2010*, Cambridge (Cambridge University Press) 2012.

relação entre eurocentrismo e as análises centradas na Europa; e, por último, o eurocentrismo conceptual.

Comecemos pelas narrativas eurocêntricas da história mundial. Robert Marks resumiu os pressupostos básicos desta manifestação do eurocentrismo da seguinte forma: «As visões eurocêntricas do mundo veem a Europa como o único modelador ativo da história do mundo, a sua "fonte de origem", se quiserem. A Europa age, o resto do mundo responde. A Europa detém "capacidade de ação", o resto do mundo é passivo. A Europa faz história, o resto do mundo não tem história até entrar em contacto com a Europa. A Europa é o centro, o resto do mundo a periferia. Os Europeus sozinhos são capazes de iniciar a mudança e a modernização, o resto do mundo não o é.» ([4])

O modelo da «Europa como motor principal» foi uma característica que marcou muitas das antigas histórias mundiais. ([5]) Recentemente, tem sido posto em causa por diferentes razões. A mais básica relaciona-se com o esforço generalizado para alcançar narrativas mais inclusivas e geograficamente mais equilibradas, que não saltem simplesmente da Antiguidade Grega para a Revolução Francesa, em função do pressuposto de que esta trajetória estritamente europeia representa, fielmente, a história mundial. Um dos exemplos desta procura por uma equidade geográfica são os doze volumes de Arnold Toynbee da obra *Um Estudo de História* (1934–1961). Quando criticado pelo facto de o espaço destinado à Inglaterra corresponder apenas a um sexto daquele que foi concedido ao Egito,

---

([4]) Robert B. Marks, *The Origins of the Modern World: A Global and Ecological Narrative*, Lanham, MD (Rowman & Littlefield) 2002, 8.

([5]) Como exemplos proeminentes cabe citar: William McNeill, *The Rise of the West: A History of the Human Community*, Chicago (University of Chicago Press) 1963; Eric Jones, *The European Miracle: Environments, Economies and Geopolitics in the History of Europe and Asia*, Cambridge (Cambridge University Press) 1981; David Landes, *The Wealth and Poverty of Nations: Why Some Are So Rich and Some So Poor*, New York (W. W. Norton) 1999 [*A Riqueza e a Pobreza das Nações: Por que são algumas tão ricas e outras tão pobres*; trad. Lucínia Azambuja; Lisboa (Gradiva) 2001]

o autor rebateu: «Reservar um sexto do espaço da obra tanto à Inglaterra como ao Egito é fantástico, e nada, além do facto de eu ser inglês, poderá justificar que tenha ido tão longe. É fantástico, porque a proporção adequada seria, não a de um sexto, mas algo mais próximo de um sexagésimo.» (6) Da mesma forma, histórias globais mais recentes têm adotado uma mais justa distribuição da atenção, atribuindo mais páginas das suas obras ao continente africano e ao Sudeste Asiático, e, geralmente, elaborando narrativas mais inclusivas.

As abordagens antieurocêntricas também procuram libertar a história de uma determinada região da obsessão por se demonstrar as suas ligações com o Ocidente. Enquanto estudos mais antigos equiparavam a «interconexão global» às relações com a Europa, as abordagens mais recentes exploram todo o tipo de contactos de uma região. Vejamos o caso do sul da Ásia na época pré-colonial. A região foi moldada por estreitas redes ao longo das costas do Coromandel e do Malabar, em Guzarate, e, principalmente, através do oceano Índico. Económica e culturalmente, pela difusão do Budismo e do Sânscrito, o sul da Ásia manteve fortes relações com outras regiões: com a África, com o mundo árabe e com o sudeste do continente. Menosprezar estas anteriores conexões e destacar o modo como o colonialismo, alegadamente, libertou a Índia da estagnação e a abriu ao mundo, é uma clara aplicação da conceção eurocêntrica. Vinay Lal advertiu que tais visões eurocêntricas levaram a uma verdadeira «evacuação do "mundo" da história mundial» (7). Da mesma forma, a retórica da «abertura» de locais como a China, a Coreia e o Japão é geralmente utilizada para marcar o início das suas

(6) Arnold J. Toynbee, *A Study of History*, vol. 12: *Reconsiderations*, London (Oxford University Press) 1961, 630.

(7) Vinay Lal, «Provincializing the West: World History from the Perspective of Indian History», *in*: Benedikt Stuchtey and Eckhardt Fuchs (eds.), *Writing World History, 1800–2000*, Oxford (Oxford University Press) 2003, 271–289, citação: 283.

relações com a Europa e os Estados Unidos, independentemente da extensão das suas conexões não-ocidentais.([8])

Esta crítica levou muitos historiadores a desafiarem a trajetória teleológica da maioria das antigas histórias mundiais. Estes argumentam que não é possível falar-se de hegemonia global euro-americana antes do início do século XIX. É que nem a Europa, nem o Ocidente, estiveram alguma vez sozinhos. A recente literatura tem documentado como muitos feitos tidos por europeus foram, na verdade, o resultado de uma série de interações e de fluxos complexos que coalesceram nos centros de poder da Europa e dos Estados Unidos, mas que não se originaram, necessariamente, no mundo ocidental.([9])

Tudo isto encaminha-nos para a nossa segunda questão: a relação entre o eurocentrismo e as análises centradas na Europa. Fazer justiça à diversidade histórica das sociedades e explorar a multiplicidade das conexões entre elas continua a ser uma urgente tarefa dos historiadores globais. É uma tarefa árdua, uma vez que enfrentam, de forma direta, o desafio de evitar extremos opostos e de ignorar o papel das estruturas de poder face a um colorido quadro de histórias locais. O objetivo está em ultrapassar o eurocentrismo sem marginalizar o papel histórico da Europa e dos Estados Unidos. Quando os historiadores saúdam o facto da «história mundial representar um meio particularmente adequado de reconhecimento dos contributos de todos os povos para a história comum do mundo», eles não só assinalam as suas boas intenções ecuménicas, como também correm o perigo de subestimar

---

([8]) Para uma crítica perspicaz, ver Sho Konishi, «Reopening the "Opening of Japan": A Russian-Japanese Revolutionary Encounter and the Vision of Anarchist Progress», *American Historical Review* 112 (2007), 101–130.

([9]) Robert Bartlett, *The Making of Europe*, Princeton (Princeton University Press) 1994; Jack Goody, *The East in the West*, Cambridge (Cambridge University Press) 1996; John M. Hobson, *The Eastern Origins of Western Civilisation*, Cambridge (Cambridge University Press) 2004.

as estruturas de poder.([10]) Por outras palavras, qualquer retrato alternativo das dinâmicas globais não deve esconder os momentos em que a Europa Ocidental e, mais tarde, os Estados Unidos, desempenharam um papel dominante.

Existe, portanto, uma importante diferença entre enfatizar a centralidade europeia num fenómeno concreto e postular uma narrativa eurocêntrica. Dizer que a industrialização ocorreu primeiro em Inglaterra não é eurocêntrico; supor que não poderia ter acontecido em qualquer outro lugar já o *é*. Referir-se à forma como, no final do século XIX, muitas sociedades por todo o mundo começaram a olhar para a Europa e para os Estados Unidos como «modelos», apenas atesta a existência de hierarquias inclinadas a favor do Ocidente e dos desequilíbrios de poder daquela época. Tal observação apenas seria eurocêntrica se insinuássemos que as instituições modernas apenas poderiam ter surgido no Ocidente, para depois serem difundidas para outros locais.

Avaliar o papel da Europa e dos Estados Unidos nos registos históricos é, em última instância, uma tarefa empírica. Indicar as hierarquias geopolíticas e o papel dominante da Europa e dos Estados Unidos em determinados momentos do processo histórico não é, por si só, eurocêntrico. Ao mesmo tempo, é claro que ambas as dimensões (processo e perspetiva) não podem ser inteiramente separadas. Foi precisamente o seu poder geopolítico que criou a narrativa europeia da sua própria ascensão e que tornou os relatos eurocêntricos aparentemente objetivos.

Passemos agora ao terceiro aspeto que nos propusemos abordar — o eurocentrismo conceptual. Neste ponto, eurocentrismo significa a projeção de um conjunto particular de conceitos, valores e cronologias no passado. Dipesh Chakrabarty afirmou que «no que diz respeito ao discurso histórico académico — quer isto dizer, a "história" como discurso produzido no espaço institucional da universidade —,

---

([10]) Jerry H. Bentley, *Shapes of World History in Twentieth-Century Scholarship*, Washington, DC (American Historical Association) 1996, 4–5.

a "Europa" continua soberana, sendo o objeto teórico de todas as histórias, inclusive daquelas que denominamos de "indiana", "chinesa", "queniana", e por aí em diante. Existe um modo peculiar através do qual todas estas outras histórias tendem a tornar-se variações de uma grande narrativa que poderia ser chamada de "história da Europa"». ([11])

Ironicamente, mesmo as narrativas que tentam colocar em suspenso a influência histórica da Europa e que procuram enfatizar as dinâmicas e as trajetórias indígenas podem ser eurocêntricas no seu vocabulário e na sua lógica geral. Por exemplo, recentes trabalhos bastante populares mostram que uma frota chinesa, sob o comando do almirante Zheng He, chegou à Califórnia em 1421 e a Florença em 1434, reivindicando assim a precedência histórica da China. No entanto, identificam como etapas para a modernidade os mesmos eventos da perspetiva eurocêntrica tradicional — nomeadamente, a descoberta das Américas e o Renascimento, ambos marcos que agora atribuem à China. ([12])

Entre os trabalhos académicos, o convite de André Gunder Frank a uma reorientação, em *ReOrient*, aponta, logo no seu título, para uma deslocação do eurocentrismo em direção a um sinocentrismo enfático. Ao mesmo tempo que Frank reduz o domínio europeu a um breve interlúdio, a sua narrativa assenta nos mesmos parâmetros — mercados, comércio e crescimento económico — que também regeram a ortodoxia eurocêntrica. ([13]) O resultado é uma simples reversão que não coloca qualquer desafio de fundo às narrativas históricas e aos conceitos subjacentes.

([11]) Dipesh Chakrabarty, «Postcoloniality and the Artifice of History: Who Speaks for "Indian" Pasts?» *Representations* 37 (1992), 1–26, citação: 1.

([12]) Sobre esta história mítica, ver Gavin Menzies, *1421: The Year China Discovered the World*, London (Bantam) 2003; Menzies, *1434: The Year a Magnificent Chinese Fleet Sailed to Italy and Ignited the Renaissance*, London (HarperCollins) 2008.

([13]) André Gunder Frank, *ReOrient: Global Economy in the Asian Age*, Berkeley, CA (University of California Press) 1998.

Essencialmente, a razão pela qual isto acontece resulta do facto de as disciplinas modernas terem sido geradas na Europa e terem sido rapidamente adotadas em todo o mundo. No decurso do século XIX, sob a pressão da integração global e da hegemonia ocidental, os parâmetros e os conceitos dos campos académicos europeus conquistaram um estatuto hegemónico para lá das sociedades para as quais tinham sido originalmente concebidos. A história europeia era vista como modelo de desenvolvimento universal em lugares como a Argentina, a África do Sul, a Índia ou o Vietname. Essa visão, enraizada nas ferramentas conceptuais das modernas ciências sociais, foi, portanto, constantemente reiterada e reproduzida, muitas vezes de forma inconsciente. Termos aparentemente analíticos como «nação», «revolução», «sociedade» e «civilização» transformaram uma experiência provincial (europeia) numa teoria (universalista) que pré-estruturava a interpretação de todos os passados locais. «Apenas a "Europa"», como Chakrabarty resumiu, «pode ser teoricamente cognoscível; todas as outras histórias são matéria de estudos empíricos que complementam o esqueleto teórico que é substancialmente "Europeu"».([14]) Na prática historiográfica, o recurso à terminologia europeia e à subjacente filosofia desenvolvida *na* e *para* a Europa, culminaram em narrativas que dão conta da longa progressão do feudalismo à sociedade civil, da tradição à modernidade. As diferenças históricas e as trajetórias específicas das sociedades não-ocidentais, são normalmente descritas numa terminologia de carência e fracasso, na retórica do «ainda não» e compreendidas como deficitárias.

Para sermos claros, a «Europa» de que falamos aqui foi mais um produto da imaginação do que uma realidade geográfica; foi uma categoria reificada, imbuída de esperanças e medos e repleta de assimetrias do poder geopolítico. O facto de a Europa nunca ter sido uma entidade homogénea, mas antes consideravelmente heterogénea, não afetou a atração exercida pelo conceito. Na verdade, as hierarquias

---

([14]) Chakrabarty, «Postcoloniality and the Artifice of History», 3.

eurocêntricas também foram aplicadas dentro da Europa, como demonstra a imagem de uma Europa Oriental supostamente passiva e atrasada.([15]) Ao mesmo tempo que partes da Europa eram excluídas, o eurocentrismo do final do século XIX alastrou-se e passou a incluir os Estados Unidos. Ao invés de eurocentrismo, seria mais preciso falarmos em «epistemologias historicistas euro-americanas».([16])

Libertar a história global da grande narrativa eurocêntrica continua hoje a ser um complexo desafio epistemológico e metodológico. Para mais, é ainda um problema político. O trabalho é maior e mais árduo do que uma simples reavaliação do papel da Europa (e dos Estados Unidos) na história mundial, uma vez que os antigos conceitos «europeus», hoje «universalizados», contam com uma forte história em muitas partes do mundo, e que as narrativas da modernização, que seguem os critérios ocidentais, estão fortemente arreigadas em muitos ambientes institucionais.

Na tentativa de abandonarem as perspetivas eurocêntricas, os historiadores têm optado por dois principais caminhos. Um é destacando o carácter posicional de toda a escrita histórica e, com este fim em mente, defendendo a multiplicação das interpretações provenientes de diferentes lugares. É justamente esta *posicionalidade* que discutiremos no resto deste capítulo, juntamente com a sua Némesis: o deslize para modos de pensamento nativista e para versões alternativas de centrismo. O segundo caminho, a preocupação com os conceitos e a terminologia, ficará para o próximo capítulo.

([15]) Larry Wolff, *Inventing Eastern Europe: The Map of Civilization on the Mind of the Enlightenment*, Stanford, CA (Stanford University Press) 1994. Ver também Dominic Sachsenmaier, «Recent Trends in European History: The World beyond Europe and Alternative Historical Space», *Journal of Modern European History* 7 (2009), 5–25.

([16]) Arif Dirlik, «Thinking Modernity Historically: Is "Alternative Modernity" the Answer?», *Asian Review of World Histories* 1 (2013), 5–44.

Posicionalidade

Para corrigir o eurocentrismo, os defensores da história global têm enfatizado o carácter posicional das perspetivas históricas. Tiram partido das críticas formuladas no campo dos estudos pós-coloniais e nos apelos para ir mais além da ficção de um ponto de observação arquimediano e neutral: pois esta «arrogância do ponto zero», nas palavras do filósofo colombiano Santiago Castro-Gómez, encobre as relações de poder que enquadram a formação do conhecimento. Os académicos pós-coloniais propuseram, assim, virar de cabeça para baixo o lema de Descartes: «Ao invés de assumir que *pensar* surge antes do *ser*, supõe-se que é o corpo racialmente marcado num determinado espaço geo-histórico que sente o impulso, ou recebe o chamamento, para falar».(17)

Como qualquer outra forma de historiografia, a história global é invariavelmente influenciada pelas condições nas quais emerge e pelo contexto social específico no qual é escrita. Mesmo se o objeto de estudo é o mundo, tal não significa que interpretações uniformes sejam compreendidas, e muito menos aceites, em todo o lado. Assim como historiadores sérvios e franceses podem defender visões distintas sobre a eclosão da I Guerra Mundial (o que, de facto, acontece), também as representações da história mundial podem diferir radicalmente: nos assuntos que elegem como centrais, naquilo que omitem e na interpretação de eventos que analisam. O significado de cada questão individual (tomemos, por exemplo, a escravatura) muda consideravelmente, dependendo se a observamos do ponto de vista angolano ou nigeriano, brasileiro ou cubano, francês ou inglês. Nem tão-pouco o significado daquilo em que consiste o «mundo relevante» é igual em todas as sociedades ou nações.

---

(17) Santiago Castro-Gómez, *La Hybris del Punto Cero*, Bogotá (Editorial Pontifica Universidad Javeriana) 2005; Walter Mignolo, «Epistemic Disobedience, Independent Thought and Decolonial Freedom», *Theory, Culture & Society* 26 (2009), 159–181, citação: 160.

Como consequência, alguns dos seus autores equiparam a história global ao apelo para multiplicar as perspetivas e para aumentar o espectro das interpretações, adicionando vozes ao coro historiográfico: os sotaques da história mundial chinesa, zulu ou aborígene. Um dos apelos da história global, com a sua diversidade de narrativas históricas, tem sido a promessa de capacitar e fortalecer as pessoas de lugares até agora negligenciados e de lhes possibilitar uma reivindicação do seu passado.

Claro que não devemos exagerar as diferenças, nem tão-pouco atribuir às restantes perspetivas um carácter exótico. Hoje, a historiografia académica é um fenómeno transnacional com agendas, metodologias e modelos interpretativos que rapidamente se difundem através das fronteiras. O diálogo transnacional dos historiadores tem nivelado muitas das idiossincrasias que podem ter caracterizado as épocas anteriores. Mais ainda, o abraço de boas-vindas extensivo a todos e a cada um — «Como mudaria o passado do mundo se este fosse escrito por todos os seus habitantes?» — não está isento de problemas.([18]) Muitas vezes, este apelo à inclusão pode ser impulsionado pelo desejo de compensar a parcialidade das antigas histórias mundiais, ou até pela ânsia de redimir o sofrimento humano e as injustiças do passado. No pior dos cenários, o resultado pode ser o aparecimento de uma mera história compensatória. Além disso, uma vez que os historiadores geralmente não falam em nome próprio, mas em nome de grupos alargados, a questão da representatividade precisa de ser tratada. Por último, por razões normativas, a consideração por mais vozes «indígenas» — pensemos nos criminosos nazis — não é, por definição, emancipatória.

Não obstante, reconhecer a existência de múltiplos pontos de vista sobre o mundo — tanto dos atores históricos, como dos atuais historiadores — é um avanço importante. Ao nível prático, isto força os historiadores a serem conscientes tanto

---

([18]) Douglas Northrop, «Introduction: The Challenge of World History», *in*: Northrop, *Companion to World History*, 1–12, citação: 4.

da autonomia de ação como das perceções dos diferentes atores. Ao incluí-las nas suas análises, a história colonial deixa de estar limitada ao relato dos colonizadores, os encontros missionários circunscritos à perspetiva dos agentes das missões e os estudos sobre conflitos fronteiriços reduzidos a um dos lados. Para que o retrato fique completo, é necessário reconhecer que coexistem muitas leituras concorrentes e, por vezes, mutuamente exclusivas do passado global.

A história está bem longe das ciências naturais, uma vez que não se transformou ainda numa disciplina global. O peso das constelações locais, nacionais e regionais na disciplina é ainda muito forte. Dada a sua proximidade a instituições estatais e à memória coletiva, estes fatores locais continuarão a influenciar o estudo do passado. A competição entre diferentes interpretações pode vir a tornar-se ainda mais intensa no futuro. Escrever história global permanece um esforço intrinsecamente diverso. No seu instrutivo estudo de caso, Dominic Sachsenmaier utilizou o exemplo dos Estados Unidos, da China e da Alemanha para demonstrar que, apesar das intenções transnacionais dos seus praticantes, a história global tem permanecido, invariavelmente, refém de parâmetros nacionais, de enquadramentos institucionais e de preocupações políticas e culturais. Estes contextos criaram historiografias que não só diferem normativamente, como também do ponto de vista conceptual. Mesmo conceitos tão gerais como «globalização», «modernidade» e «história» encontram-se investidos de diferentes significados em diferentes locais. ([19]) Quantos mais casos incluirmos, mais evidente se tornará a heterogeneidade das perspetivas do mundo sobre o seu passado. Nem todas estas versões terão de carregar o mesmo peso ou terão a mesma tração ou plausibilidade, mas isso significa ainda que, até certo ponto, a história global «pode ser escrita, em última instância, apenas enquanto

([19]) Dominic Sachsenmaier, *Global Perspectives on Global History: Theories and Approaches in a Connected World*, Cambridge (Cambridge University Press) 2011, 1–10.

historiografia — como descrição, não apenas das diferentes conceptualizações do mundo, mas dos diferentes modos de conceber o passado.» ([20])

Tudo isto desencadeou esforços no sentido de se recuperarem pontos de vista até então marginalizados e para lhes garantir cidadania historiográfica. Para citar um exemplo entre muitos, examinaremos brevemente o caso africano. À semelhança do que acontece a propósito de outros lugares, o *pedigree* de tais intervenções antieurocêntricas remontam ao século XIX. Os seus primeiros expoentes incluem pensadores como Frederick Douglass e Edward Wilmot Blyden e, mais tarde, W. E. B. DuBois, cuja obra *The World and Africa: An Inquiry into the Part Which Africa Has Played in World History* (1946) é um clássico seminal. ([21]) Na era da descolonização, os lamentos quanto ao estatuto marginal do continente africano na arena da história mundial tornaram-se mais veementes. Os historiadores pediram uma ação afirmativa — mais conhecimento sobre o papel dos africanos, sobre os seus antigos impérios, mais sobre as conquistas das civilizações africanas. Mas estas críticas incluíam ainda questões mais teóricas; académicos como Martin Bernal, Valentin Mudimbe, Paul Gilbroy, entre outros, defenderam, convincentemente, a inclusão de modelos alternativos de conhecimento de molde a desafiar concretamente o eurocentrismo que consideravam estar na raiz da marginalização africana. ([22])

([20]) Arif Dirlik, «Performing the World: Reality and Representation in the Making of World Histor(ies)», *Journal of World History* 16 (2005), 391–410.

([21]) Maghan Keita, *Race and the Writing of History: Riddling the Sphinx*, Oxford (Oxford University Press) 2000.

([22]) Martin Bernal, *Black Athena: The Afroasiatic Roots of Classical Civilization*, New Brunswick, NJ (Rutgers University Press) 1987; Valentin Y. Mudimbe, *The Invention of Africa: Gnosis, Philosophy, and the Order of Knowledge*, Bloomington, IN (Indiana University Press) 1988; Paul Gilroy, *The Black Atlantic: Modernity and Double-Consciousness*, Cambridge, MA (Harvard University Press) 1993; Joseph C. Miller, «History and Africa/ Africa and History», *American Historical Review* 104 (1999), 1–32.

Quão alternativa é, no entanto, a «alternativa»? Será que a diferença se traduz em incomensurabilidade? Na sua procura por uma «justiça geográfica», alguns historiadores embarcaram na difícil «tarefa de encontrar narrativas puramente africanas».([23]) Face aos muitos séculos de intenso intercâmbio entre o oceano Atlântico e o Índico, pode facilmente duvidar-se da existência de algo «puramente africano». O mesmo, claro, pode ser dito relativamente à pretensão a um estado de pureza, seja esta francesa, turca, russa ou colombiana. Colocando as coisas num ponto mais generalista, podemos afirmar que existe somente uma linha muitíssimo ténue a separar o reconhecimento da *posicionalidade* da afirmação de incompatibilidade cultural. Dirigir a nossa atenção para o enraizamento cultural e social de todo o historiador ajudar-nos-á a ter em consideração a ótica que influencia todas as interpretações do passado. No entanto, visões radicalmente alternativas — a abordagem aborígene, nativo-americana ou chinesa à história — podem facilmente resvalar em novas formas de centrismo que dificultam, se não impossibilitam de todo, a conversação fora dos limites dessas epistemologias nativas.

A proliferação de centrismos e o retorno da civilização

De facto, tais centrismos estão na agenda do dia, e isto à escala global. A partir da década de 1990, no rescaldo da Guerra Fria, o eurocentrismo testemunhou uma reversão gradual da sua sorte, sendo cada vez mais atacado no interior do seu próprio território. Por vários motivos, uma multiplicidade de centrismos começou a emergir e a reivindicar

---

([23]) Steven Feierman, «African Histories and the Dissolution of World History», *in*: Robert H. Bates, V. Y. Mudimbe, e Jean O'Barr (eds.), *Africa and the Disciplines: The Contributions of Research in Africa to the Social Sciences and Humanities*, Chicago (University of Chicago Press) 182–216, citação: 198.

reconhecimento. Estes centrismos do Sul global — apresentados como uma frente de libertação do domínio ocidental — são indicadores da reconfiguração simbólica do espaço que a transformação da ordem mundial contemporânea desencadeou. Ao mesmo tempo, eles podem ser entendidos como parte da mercantilização do conhecimento, numa era de renovada integração capitalista, na qual a diversidade cultural emergiu como um bem comercializável. Para mais, as ondas de choque globais do 11 de Setembro de 2001 contribuíram para a intensificação da defesa das essências civilizacionais em vários locais — do Egito à Índia, mas também nos Estados Unidos.

Muitos destes novos centrismos foram formulados a partir da linguagem da civilização. O modelo do pensamento civilizacional, embora remonte ao século XIX, voltou em força com a desintegração da ordem mundial bipolar do pós-guerra. Aquilo que parece ser um retorno dos antigos esquemas interpretativos, deve, por outras palavras, ser principalmente entendido como resposta às atuais experiências da globalização. De alguma forma, o paradigma da civilização pode ser interpretado como uma variante específica da história global popular, baseada, em certa medida, nas geologias locais e, também, em conceitos tão diferentes como «choque de civilizações» e o apelo por «modernidades alternativas». No entanto, em muitos outros sentidos, esta abordagem contraria o conceito de história global que aqui propomos. Ao invés de ressaltar os entrelaçamentos e as interações, o discurso civilizacional tende a aguçar a noção de fronteiras e de especificidade cultural.([24])

O espectro de modelos de civilização é amplo: e, pesem embora todas as suas semelhanças estruturais e narrativas, as suas manifestações variam consideravelmente de lugar para lugar. Todas são inerentemente populistas, cujas dinâmicas são fomentadas por conflitos locais e nacionais. No rescaldo da Guerra Fria, o regresso do conceito de civilização pôde ser

---

([24]) Veja-se Dirlik, «Thinking Modernity».

observado em quase todo o mundo. O afrocentrismo, por exemplo, popular tanto nos Estados Unidos como em partes da África, inverteu as antigas abordagens eurocêntricas para passar a imagem de uma Civilização Africana homogénea que seria, moral e culturalmente, muito superior à Civilização Europeia.([25]) No Médio Oriente, como por exemplo na Turquia e no Egito, são comuns as alegações quanto à diferença ontológica das sociedades islâmicas, sobretudo entre as elites nacionalistas que procuram libertar-se da dependência intelectual face ao Ocidente. A Malásia é outro dos lugares onde uma versão alternativa da história mundial emergiu: no caso da Malásia, sob a forma de uma crescente popularidade da história baseada na religião. Na Universidade Islâmica Internacional da Malásia, o Departamento de História e Civilização começou a lecionar uma história mundial islâmica, inspirada no Corão e guiada pela ideia de revelação, desafiando assim as metanarrativas da história mundial assentes na noção de progresso.([26])

No sul da Ásia, autores como Ashis Nandy lançaram uma crítica fundamental a alguns dos princípios da historiografia moderna. Para Nandy, o modo de escrever história é, em si mesmo, um instrumento da hegemonia ocidental. Mesmo nos dias de hoje, diz-nos o autor, a grande maioria da população indiana não pensa segundo as categorias da historicidade. Pensar segundo a história, argumenta, é ignorar outras formas de aceder ao passado, o que nos condena a somente um futuro

([25]) Cheikh Anta Diop, *Civilization or Barbarism: An Authentic Anthropology*, New York (Lawrence Hill) 1991; Molefe Kete Asante, *The Afrocentric Idea*, Philadelphia, PA (Temple University Press) 1998; Ama Mazama (ed.), *The Afrocentric Paradigm*, Trenton, NJ (Africa World Press) 2003. Para uma avaliação crítica, ver Stephen Howe, *Afrocentrism: Mythical Pasts and Imagined Homes*, London (Verso) 1998.

([26]) Ahmed Ibrahim Abushouk, «World History from an Islamic Perspective: The Experience of the International Islamic University Malaysia», *in*: Patrick Manning (ed.), *Global Practice in World History: Advances Worldwide*, Princeton (Markus Wiener) 2008, 39–56.

possível. ([27]) Também a Ásia Oriental foi contagiada pela febre da civilização na década de 1990. No Japão, autores como Kawakatsu Heita utilizaram o conceito para propor uma forma alternativa da história mundial, que Heita explicitamente opôs às narrativas dominantes no Ocidente, como a teoria dos sistemas-mundo. Por exemplo, interpretou o período de 1600 a 1853, período esse em que o Japão manteve uma rígida política de isolamento, como a fase em que a cultura indígena japonesa mais amadureceu, protegida das influências da China e do Ocidente. Heita apelou ainda ao retorno da autossuficiência e à criação de um «nicho ecológico» (*sumiwake*) no qual os japoneses pudessem voltar a viver isolados do mundo globalizado. ([28])

Enquanto observamos a ascensão do fundamentalismo cultural em muitas sociedades, o sinocentrismo permanece, até hoje, como o mais poderoso de entre estes centrismos alternativos. Em parte, tal deve-se ao proeminente papel da China no palco mundial, assim como aos desafios económicos, mas também políticos, que o país coloca na ordem internacional. A proeminência chinesa incitou muitos académicos, dentro e fora do país, a re-imaginar as trajetórias históricas, de forma a torná-las consonantes com o papel privilegiado da China, no presente e no passado. ([29]) O sinocentrismo baseia-se num suposto núcleo cultural que se contrapõe a um Ocidente material. Está normalmente associado ao Confucionismo, considerado o símbolo das tradições intemporais que sobreviveram às transformações da sociedade moderna. O ressurgimento do legado confuciano foi inicialmente impulsionado por académicos dos Estados Unidos, Hong Kong, Taiwan e Singapura, muitos deles chineses emigrados, antes de ser entusiasticamente retomado na China,

---

([27]) Ashis Nandy, «History's Forgotten Doubles», *History and Theory* 34 (1995), 44–66.

([28]) Kawakatsu Heita, *Nihon bunmei to kindai seiyō: 'Sakoku' saikō*, Tokyo (NHK Books) 1991.

([29]) Sachsenmaier, *Global Perspectives on Global History*, 200–206.

na década de 1990. Na esfera política, o mesmo encontra-se plasmado em *slogans* populares como «valores asiáticos», uma ética defendida pelo doutor Mahathir Mohamad e Lee Kuan Yew, antigos primeiros-ministros da Malásia e de Singapura, respetivamente. ([30])

Embora a ascensão da China tenha incentivado o sinocentrismo, ironicamente despoletou também um refortalecimento do eurocentrismo. Esta situação pode parecer surpreendente, dada a crítica já antiga quanto à hegemonia conceptual ocidental que imperava nos Estados Unidos, na Europa, mas também em muitos outros pontos do mundo. Apesar desta forte corrente crítica, a grande narrativa eurocêntrica experienciou, de facto, uma renovada popularidade no século XXI. Os acontecimentos do 11 de Setembro de 2001, em particular, concederam uma nova plausibilidade ao velho burburinho em torno de um iminente «choque de civilizações». Os historiadores responderam ao público faminto de identidade «ocidental» com narrativas assentes num desenvolvimento europeu autónomo. Graças a esta «incansável criatividade e espírito libertário», segundo reza o argumento, «o Ocidente sempre existiu num patamar distinto relativamente ao das restantes culturas do mundo». ([31]) A dinâmica da transformação global, consequentemente, surge como que conduzida pela difusão das conquistas e das descobertas das sociedades ocidentais. ([32]) No campo académico, no seu conjunto, este gritante eurocentrismo permaneceu marginal; mas na opinião

---

([30]) Sachsenmaier, *Global Perspectives.*

([31]) Ricardo Duchesne, *The Uniqueness of Western Civilization*, Leiden (Brill) 2011, x.

([32]) Entre os exemplos encontramos John M. Headley, *The Europeanization of the World: On the Origins of Human Rights and Democracy*, Princeton (Princeton University Press) 2008; Anthony Pagden, *Worlds at War: The 2,500-Year Struggle between East and West*, Oxford (Oxford University Press) 2008; Toby E. Huff, *Intellectual Curiosity and the Scientific Revolution: A Global Perspective*, Cambridge (Cambridge University Press) 2010.

pública em geral, e nas margens do sistema educacional, as visões eurocêntricas saíram-se muito melhor.

Nos Estados Unidos, o novo eurocentrismo tem de ser contextualizado no interior das chamadas «Guerras Culturais», que atingiram a academia na década de 1990, mas também tendo em conta as reações populares contra a multiculturalidade, a polarização da cultura política no pós-11 de Setembro e a ascensão do Tea Party. ([33]) Está ainda conectado com o ressurgimento dos fundamentalismos religiosos e com as tentativas de incutir uma narrativa cristã à opinião pública. As consequências não se esgotam nas narrativas quanto à unicidade da própria nação e civilização. Sentem-se, ainda, nas versões da história mundial profundamente marcadas pela lógica nativista, em claro paralelo com os contemporâneos textos afrocêntricos e islamocêntricos. Este novo eurocentrismo retrata a história do Ocidente como um processo de autorrealização cristã, contrastando bruscamente com as sociedades não-ocidentais, vistas como que encurraladas nos grilhões da superstição, da militância e do fanatismo. ([34]) Apesar de escritas frequentemente num modo triunfante, muitas obras deste campo transmitem a sensação de que o Ocidente é hoje um castelo cercado, muito embora não deixem também de transparecer o medo de «estarmos a viver o fim de 500 anos de ascensão ocidental.» ([35]) Num certo sentido, trata-se de um eurocentrismo revisitado — na substância conta a mesma velha história, mas a maré mudou e já não é o poder

([33]) Gary B. Nash, Charlotte A. Crabtree e Ross E. Dunn, *History on Trial: Culture Wars and the Teaching of the Past*, New York (Vintage Books) 2000; Jill Lepore, *The Whites of Their Eyes: The Tea Party's Revolution and the Battle over American History*, Princeton (Princeton University Press) 2010.

([34]) George Thompson e Jerry Combee, *World History and Cultures in Christian Perspective*, Pensacola, FL (A Beka Book) 1997. Ver também Frances R. A. Paterson, *Democracy and Intolerance: Christian School Curricula, School Choice, and Public Policy*, Bloomington, IN (Phi Delta Kappa) 2003.

([35]) Niall Ferguson, *Civilisation: The West and the Rest*, London (Allen Lane) 2011, prefácio à edição britânica.

de outrora. Se foi, no passado, a base inquestionável da hegemonia europeia, hoje o eurocentrismo não passa de um etnocentrismo entre muitos outros.

Para lá do debate sobre o centrismo e a cultura

Nas décadas globalizadas que se seguiram à Guerra Fria, o aparecimento simultâneo, em vários lugares, da conversa em torno da civilização, não foi acidental. Embora muitos historiadores sejam céticos quanto ao valor das narrativas civilizacionais, elas são, geralmente, bem-recebidas pela opinião pública. Muitas vezes conotado com agendas nacionalistas e, por vezes, xenófobas, o conceito retira parte do seu apelo global do facto de sugerir respostas simples a problemas levantados pela transformação da ordem global. Oferece um ponto de vantagem a partir do qual é possível não só articular a crítica à iminente homogeneização global, como expor reservas quanto à migração global e ao desconforto face à hegemonia dos Estados Unidos. Como contradiscurso da globalização, a abordagem civilizacional defende a existência de zonas culturalmente autónomas, repositórios de supostas tradições puras, que irão criar vias de desenvolvimento únicas e específicas para cada região.

Esquematicamente, as distintas versões da perspetiva civilizacional partilham certas semelhanças. Todas elas atuam dentro de uma conceção dicotómica do mundo, apresentando as suas civilizações por oposição ao «Ocidente». É típica a noção de que cada civilização tinha uma natureza intrinsecamente pacífica, algo que teria mudado após o contacto com o Ocidente. Muitas destas abordagens comungam de uma esperança na futura vitalidade das suas civilizações — seja esta Islâmica, Africana, Chinesa ou Guarani —, potencial que só se materializará com a restauração das formas de racionalidade, fé e ordem social indígenas. Embora as diferentes formas de centrismo enfatizem a particularidade e a unicidade das suas sociedades, elas chamam a si os mesmos argumentos e alimentam-se dos mesmos pressupostos. Tal tem facilitado trocas entre elas, mesmo que estas similaridades possam obscurecer divergências reais sobre questões de ideologia e influência política.([36])

A proliferação de centrismos, facilitada pelo ímpeto de viragem da ordem internacional, tem sido frequentemente o trabalho daqueles que poderíamos designar de «empreendedores nativistas». Os seus apelos por uma modernidade alternativa integram um campo complexo de lutas. Em parte, trata-se de conflitos internos sobre possíveis futuros no seio das suas próprias sociedades; a insistência nas formas indígenas de conhecimento pode servir para descredibilizar reivindicações sociais e políticas rivais. São ainda o fruto da competição internacional entre elites. Neste sentido, as visões alternativas de modernidade servem para apontar um caminho de modernidade que já não advém da cultura euro-americana, mas que é antes o produto das tradições indígenas. É interessante verificar que estas reivindicações raramente culminam numa crítica ao conceito de modernidade em si mesmo. A este respeito, o conceito de civilização, na sua atual aceção, difere consideravelmente do dos seus precursores históricos. Durante a II Guerra Mundial, por exemplo, intelectuais japoneses procuraram, numa conhecida conferência em Tóquio, estratégias para «ultrapassar a modernidade». Nos dias de hoje, é raro encontramos uma retórica deste género. No seu lugar, mobilizam-se as respetivas tradições como recursos para estabelecer vias de acesso a um futuro capitalista, mas que sejam especificamente chinesas, islâmicas, japonesas ou euro-americanas. Na maioria das vezes, o conceito de civilização

---

([36]) Relativamente a esta cooperação académica, ver Molefe Keta Asante, Yoshitaka Miike, e Jing Yin (eds.), *The Global Intercultural Communication Reader*, 2nd edition, New York (Routledge) 2013. Para uma perspetiva histórica das conversações transnacionais entre protagonistas da singularidade cultural, veja-se Dominic Sachsenmaier, «Searching for Alternatives to Western Modernity», *Journal of Modern European History* 4 (2006), 241–159.

serve como justificação cultural para caminhos alternativos rumo à modernização, e não como alternativas à modernidade em si mesma.

Apesar desta obsessão com a particularidade, os proponentes da busca por modernidades alternativas operam na arena internacional. Tal significa que os seus protagonistas, os empreendedores nativistas, respondem a exigências do mercado intelectual global e não só aos apelos à tradição e a antigos modos de vida. Arif Dirlik colocou uma comovente pergunta: «Será possível que aqueles que atualmente reivindicam "modernidades alternativas" estejam mais próximos daqueles a quem são a alternativa do que dos seus antepassados nacionais ou civilizacionais com os quais assumem partilhar uma identidade cultural?» ([37]) Não é por acaso que muitos defensores das ideologias centristas acabaram por desenvolver uma paixão pelas epistemologias indígenas em situação de diáspora. As críticas ao eurocentrismo e os apelos a perspetivas alternativas deterioram-se, muitas vezes, em formas de essencialismo cultural e de política da identidade.

Ainda assim, isto não deve desencorajar qualquer tentativa de tomada de consciência quanto à *posicionalidade*, e muito menos qualquer reflexão crítica sobre as estruturas contemporâneas de produção do conhecimento, questões essas que continuam a ser urgentes. De facto, as distintas perspetivas sobre o mundo e a descentralização das interpretações sobre o passado continuam a ser pontos cruciais. O desafio está em navegar entre as categorias eurocêntricas — arreigadas como são às estruturas institucionais de produção do saber — e a ausência de conversação entre os paradigmas indígenas. Por outras palavras, a questão é: como podemos traçar melhor a fronteira entre a *posicionalidade* e o nativismo dos novos centrismos?

A mais promissora das respostas será aquela que não destaque o carácter inerentemente cultural das diferentes perspetivas. Pelo contrário, os académicos devem centrar-se

---

([37]) Dirlik, «Thinking Modernity», citação: 15.

na confluência das constelações políticas, económicas, institucionais e culturais que afetaram e moldaram a maneira como as relações de poder dominantes influenciaram os modos de conhecimento. Posto de uma forma mais simples: as visões que competem entre si não são simplesmente expressão de culturas distintas; pelo contrário, o que agora promovemos como «cultura» foi ela própria trabalhada e modificada por forças poderosas, entre as quais o imperialismo, a integração capitalista e a Guerra Fria. Qualquer tentativa de recuperar estas tradições deve começar pela reconstrução do processo pelo qual as antigas formas de pertença regional e de «civilização» foram reelaboradas, e não pela alegada intocabilidade da essência cultural. Posto isto, a *posicionalidade* nunca é fruto, por si só, da cultura e/ou do discurso. Ela está, na verdade, fortemente embutida nas relações de poder do passado e do presente, e através da ação de fatores institucionais e da desigual integração das sociedades nas estruturas da economia política global. Não devemos, por isso, conceber as diferenças nacionais como factos naturais e incontestados, nem como expressões diretas da incomensurabilidade das culturas.([38])

E isto é tanto mais válido, quanto mais problemático se torna estabelecer uma diferenciação clara entre posições nacionais e civilizacionais. Os intelectuais da academia globalizada falam em nome de quem? O saber histórico está de tal forma interconectado ao nível internacional, que até as

---

([38]) Alguns passos promissores têm sido dados nessa direção. Veja-se um conjunto de tentativas recentes para desenvolver as propostas pioneiras do filósofo japonês Takeuchi Yoshimi no seu artigo «Hōhō to shite no Ajia [*Asia as Method*]», *in*: Takeuchi Yoshimi, *What is Modernity? Writings of Takeuchi Yoshimi*, editado, traduzido e com uma introdução de Richard Calichman, New York (Columbia University Press) 2005, 149–165. Ver também, a título de exemplo, Arif Dirlik, «Revisioning Modernity: Modernity in Eurasian Perspectives», *Inter-Asia Cultural Studies* 12 (2011), 284–305; Kuan-hsing Chen, *Asia as Method: Toward Deimperialization*, Durham, NC (Duke University Press) 2010; Wang Hui, «The Politics of Imagining Asia: A Genealogical Analysis», *Inter-Asia Cultural Studies* 8 (2007), 1–33.

explicações e interpretações que insistem nos pontos de vista das suas próprias nações, raramente exprimem fundamentais diferenças culturais que não sejam mediadas por outros fatores. Onde colocaríamos alguém como Dipesh Chakrabarty, que nasceu em Bengala, se formou na Austrália, trabalha com textos europeus, ensina em Chicago e ainda participa em conferências em quase todo o mundo? Como resultado das traduções e dos congressos, das publicações em outras línguas, das carreiras internacionais dos próprios historiadores e das suas audiências internacionais de estudantes e leitores, determinadas posições não podem, muitas vezes, ser prontamente atribuídas a um local específico.

Por último, e é importante salientar, escrever a partir de um contexto cultural específico é apenas uma das razões pelas quais as interpretações podem diferir. É importante que existam diálogos entre as perspetivas do «Ocidente» e da «África», da «Rússia» e da «China», mas não devemos organizar a história global como se dos Jogos Olímpicos se tratasse. De facto, embora no nosso mundo globalizado a nação e a cultura recebam grande parte da nossa atenção, muitos outros fatores têm, no mínimo, um impacto igualmente poderoso nas narrativas históricas. As diferenças políticas e sociais, em especial, podem influenciar de forma profunda as narrativas sobre o passado. Opor diferentes pontos de vista políticos geralmente degenera em interpretações contrastantes, tanto dentro como fora de determinada sociedade. O apelo à «história vinda de baixo», ou aos estudos subalternos, promete apresentar novas leituras, até então marginalizadas, sobre o desenvolvimento histórico. Esta conversa cultural e a procura por epistemologias alternativas podem, assim, ofuscar diferenças internas e atribuir, por exemplo, de forma errónea, o rótulo de «africanas» a um conjunto de interpretações contraditórias.([39])

([39]) Arif Dirlik, *Culture and History in Post-Revolutionary China: The Perspective of Global Modernity*, Hong Kong (Chinese University of Hong Kong Press) 2011.

Para evitar este essencialismo cultural, os académicos têm proposto paradigmas alternativos que não dependem da premissa da alteridade cultural. Por exemplo, Jean e John Comaroff afirmaram que o seu projeto sobre «a teoria do Sul» não se trata de «teorias de pessoas que podem ser, total ou parcialmente, do Sul (...). É antes sobre o efeito do *próprio* sul na teoria.» Por outras palavras, posições alternativas tomam em consideração experiências históricas alternativas, mas não pressupõem que os académicos tenham vivido essas mesmas experiências. Escrever a partir do «Sul» do globo, consequentemente, não é, antes de mais, uma designação geográfica ou étnica, mas sim uma posição epistemológica. ([40])

Isto é realmente importante, uma vez que as histórias mundial e global — tal como todo o saber académico — são escritas principalmente por membros das classes médias urbanas e intelectuais, e também, maioritariamente, por homens. Face a estes mecanismos de desigualdade e exclusão, seria um erro (se não mesmo algo completamente ideológico), elevar estas perspetivas nacionais/civilizacionais ao mais alto critério de distinção. Um poderoso discurso cultural sugere que as desigualdades e as posições em competição do atual mundo globalizado devem ser primordialmente atribuídas às essências nacionais, se não mesmo culturais. Ao fazê-lo, acaba por ocultar os fatores estruturais e materiais que governam a economia política global. A ideia de que a cultura faz toda a diferença é, em si mesma, um efeito da globalização contemporânea e da mercantilização dessas mesmas diferenças.

([40]) Jean Comaroff e John Comaroff, «Theory from the South: A Rejoinder», *Cultural Anthropology*, March 2012, http://culanth.org/fieldsights/273--theory--from--the--south--a--rejoinder. Ver também Marcelo C. Rosa, «Theories of the South: Limits and Perspectives of an Emergent Movement in Social Sciences», *Current Sociology* 62 (2014), 851–867.

CAPÍTULO 9

Criação de mundos e conceitos da história global

Enquanto abordagem distinta, a história global refere-se a uma perspetiva específica, a uma forma de criar ou de fazer o mundo. Nem «mundo» nem «global» são categorias evidentes e naturais. Elas aparecem como resultado de questões e de interesses específicos. Isto é particularmente notório na conjuntura atual, em que uma retórica da globalização acabou por impregnar a esfera pública. Neste contexto, políticos e académicos, artistas e movimentos sociais, cada um à sua maneira, têm evocado o «global» como categoria prática e cognitiva. Ora, também os historiadores fazem parte desta tendência mais geral.

Quando se referem ao «mundo» como uma moldura constitutiva, os historiadores não estão apenas a formular afirmações descritivas, dado que a história global corresponde, em parte, a um esforço construtivista. Até certo ponto, ela cria o seu próprio objeto. A este respeito, a história global assemelha-se a outras abordagens, tais como a história social ou a história do género, na medida em que formatam a realidade do passado segundo a visão particular que têm do seu objeto. Quanto mais examinam os documentos à procura de elos de ligação e de trocas, mais conexões os historiadores globais encontram. Estão, por isso, mais dispostos a conceder um estatuto privilegiado e força causal a essas mesmas conexões: «As perspetivas globais produzem histórias globais».(1)

---

(1) Barry K. Gills e William R. Thompson, «Globalization, Global Histories and Historical Globalities», *in*: Gills e Thompson (eds.),

É claro que a dialética do processo e da perspetiva não é exclusiva da história global. Trata-se de uma preocupação de todos os historiadores, independentemente do local onde trabalham, da sua proveniência social ou regional e da sua especialização temporal. Há muito que os historiadores debatem a relação entre especificidade e generalização, entre o uso de terminologia indígena («émica») ou analítica. Qualquer interpretação que vá além dos casos individuais tem de se basear em algum tipo de abstrações.(2) Contudo, no campo da história global, esta problemática geral reveste-se de especial urgência. Dadas as vastas extensões temporais e espaciais cobertas por alguns estudos, a criação de categorias agregadas corre um risco muito maior de ofuscar a particularidade histórica. Por uma questão de enquadramento geral, experiências históricas muitíssimo diversas são tratadas como equivalentes. Este desaparecimento do «estranho», embora possa implicar um certo sacrifício da pluralidade, é simultaneamente o preço a pagar e a condição prévia de uma conversação entre diferentes passados que se relacionam.

Neste capítulo, iremos analisar o que significa esse empenho dos historiadores numa forma própria de fazer mundos. O mesmo não equivale a dizer que a escrita da história do globo se trata *apenas* de uma abstração, de uma invenção ou de uma construção. A história global enquanto perspetiva e os processos de integração global estão interligados e constituem-se mutuamente. Ambos não podem, por isso, ser separados. Sem perder de vista a dialética entre processo e perspetiva, as secções que se seguem centram-se sobretudo nas questões relacionadas com a abordagem.

Globalization and Global History, London (Routledge) 2006, 1–17, citação: 2.

(2) Vejam-se, por exemplo, os debates suscitados por Hayden V. White, *Metahistory: The Historical Imagination in Nineteenth-Century Europe*, Baltimore, MD (Johns Hopkins University Press) 1973.

Os historiadores e a sua criação de mundos

O conceito filosófico de «criação de mundos» possui uma longa genealogia que vai de Nietzsche, Heidegger, Gadamer e Jean-Luc Nancy à teoria dos atos de fala. Nelson Goodman, no seu influente *Modos de fazer mundos*, introduziu uma interpretação construtivista e relativista dos processos através dos quais os humanos constroem, simbolicamente, os seus «mundos». As pessoas criam à sua volta, sem cessar, mundos que não podem ser simplesmente encontrados, mas que são gerados através de várias atividades que lhes conferem sentido. Para Goodman, não existe «essa coisa que é o mundo real, uma realidade única, preexistente e absoluta, distinta e independente de todas as versões e visões. Pelo contrário, existem muitas versões corretas do mundo, algumas irreconciliáveis entre si; e, por isso mesmo, existem vários mundos». Por outras palavras, os sistemas de signos locais são produzidos e constantemente reproduzidos, de tal modo que os historiadores podem cartografar os processos pelos quais uma cosmologia suplanta — e, em alguns casos, aniquila — uma outra. A preocupação pós-colonial com a destruição dos «mundos de vida» locais na era do imperialismo, bem como com a «colonização da imaginação» é um excelente exemplo desse interesse na substituição forçada de sistemas de significado. ([3])

Segundo Goodman, essa criação de mundos inclui, potencialmente, todas as formas e variedades da produção social de sentido. Para os nossos objetivos nesta secção, é conveniente trocar essa agenda total e abrangente por um enfoque mais específico, voltando-nos desses múltiplos «mundos de vida» para a emergência do «mundo» como categoria social. Partimos, por isso, de Goodman para nos centrarmos nas maneiras como os historiadores expressam as suas ideias sobre conexões e trocas, a par das suas visões sobre a totalidade de

---

([3]) Nelson Goodman, *Ways of Worldmaking*, New York (Hackett) 1978. Para a citação, veja-se Goodman, «Realism, Relativism, and Reality», *New Literary History* 14 (1983), 269–272, citação: 269.

que se sentem parte integrante (a sua ecúmena, o mundo, o planeta, o universo). Deste ponto de vista, os «mundos» são plurais e cada versão reflete a posição a partir da qual é concebida. Como vimos já no capítulo 2, essas construções do mundo foram mudando ao longo do tempo e variaram no espaço. Ainda que refletissem as condições em que emergiram, os modos de fazer mundos implicavam também uma intervenção ativa na realidade social. Mais do que meras atividades desinteressadas e distanciadas, eles correspondiam a interesses e programas particulares.

Em consequência disto, os críticos começaram a questionar a política por detrás da atual historiografia global, investigando os seus efeitos. São particularmente relevantes as formas de crítica pós-colonial que chamaram à atenção dos mecanismos linguísticos e narrativos pelos quais o mundo é postulado e produzido como uma totalidade coerente e interdependente. «Nos recentes debates sobre a globalização, assume-se tacitamente que o adjetivo "global" se refere a um processo empírico que ocorre "lá fora", no mundo», notou o perito em literatura Sanjay Krishnan. «Ao invés, eu defendo que o global descreve um modo de tematização ou uma maneira de visualizar o mundo.» Krishnan afirma ainda que a linguagem do global dá uma impressão de transparência, de acesso direto a um processo que pode ser observado empiricamente. Na verdade, porém, trata-se de um modo de ver que reúne fenómenos muito diferentes num discurso comum, reduzindo assim a heterogeneidade. Essa linguagem «não aponta para o mundo enquanto tal, mas para as condições e efeitos associados a modos institucionalmente validados de tornar visíveis, no interior de um quadro único, os diversos povos e terras do mundo.» (4)

A premissa da globalidade encontra-se, assim, direta e invariavelmente ligada a interesses, pontos de vista e relações de poder, e está sujeita às hierarquias da produção de

(4) Sanjay Krishnan, *Reading the Global: Troubling Perspectives on Britain's Empire in Asia*, New York (Columbia University Press) 2007, 2, 4.

conhecimento. Da sua perspetiva pós-colonial, Krishnan olha para a história global ao serviço de ideologias poderosas, vendo nela um instrumento de governação e dominação. «O global equivale à perspetiva dominante a partir da qual o mundo foi produzido para representação e controlo. De igual importância é o facto desta perspetiva ter estabelecido os termos em que a subjetividade e a história começaram a ser imaginadas.» ([5]) Tendo em conta que o global é muitas vezes tomado por garantido de forma negligente e irrefletida, esta é, de facto, uma crítica importante e profícua. Reavaliar as diversas estratégias de criação de mundos que os historiadores empregam pode ajudar-nos a evitar cair na armadilha de uma teleologia simplista da globalização.

Mas, para o fazer, não é necessário alinhar com as teorias conspirativas daqueles que, como Krishnan, vêm na história global um estratagema montado pelos poderosos. A história global não se resume a uma estrutura descendente, concebida e imposta a partir de cima, e as perspetivas globais não são instrumentos de controlo ou de imperialismo (ocidental).

Por um lado, as nossas perspetivas globais são mais que simples abstrações. Elas derivam, pelo menos em parte, das maneiras como os próprios atores históricos viam o mundo. Os historiadores não estão sozinhos nesse fenómeno de criação. Eles foram precedidos por uma miríade de agentes, incluindo socialistas e anarquistas, feministas e minorias religiosas, comunidades em diáspora e ativistas anticoloniais. Todos estes grupos construíram as suas noções do mundo com finalidades bastante diferentes e não apenas para ganhar ou conservar poder. Quando reconstroem a história do mundo, os historiadores têm estas cosmologias alternativas em consideração.

Por outro lado, os historiadores globais também operam, hoje, no interior de um largo espectro de postulações sobre o global. Por razões heurísticas, podemos conceber a «criação do global» dos dias de hoje — com a sua ênfase no alcance

---

([5]) Krishnan, *Reading the Global*, 4.

planetário e nos sistemas de circulação de âmbito global — como uma versão particular, do século XXI, na longa história da criação de mundos. De facto, algumas destas conceções do globo tratam o mundo como se fosse plano, equiparando a globalização à convergência.(6) Para outros autores, o globo é um terreno muito mais acidentado, fragmentado em civilizações, dissolvendo-se num completo estado de anarquia, governado por fricções locais e «interconexões estranhas».(7) Outros propõem, ainda, alternativas às ideias neoliberais de globalização, como Antonio Negri e Michael Hardt e os seus conceitos de «império», «multidão» e «comunidade» (*commonwealth*).(8) Logo, não devemos reduzir, de antemão, as perspetivas globais a uma forma particular de «fazer o mundo» (no caso de Krishnan, a neoliberal).(9)

Como fazer mundos com as palavras

O processo de criação de mundos levado a cabo pelos historiadores não se limita às grandes narrativas totalizantes que indicam a direção do desenvolvimento social ou que definem a importância dos eventos ao longo de um *continuum* histórico. Por detrás dessas metanarrativas, encontra-se um

---

(6) Thomas Friedman, *The World is Flat*, New York (Farrar, Straus e Giroux) 2005. [*O mundo é plano: uma história breve do século XXI*; trad. Carlos Pedro. Lisboa (Actual) 2005.]

(7) Samuel Huntington, *The Clash of Civilizations and the Remaking of World Order*, New York (Simon & Schuster) 1996 [*O choque das civilizações e a mudança na ordem mundial*; trad. Henrique M. Lajes Ribeiro. Lisboa (Gradiva) 1999]; Robert D. Kaplan, *The Coming Anarchy*, New York (Random House) 2000; e, de um ângulo muito diferente, Anna Lowenhaupt Tsing, *Frictions: An Ethnography of Global Connection*, Princeton (Princeton University Press) 2004.

(8) Antonio Negri e Michael Hardt, *Empire*, Cambridge, MA (Harvard University Press) 2000. [*Império*. Lisboa (Livros do Brasil) 2004)].

(9) Nathalie Karagiannis e Peter Wagner (eds.), *Varieties of World-Making: Beyond Globalization*, Liverpool (Liverpool University Press) 2007.

dos instrumentos mais poderosos que os historiadores usam para construir o mundo: os conceitos que empregam para o descrever. Termos como «comércio», «migração», «império», «Estado-nação», «religião», «demografia», entre outros, não são meras referências a uma realidade imediata, extralinguística. Ao descreverem processos históricos, os historiadores também se tornam parte do aparelho conceptual, que serve, por sua vez, para reduzir a complexidade conceptual e linguística, de molde a tornar legível o passado global. Ao fazerem-no, criam uma equivalência entre variadas formas de prática social e reconfiguram a realidade histórica, eliminando, até certo ponto, as suas complexidades.

Para ilustrar este ponto, analisemos dois destes conceitos em maior detalhe: migração e império. A mobilidade a grande escala alterou profundamente a forma do mundo. O seu impacto, que não se limita à Idade Contemporânea, começou a fazer-se sentir há muitos milénios. Na verdade, podemos encontrá-lo, desde logo, no momento em que os primeiros humanos se espalharam pelo planeta antes de 15 000 a.C., um processo que ajudou a disseminar as línguas, a informação genética e as tradições materiais. Nos séculos que se seguiram, os processos de migração em massa provocaram, frequentemente, mudanças na tecnologia e nos modos de cultivo. Gradualmente, as redes de informação e as tecnologias de transporte foram melhorando, o que diminuiu os riscos associados à mobilidade transfronteiriça. Alguns padrões de viagens ao longo de determinadas rotas, como a da Seda ou as vias marítimas que ligavam o Mediterrâneo ao Mar da China Meridional, perduraram durante centenas de anos. A mobilidade a grandes distâncias e em massa tem sido, por isso, uma das típicas forças motrizes da integração global ao longo dos tempos. ([10])

([10]) Wang Gungwu (ed.), *Global History and Migrations*, Boulder, CO (Westview Press) 1997; Patrick Manning, *Migration in World History*, New York (Routledge) 2005; Dirk Hoerder, *Cultures in Contact: World Migrations in the Second Millennium*, Durham, NC (Duke University Press) 2002.

Neste sentido, a migração parece ser um processo histórico incontestável, alguma coisa de evidente e natural que os historiadores apenas precisam de observar. Mas o termo é menos transparente do que parece à primeira vista, dado que a noção de mobilidade/migração acarreta uma pesada bagagem historiográfica. Isto fica bem patente no caso dos povos nómadas, porque os seus movimentos não são tipicamente reconhecidos como o género de migração que interessa aos historiadores transnacionais. A exclusão do nomadismo do âmbito da «migração» sugere que o conceito se aplica, habitualmente, às populações sedentárias sujeitas a algum tipo de soberania (proto-)estatal. Mesmo nestes casos, não fica clara a distância que deve ser percorrida para que o movimento seja qualificado de «mobilidade». Quando os historiadores caracterizam os deslocamentos na forma de mobilidade, a maioria assume tacitamente que é sempre cruzado algum tipo de fronteira. Nos períodos moderno e contemporâneo, o Estado-nação é um pressuposto do conceito de mobilidade/migração, o que implica que uma curta deslocação de Tijuana a San Diego seja descrita como «migração», enquanto uma viagem muito mais longa até Guadalajara não merece essa dignidade terminológica. Portanto, qualquer análise das migrações baseia-se, implicitamente, em pressupostos acerca da diferença entre formas quotidianas de deslocação, que podem permanecer invisíveis, e outras formas de mobilidade que envolvem o cruzamento de limites e fronteiras estatais, reconhecidas pelos historiadores como migrações.([11])

Além disso, a noção de migração agrupa, sob um mesmo teto conceptual, uma grande variedade de formas de mobilidade. Trata-se de um guarda-chuva terminológico que

---

([11]) Esta é uma questão comum a todos os estudos acerca da mobilidade, como o de Linda Basch, Cristina Blanc-Szanton, e Nina Glick Schiller (eds.), *Nations Unbound: Transnational Projects, Postcolonial Predicaments and Deterritorialized Nation-States*, New York (Routledge) 1994; Stephen Greenblatt *et al.*, *Cultural Mobility: A Manifesto*, Cambridge (Cambridge University Press) 2009.

negligencia uma série de fatores, como a multiplicidade de motivações por detrás desses movimentos, ou as diversas experiências que lhes estão associadas. Sob esta rúbrica, encontramos pequenos vendedores ambulantes nas zonas de fronteira, bem como mercadores que operam a grandes distâncias; trabalhadores temporários e santos sufistas itinerantes; escravos deportados no comércio triangular do Atlântico e turistas que acorrem a *spas* e estâncias balneares. O termo não distingue os conquistadores dos refugiados, nem os armadores dos trabalhadores forçados que, sob o convés, viajam enclausurados.

Por tudo isto, pode-se dizer que a noção de migração faz parte da nossa caixa de ferramentas conceptual. É uma perspetiva que ajuda a tornar compatíveis e traduzíveis realidades históricas diferentes. Mas será que esta dimensão construtiva lhe tira aplicabilidade universal? Por um lado, é verdade que essa dimensão ameaça a universalidade inerente ao conceito, situação que obriga certamente os historiadores — em especial os historiadores globais — a uma reflexão cuidada acerca das categorias que usam. Por outro lado, não somos forçados a abandonar, de todo, aquela categoria. Voltarei a esta questão, não sem antes indicar que esta posição tem a ver com a dialética entre perspetiva e processo, que caracteriza o uso dos conceitos modernos em geral. É que o conceito de migração não foi desenvolvido somente por historiadores. Tal como é hoje empregue, o termo é o produto de uma conjuntura histórica específica: ele nasceu, na verdade, das necessidades de classificação inerentes ao Estado-nação e às modernas ciências sociais. E, neste sentido, «migração», como a conhecemos atualmente, é muito mais do que um termo descritivo. Na verdade, ele surge no período moderno como um vocábulo das ciências sociais ligado à construção nacional, ao imperialismo e ao recrutamento de mão de obra, projetos estes que se sobrepunham e que levaram à aplicação de uma grande variedade de estratégias. Da vigilância de fronteiras ao controlo de formas indesejadas de mobilidade, passando pela criação jurídica e ideológica dos migrantes como indivíduos livres, todas estas estratégias afetaram a circulação das pessoas. Por outras palavras, elas não só produziram a terminologia com a qual trabalhamos, como, de certa forma, acabaram por gerar o próprio fenómeno. ([12])

Antes de abordar detalhadamente esta questão teórica, passemos ao segundo exemplo: o conceito de império. De facto, estamos perante o «menino bonito» dos historiadores globais — não tanto porque lhes agrade, mas pela sua tão forte omnipresença. Os impérios — entendidos como Estados que governam grupos étnica ou culturalmente diferentes, muitas vezes recorrendo às hierarquias já existentes entre eles — têm tido uma carreira trans-histórica. Aparecem cedo na história humana e estendem-se até ao presente. Segundo John Darwin, «o império (em que diferentes comunidades étnicas se encontram sob o poder de único governante) tem sido o modo mais comum de organização política ao longo da história. O poder imperial tem sido a regra e não a exceção.» ([13])

Uma vez que se trata de formações políticas compósitas, mais amplas que unidades singulares, etnicamente definidas, os impérios simbolizam as aspirações trans-locais dos historiadores globais. A passagem para as perspetivas transnacionais e globais levou a que muitos estudassem os impérios, ao mesmo tempo que os incitou a relativizar o papel da nação como principal reservatório do passado. «O império foi uma forma de Estado invulgarmente duradoura», afirmaram Burbank e Cooper. «Por comparação, o Estado-nação fez uma breve aparição no horizonte histórico.» ([14]) Do uso expansivo (para não dizer imperialista) do termo, resultou uma tensão

---

([12]) Sobre a «construção» moderna de migração, veja-se Adam McKeown, *Melancholy Order: Asian Migration and the Globalization of Borders*, New York (Columbia University Press) 2008.

([13]) John Darwin, *After Tamerlane: The Global History of Empire*, London (Penguin Books) 2007, 23. [*Ascensão e queda dos impérios globais: 1400–2000*, trad. Jaime Araújo, Lisboa (Edições 70) 2015]

([14]) Jane Burbank e Frederick Cooper, *Empires in World History: Power and the Politics of Difference*, Princeton (Princeton University Press) 2010, 2–3.

que é também própria de outros conceitos. Por um lado, ao classificarmos experiências históricas díspares sob o termo agregado de «império», corremos o risco de subvalorizar as diferenças reais que existiram entre elas. Por outro lado, um termo comum é necessário para comparar casos diferentes e é o que torna possível dialogar sobre todos eles.

O exemplo do «Império Comanche» pode ilustrar este ponto. Pekka Hämäläinen, num estimulante e premiado estudo, pôs em causa a narrativa comum que retrata os povos nativo-americanos como vítimas da expansão europeia, ao focar-se no sistema político criado por um grupo, na passagem do século XVIII para o XIX. Graças a incursões significativas nas Grandes Planícies e penetrando no interior do México, durante várias décadas, os comanches foram capazes de controlar um grande território, subjugando e incorporando tribos vizinhas e evitando as aspirações imperiais dos seus rivais. As intenções de Hämäläinen são tão revisionistas como políticas, dado que boa parte dos norte-americanos de hoje dificilmente acreditaria que os povos indígenas pudessem ter criado algo merecedor da designação de «império». Esta jogada permite-lhe analisar os comanches em pé de igualdade com o rival império espanhol e com a expansão dos EUA para o oeste. Não há dúvida que as diferenças entre o sistema político comanche e os impérios burocráticos contemporâneos, como a China Qing ou os franceses na Argélia, são enormes. E o autor fala de um «império cinético» ou nómada, admitindo a diferença e abrindo um espaço conceptual para estabelecer comparações com outras formações imperiais não-sedentárias. ([15])

Mas será útil falarmos de um Império Comanche? Ou será que estamos a forçar a economia comanche, baseada na caça ao bisonte e em ataques ocasionais, a um «leito de Procustes», assim distorcendo a realidade histórica? Não há dúvida que o autor, de facto, submete a experiência comanche a uma

---

([15]) Pekka Hämäläinen, *The Comanche Empire*, New Haven (Yale University Press) 2008.

terminologia que lhe é estranha. E isto porque, tanto quanto sabemos, os comanches não falavam do seu reino como se fosse um império. Então, porquê chamar os seus prisioneiros de «escravos» e usar o termo «cidades» para descrever os seus acampamentos de inverno? Porquê referi-los como uma «superpotência» com a sua «política externa» própria? Em vez de usar conceitos ocidentais, por que não adotar categorias indígenas, de modo a globalizar verdadeiramente as nossas perspetivas sobre o passado? Será que o esforço para enfatizar a livre ação dos nativos se articula, «ironicamente, com uma desvalorização da epistemologia nativa?» ([16])

Os comanches, há que dizê-lo, nunca viveram isolados. Bem pelo contrário, a sua unidade política era profundamente afetada por formações imperiais rivais, contra as quais reagia. A adoção de cavalos e de armas de fogo revelou-se indispensável para o modo de vida comanche deste período, e as estratégias que delineavam eram, em parte, uma resposta aos projetos imperiais de Espanha e dos jovens EUA. De um modo mais geral, a luta dos comanches fez parte de uma conjuntura mais ampla, que dependia dos circuitos de comércio global e que culminou, em 1846–48, na guerra pela hegemonia na América do Norte. As práticas comanches podem ser, por isso, ligadas aos processos mais vastos de globalização que ocorreram no século XIX. Se nos restringirmos à terminologia nativa, talvez não consigamos capturar estes entrelaçamentos de maior dimensão. ([17]) Mas a questão permanece: serão as categorias das modernas ciências sociais apropriadas e adequadas para revelar a heterogeneidade das realidades globais ou devem ser complementadas com terminologia indígena de modo a que reconheçam plenamente as múltiplas formas de viver o passado?

([16]) Karl Jacoby, «Indigenous Empires and Native Nations: Beyond History and Ethnohistory in Pekka Hämäläinen's *The Comanche Empire*». *History and Theory* 52 (2013), 60–66, citação: 63

([17]) John Tutino, «Globalizing the Comanche Empire», *History and Theory* 52 (2013), 67–74.

Epistemologias nativas?

Nos últimos anos e em muitos locais, têm surgido esforços que visam superar o enviesamento eurocêntrico dos vocabulários académicos. Iniciou-se, assim, uma busca ambiciosa por alternativas radicais, mas também por conceitos e juízos de valor oriundos das culturas indígenas. Um exemplo sofisticado dessa procura por categorias nativas pode ser encontrado nas primeiras publicações do Grupo de Estudos Subalternos, que pretendiam escrever uma história da Ásia Meridional do ponto de vista dos oprimidos, independente do discurso das elites. O objetivo passava por recuperar interpretações do mundo fundamentalmente diferentes e há muito inacessíveis. Todavia, esta arqueologia das cosmologias e autenticidades alternativas deparou-se com dificuldades metodológicas e foi fortemente criticada como uma retroprojeção nostálgica e essencialista. Influenciados pelas abordagens pós-estruturalistas, o grupo acabou por abandonar o projeto e por se concentrar, ao invés, na análise das posições subalternas como efeito dos discursos hegemónicos. ([18])

Mais recentemente, têm proliferado as propostas de categorias nativas, encorajadas pela decisão do Banco Mundial, em 1997, de promover os sistemas de conhecimento indígenas. Na América Latina, os movimentos indígenas reivindicaram o reconhecimento das epistemologias aimará e maia, incluindo outras formas alternativas de conhecimento. ([19]) Na África do Sul, o governo adotou, em 2004, uma política nacional de conhecimento indígena em nome de um «Renascimento

([18]) Gyan Prakash, «Subaltern Studies as Postcolonial Criticism», *American Historical Review* 99 (1994), 1475–1490; Vinayak Chaturvedi (ed.), *Mapping Subaltern Studies and the Postcolonial*, London (Verso) 2000.

([19]) Stefano Varese, «Indigenous Epistemologies in the Age of Globalization», *in*: Juan Poblete (ed.), *Critical Latin American and Latino Studies*, Minneapolis, MN (University of Minnesota Press) 2002, 138–153; Madina V. Tlostanova e Walter D. Mignolo, *Learning to Unlearn: Decolonial Reflections from Eurasia and the Americas*, Columbus, OH (Ohio State University Press) 2012.

Africano».[20] Na China, «os estudos chineses» (*guoxue*) — que remetem para uma disciplina do mesmo nome, criada no início do século XX em resposta à ascensão das modernas ciências sociais e à proliferação da terminologia ocidental — regressaram em peso. Nas universidades de maior prestígio, multiplicaram-se as faculdades e os centros de investigação dedicados a esta disciplina, ao mesmo tempo que a opinião pública informada se viu inundada de livros, suplementos de imprensa, palestras televisivas e campos de férias associados ao movimento. Aparentemente, tudo isto denota uma nostalgia pela história da China pré-revolucionária e pelas suas tradições culturais. Mas, por detrás do fascínio pelas conquistas das antigas dinastias, esconde-se uma tendência mais fundamental para recuperar os modos de conhecimento chineses, há muito marginalizados pelas ciências do Iluminismo.[21]

Sem dúvida que há méritos neste esforço de reabilitação das antigas epistemologias e formas de representação que não se encaixam perfeitamente no pensamento político ocidental. Desde logo, pode promover uma melhor compreensão da lógica interna dos mundos de vida do passado, o que leva a uma reapreciação dos seus legados. Os «estudos chineses» podem ainda desbravar um novo terreno em que se colocam questões como: terá sido o confucionismo uma forma de filosofia ou de religião?; será correto classificar as pinturas a tinta do período Song como arte «chinesa»? A metodologia promete interpretar, de forma mais adequada, a história da China, feita a partir das tradições chinesas «nos seus próprios termos».[22] Para mais, o exame das tradições ancestrais pode

---

([20]) Republic of South Africa, Department of Science and Technology, *Indigenous Knowledge Systems*, Pretoria (Government Printer) 2006.

([21]) John Makeham, «Disciplining Tradition in Modern China: Two Case Studies», *History and Theory* 51 (2012), 89–104.

([22]) Benjamin Elman, *On Their Own Terms: Science in China, 1550–1900*, Cambridge, MA (Harvard University Press) 2005. Para uma posição provocatória, veja-se também Min OuYang, «There Is No Need for *Zhongguo Zhexue* to Be Philosophy», *Asian Philosophy* 22 (2012), 199–223.

servir como ponto de partida para um confronto crítico com o presente, na condição de se procurar, nessas fontes, uma série de perspetivas que facilitem uma reavaliação das características específicas da modernidade capitalista. ([23])

Ainda assim, a procura por alternativas padece de problemas que lhes são intrínsecos. É ténue a linha que separa essas reapreciações críticas das generalizações sobre paradigmas endógenos e novos «centrismos». Demasiadas vezes, a descoberta das tradições autóctones acaba por se assemelhar mais a um sintoma da atual conjuntura global — com a sua procura pela diversidade cultural como bem mercantilizável — e menos a uma resposta aos desafios teóricos que se nos colocam. Aquilo que aparece disfarçado de posição epistemológica pode tornar-se uma presa fácil de agendas ligadas à identidade nacional e a visões holísticas das comunidades humanas. ([24]) E isto é contrário às inclinações ecuménicas e dialógicas do campo da história global. Mesmo que reconheçamos a legitimidade de diferentes mundos de vida e outras cosmologias, são claras as vantagens de continuarmos a ser capazes de encetar conversações entre eles e, bem assim, de nos agarrarmos firmemente à ideia de que existe uma compatibilidade geral entre as experiências humanas.

Além do mero discurso

Em suma, é pouco provável que se consiga substituir com facilidade os conceitos das ciências sociais modernas. As duas alternativas mais óbvias — rejeitá-los por completo ou

---

([23]) Veja-se, por exemplo, o trabalho de Wang Hui, *Zhongguo xiandai sixiang de xingqi* (*The Rise of Modern Chinese Thought*), 4 volumes, Beijing (Sanlian Shudian) 2004. Para um pequeno resumo desta linha de argumentação, veja-se Wang Hui, *China from Empire to Nation-State*, Cambridge, MA (Harvard University Press) 2014.

([24]) Ver Arif Dirlik, «Guoxue/National Learning in the Age of Global Modernity», *China Perspectives* 1 (2011), 4–13.

deixarmo-nos levar por um relativismo cultural segundo o qual todos os sistemas terminológicos são igualmente aplicáveis — não são nem convincentes nem satisfatórias. Se renunciamos aos contra-modelos radicais é apenas porque entendemos, para colocá-lo de uma maneira algo simplista, que não podemos fazer o relógio histórico voltar para trás, mesmo se desejássemos fazê-lo. Isto acontece porque o desenvolvimento da nossa linguagem conceptual não pode ser separado da dinâmica do processo histórico.

Os conceitos das modernas ciências sociais possuem já uma longa história global, tendo afetado profundamente as sociedades de todo o mundo. Por outras palavras, o nosso aparelho conceptual não é um conjunto de dispositivos retóricos facilmente substituíveis. Há muito que ele vem influenciando o modo como as pessoas se relacionam com o mundo, e como o apreendem cognitivamente. Mais ainda, esse aparelho tem definido também as maneiras pelas quais as tradições e as categorias nativas são, elas mesmas, apreendidas e interpretadas. Por isso, os conceitos das ciências sociais podem ser «inadequados» — para usarmos a pertinente formulação de Dipesh Chakrabarty —, muito embora também sejam «indispensáveis», no sentido em que nos ajudam a compreender a dinâmica do mundo moderno. ([25])

Um bom exemplo desta dialética entre processo e terminologia é-nos oferecido pelo conceito moderno de religião. Na maioria das sociedades, encontramos hoje alguma forma de prática ritual e de culto que remonta a vários séculos. Contudo, o conceito de «religião» que conhecemos só apareceu nas primeiras décadas do século XIX. Enquanto esfera separada da atividade social, o termo pressupõe a instituição do Estado e o reconhecimento de um domínio secular contraposto ao da religião. Esta «religião» inventou-se primeiro na Europa e nos EUA, enquanto o imperialismo europeu facilitou a carreira internacional do conceito. Ao mesmo

([25]) Dipesh Chakrabarty, *Provincializing Europe: Postcolonial Thought and Historical Difference*, Princeton (Princeton University Press) 2000, 16.

tempo, as elites locais, bem como as novas classes médias emergentes dos territórios não-ocidentais, acolheram-no e usaram-no, nos seus próprios países, em projetos de reforma das práticas sociais. Como resultado, acabaram por converter as antigas tradições culturais — como o budismo e o hinduísmo, mas também o islão e o confucionismo — em «religiões» e criaram outras novas, como o sikhismo ou a fé bahá'í.

Numa era em que a ausência de uma tradição religiosa era facilmente interpretada como falta de alta cultura, o termo «religião» — por oposição à «superstição», de um lado, e à filosofia e à ciência, de outro — conferiu às práticas sociais certo tipo de legitimidade e de reconhecimento. Deste modo, o termo aparenta ter semelhanças com uma perspetiva particular (quer dizer, europeia) que, graças à hegemonia e ao poder da Europa, foi enxertada noutras realidades sociais. Chamar a todas estas práticas «religião» tende, por isso, a nivelar as diferenças que existem entre elas, de um tal modo que pode ser enganador. No entanto, o novo termo — em especial a sua encarnação como «religiões mundiais» — era mais que um simples instrumento descritivo: teve o efeito de mudar radicalmente as práticas sociais e de as obrigar a caber nas «religiões» da era moderna. Por consequência, muitas das práticas que são hoje classificadas como «religiões» não tardaram a partilhar certas características, como uma burocracia centralizada e uma forma sistematizada de dogma, mas também a ideia de que a crença era acessível a todos os indivíduos sem a mediação de uma classe clerical profissional. É evidente que este nunca foi um processo completo e que até aos nossos dias persistiram diferenças importantes no significado do termo «religião», assim como nas práticas a ele associadas.

Por isso, pode-se dizer que, por um lado, o conceito de religião é uma ferramenta historiográfica usada para traduzir diversos casos históricos e para tornar comparável toda a gama de experiências díspares. Uma operação como esta tem vantagens óbvias: sem ela não estaríamos em condições de medir as semelhanças e as diferenças entre sociedades e teríamos de analisar cada prática religiosa isoladamente. Mas tem também inconvenientes, uma vez que se arrisca a esbater as diferenças, assim diminuindo a riqueza e a fecundidade do passado. Por outro lado, não se pode descartar o conceito como se fosse uma invenção que distorce a realidade em prol de um ponto de vista homogeneizador. Em si mesmo, o termo emergiu como resposta às fortes transformações que ocorreram na esfera social; e não só reclassificou as práticas sociais, como também ajudou a mudá-las, por vezes até de forma radical. Deste modo, o vocábulo e aquilo que ele procura descrever têm-se influenciado mutuamente. Nos tempos modernos, não há dúvida que seria difícil encontrar uma comunidade de crenças que não se tenha desenvolvido em resposta à noção de «religião».([26])

Se os conceitos não podem ser separados dos processos históricos, então onde é que ficamos? Certamente que este facto não desobriga os historiadores de reconstruírem os momentos em que os termos modernos surgiram e foram conquistando adesão em todo o mundo, nem dispensa que eles analisem as assimetrias de poder que estiveram por detrás da sua criação. Os conceitos não devem a sua preponderância global a um universalismo inerente. Não raras vezes, a sua hegemonia é conseguida por via da imposição e da repressão, bem como por intermédio da marginalização de alternativas. Assim, e como o exemplo da religião bem salientou, continua a ser imprescindível prestar atenção à história dos conceitos e aos seus efeitos niveladores. Dada a heterogeneidade das práticas sociais e a diversidade dos fenómenos a elas associados, a tentativa de arrumá-las em conceitos universais nunca poderá ser totalmente bem-sucedida.([27]) Logo, precisamos de

([26]) C. A. Bayly, «The Empire of Religion», *in*: Bayly, *The Birth of the Modern World, 1780–1914*, Oxford (Blackwell) 2004, 325–365; Tomoko Masuzawa, *The Invention of World Religions: Or, How European Universalism was Preserved in the Language of Pluralism*, Chicago (Chicago University Press) 2005; Jason Ānanda Josephson, *The Invention of Religion in Japan*, Chicago (Chicago University Press) 2012.

([27]) Margrit Pernau, «Whither Conceptual History? From National to Entangled Histories», *Contributions to the History of Concepts* 7 (2012),

nos manter abertos à inovação conceptual e à introdução de uma nova terminologia alicerçada nas experiências históricas não-ocidentais.

Ao mesmo tempo, devemos desconfiar dos apelos a que se abandone, completamente, as ferramentas das ciências sociais e as suas reivindicações universalizantes. Temos boas razões para acreditarmos que o arsenal conceptual das disciplinas modernas continuará a ser útil ao nosso trabalho analítico. Esse espírito de universalismo reflexivo e autocrítico é ainda um objetivo alcançável e meritório devido a quatro razões.

Em primeiro lugar, trata-se de uma decisão normativa. A história global que se pratica atualmente baseia-se na premissa de que é tanto possível como desejável dispor de quadros unificadores e de diálogo entre as diferentes sociedades e culturas. Pesem embora as deficiências dos termos de aplicação universal, de uma maneira geral, a sua capacidade para facilitar a conversação transfronteiriça talvez continue a ser preferível às vantagens de uma terminologia mais fragmentada. Afinal, um vocabulário específico de cada lugar tornaria difícil falar de Estados, famílias, conhecimento, etc., de um ponto de vista transnacional.

Estas considerações normativas podem ser observadas nas decisões conceptuais tomadas pelos historiadores globais. Um bom exemplo é o uso generalizado do conceito *early modernity* (Idade Moderna) como indicador de um período. Quando John F. Richards introduziu esta formulação na década de 1990, tinha a intenção explícita de fazer com que a Índia parecesse menos «excecional, única, exótica» e menos «desligada da história mundial».([28]) Como Dipesh Chakrabarty nos recordou, talvez um gesto como o de Richards «expresse

1–11; Carol Gluck e Anna Lowenhaupt Tsing (eds.), *Words in Motion: Towards a Global Lexicon*, Durham, NC (Duke University Press) 2009.

([28]) John F. Richards, «Early Modern India and World History», *Journal of World History* 8 (1997), 197–209, citação: 197. Para o debate sobre os primórdios da modernidade na história global, veja-se Lynn

a nossa preferência coletiva por tratar de igual modo histórias diferentes, por não permitir que o Ocidente seja o centro do mundo, e por aí fora.» Pode até parecer que «temos histórias do passado "iguais" porque gostaríamos que elas fossem iguais», devido ao *Zeitgeist* multicultural e cosmopolita do nosso tempo.([29])

Devemos, por isso, prestar atenção aos juízos de valor que a nossa terminologia, aparentemente abstrata, acarreta. Isto vale especialmente para as promessas de igualitarismo que amiúde se associam às histórias globais. Ainda assim, uma terminologia que se aplica a diferentes casos não faz dos seus passados necessariamente iguais. Pelo contrário, esses termos fornecem um enquadramento comum dentro do qual histórias distintas são passíveis de compreensão, incluindo os seus pontos de divergência. Afinal de contas, participar da Idade Moderna não faz da Índia e de Inglaterra dois casos iguais. O que faz é colocar simplesmente em relevo os grandes processos de escopo mundial que tocaram ambas as sociedades. Na verdade, algumas das maneiras em que as sociedades diferiam — os seus papéis complementares no comércio têxtil, os seus papéis no império — resultaram precisamente dos modos em que as duas interagiam. Neste caso, um vocabulário que facilite a comensurabilidade de passados diferentes não implica automaticamente homogeneidade nem igualdade. De facto, as diferenças podem ser articuladas de forma muito pronunciada, mesmo quando expressas numa terminologia cada vez mais similar e através de uma linguagem conceptual comum.

Em segundo lugar, não foram poucos os atores que, um pouco por todo o mundo, se apropriaram da linguagem das ciências sociais para os seus próprios fins. Ao fazê-lo, «indigenizaram-na». Desde meados do século XIX (o mais tardar), a

---

Struve, «Introduction», *in*: Struve (ed.), *The Qing Formation in World Historical Time*, Cambridge, MA (Harvard University Press) 2004, 1–54.

([29]) Dipesh Chakrabarty, «The Muddle of Modernity», *American Historical Review* 116 (2011), 663–675, citações: 672.

Euro-América e o «Ocidente» tornaram-se um ponto de orientação central — embora não o único — das estratégias modernizadoras das elites políticas e culturais de quase todo o mundo. Na verdade, é difícil imaginar uma posição inteiramente exterior a este discurso, que não tenha sido capturada pelas suas premissas e aspirações. Podemos afirmar, por isso, que a universalização destes conceitos — no sentido de uma crescente difusão do seu uso — tem sido obra de vários atores nos mais diversos lugares. ([30])

Em terceiro lugar, a formatação do mundo através da linguagem conceptual tem tido um impacto muito real e fundamental na própria ordem social. Os conceitos não são simples entidades discursivas que emanaram de várias tradições. Eles apareceram, antes, como respostas a condições estruturais, representando e transformando essas mesmas estruturas de maneiras específicas. A introdução do conceito de Estado-nação, por exemplo, não se tratou de uma mera imposição discursiva e legal, e também alterou o modo como as sociedades se organizavam. Portanto, já não é simplesmente possível trocar um conjunto de vocabulários por outro. E é inútil tentar recuperar, sem mais, os significados perdidos ou as alternativas que se desvaneceram.

Em todo o caso — e em quarto lugar —, a mera substituição de terminologias acabará por se revelar insuficiente. Muitas vezes, os esforços para ir além do eurocentrismo, para gerar conceitos alternativos e para reabilitar as formas de conhecimento indígenas, limitam-se a uma crítica ao nível do discurso e da representação. Mas a produção de conhecimento não pode ser desligada das condições geopolíticas que a englobam. Afinal, os conceitos modernos desenvolveram-se a

---

([30]) Christopher L. Hill, «Conceptual Universalization in the Transnational Nineteenth Century», *in*: Samuel Moyn e Andrew Sartori (eds.), *Global Intellectual History*, New York (Columbia University Press) 2013, 134–158; Sebastian Conrad, «Enlightenment in Global History: A Historiographical Critique», *American Historical Review* 117 (2012), 999–1027.

par de transformações estruturais maiores e de formas de integração global. Estes processos não só deixaram marcas indeléveis nos conceitos das ciências sociais, como também os investiram de autoridade e poder. Não foi apenas de uma admiração pela cultura e pelos sistemas políticos europeus que nasceu a universalização da «Europa». Ela ficou a dever-se ao equilíbrio de poder económico e imperial daquele tempo. Como afirmou Arif Dirlik, «sem o poder do capitalismo e todas as inovações estruturais que o acompanharam na organização política, social e cultural, o eurocentrismo talvez tivesse sido apenas mais um etnocentrismo entre muitos outros.» ([31])

Não há dúvida que os modos como os historiadores fazem mundos e o poder retórico do léxico que empregam, produzem uma forma de convergência e, até certo ponto, tornam invisível a diversidade da experiência do passado. Nisto, acrescente-se, os historiadores (como, aliás, as humanidades em geral) não estão sozinhos. Atualmente, a sequenciação de informação genética, a lógica do mercado na disciplina económica, a colonização de significados locais através de *big data* e os projetos de «humanidades digitais», a linguagem das ameaças ambientais, e tantas outras instâncias estão empenhadas em eliminar as peculiaridades e as especificidades.

No entanto, qualquer que seja a disciplina, e independentemente da linguagem que se use, a «aplanação» do mundo, no sentido do seu nivelamento, que hoje atribuímos às operações do discurso, não pode ser separada do próprio processo histórico. A crescente integração — quer se tenha iniciado com a hegemonia da Civilização Olmeca no antigo México, com a expansão siberiana da Rússia no início da Idade Moderna, ou com as normas e os regulamentos do Fundo Monetário Internacional — impôs sempre vocabulários partilhados e mediou entre as práticas sociais ao longo de espaços

---

([31]) Arif Dirlik, «Is There History after Eurocentrism? Globalism, Postcolonialism, and the Disavowal of History», *in*: Dirlik, *Postmodernity's Histories: The Past as Legacy and Project*, Lanham, MD (Rowman & Littlefield) 2000, 63–90, citação: 72.

diferentes. Na modernidade, a construção dos Estados, o imperialismo, o capitalismo e uma série de projetos desenvolvimentistas, para mencionar apenas umas poucas empresas, formataram — e, em certo sentido, «nivelaram» — as realidades sociais com muito mais intensidade do que os historiadores alguma vez o conseguirão fazer.

CAPÍTULO 10

História global para quem? A política da história global

Quando emergiu como disciplina académica no século XIX, a história desenvolveu-se em estreita relação com as instituições do Estado-nação. Muitos historiadores tinham em mente uma audiência nacional. Enquanto alguns seguiam, de forma deliberada, uma agenda de criação e moldagem da nação, outros fizeram-no inadvertidamente, ao atribuírem um lugar central às realizações e conquistas da sua própria nação. A maioria escrevia na língua local e visava uma audiência com quem tinha muito em comum, tanto política como culturalmente. De uma forma ou de outra, havia a sensação de que estavam a contribuir para a construção da nação. Do mesmo modo, e num sentido elementar, a história global é inseparável de uma consciencialização do passado global e, por isso mesmo, de uma *criação do mundo* com objetivos no presente. Estes objetivos, que são múltiplos, podem ser antagónicos e contestados. Os historiadores podem ter em vista um mundo liberal-capitalista sem fronteiras, mas as suas reconstruções desse mundo podem também estar ligadas às agendas dos movimentos ecologistas, das comunidades indígenas e dos grupos de pressão social. E enquanto os historiadores estão empenhados nas suas diferentes formas de construção do mundo, é importante refletir sobre o que esta criação implica. Se o «mundo» é o objeto, para quem é que os historiadores globais estão a escrever? E qual é a política por detrás de uma tal abordagem?

História global para quem?

A resposta mais comum a esta questão é que, por inerência, a história global consiste num esforço cosmopolita. No essencial, é um projeto inclusivo, tanto geográfica como normativamente. Para começar, a história global fornece uma perspetiva ampla do passado da humanidade. No nosso presente globalizado, um período em que as notícias já não estão confinadas à sociedade de cada um, em que os turistas deambulam pelo planeta, em que a migração liga mercados laborais em diferentes partes do mundo, em que consumimos alimentos produzidos em locais distantes e compramos produtos de outros lugares, a história global contribui para atribuir sentido ao mundo em que vivemos.

Ser-se historiador no século XXI é, em certo sentido fundamental, ser-se historiador global. Longe vão os tempos em que os departamentos de história se contentavam com abordagens meramente nacionais. «Esta estreiteza de vistas é equivalente à de um departamento de química que se limita a ensinar e pesquisar o funcionamento de um só elemento (...) ao mesmo tempo que ignora todos os outros.» (1) Hoje, é imperativo ter consciência dos diferentes passados de muitas regiões do globo, bem como das interações e trocas que ocorrem entre elas. O nosso presente convida os historiadores a elaborar as suas perguntas e respostas no interior deste quadro mais vasto e a dedicarem-se a outras narrativas, perspetivas e vozes. Há muito que esta tem sido a aspiração dos historiadores com uma visão mais ampla. «As fronteiras que os Estados e as nações ergueram na sua hostilidade e egoísmo têm vindo a ser trespassados», declarou Friedrich Schiller, em 1789. «Todos os homens reflexivos estão hoje unidos como cidadãos do mundo.» (2)

---

(1) Sven Beckert, «The Travails of Doing History from Abroad», *American Historical Review* 119 (2014), 817–823, citação: 821.

(2) Friedrich von Schiller, «The Nature and Value of Universal History: An Inaugural Lecture [1789]», *History and Theory* 11 (1972), 321–334, citação: 327.

Esta é a promessa utópica da história global: converter-nos em cidadãos do mundo. A plausibilidade de tal promessa baseia-se na medida em que o planeta se integrou a diversos níveis, de tal modo que muitos grandes processos já não podem ser estudados ou compreendidos de forma isolada. Tomemos as ideologias e os movimentos políticos globais, as crises económicas e financeiras, ou a expansão da comunicação assente na Internet — já não é possível atribuir sentido a estas questões se um estudo se mantém estritamente confinado apenas a um lugar. Muitos dos problemas que as sociedades hoje enfrentam — dos problemas climáticos e ambientais, passando pelo funcionamento dos mercados e as condições laborais, ao intercâmbio cultural — requerem uma consciencialização de que todos habitamos o planeta Terra e partilhamos os seus recursos. (3) Todavia, na prática, a noção de que somos cidadãos globais não é um fator identitário suficientemente forte para a maioria. Trata-se de uma ideia muito pouco enraizada nos «mundos de vida» de grande parte da população mundial.

Ambos os termos «cosmopolitismo» e «cidadão» possuem uma longa genealogia europeia. No entanto, o debate sobre o cosmopolitismo tem-se emancipado da sua relação exclusiva com a filosofia ocidental, com a razão universal abstrata e com a afirmação normativa de universalidade. Nos últimos anos, os académicos têm desenterrado, de uma variedade de lugares além do Ocidente, uma multitude de abordagens cosmopolitas que resistem a uma simples classificação, quer como totalmente inclusivas ou parciais, quer como assimilacionistas-universalistas ou paroquiais. Ao invés, exploram as várias maneiras através das quais os grupos sociais se tentavam relacionar uns com os outros e participavam em conversações e formas de cooperação muito pragmáticas, bem para lá das

(3) Haneda Masashi, *Atarashii sekaishi e: Chikyū shimin no tame no kōsō*, Tokyo (Iwanami Shinsho) 2011, 3–16; Jerry H. Bentley, «Myths, Wagers, and Some Moral Implications of World History», *Journal of World History* 16 (2005), 51–82; Dominic Sachsenmaier, «World History as Ecumenical History?» *Journal of World History* 18 (2007) 465–490.

conceções idealistas dos filósofos. Estas «zonas de pensamento cosmopolita» surgiram onde grupos diferentes procuravam resolver problemas em conjunto, sanando divisões (culturais e outras) mesmo quando não subscreviam uma mesma visão universal comum.([4])

Contudo, as perspetivas cosmopolitas não perfazem uma visão única aceite por todos. Sendo uma abordagem, a história global presta-se a uma variedade de fins concorrentes e contraditórios. Alguns grupos empregam explicitamente a história mundial e global como instrumento de glorificação da própria nação. Na China, por exemplo, alguns historiadores têm recentemente revivido a memória das viagens transoceânicas de Zheng He e outros feitos do passado «transregional», de molde a estimular a iniciativa chinesa e a encorajar o acesso do país a uma posição de liderança mundial. De facto, a popularidade da história mundial na China encontra-se claramente associada ao *status* do país enquanto potência global económica e política. Por vezes, no discurso público, a globalização aparece quase como um instrumento político do Estado chinês. É por isso que a história global é geralmente considerada muito mais como um contexto, no qual o crescimento de uma nação pode ser explicado e promovido, do que como uma verdadeira alternativa metodológica.([5])

([4]) Sugata Bose e Kris Manjapra (eds.), *Cosmopolitan Thought Zones: South Asia and the Global Circulation of Ideas*, New York (Palgrave Macmillan) 2010. Veja-se também Carol A. Breckenridge, Sheldon Pollock, Homi K. Bhabha, e Dipesh Chakrabarty (eds.), *Cosmopolitanism*, Durham, NC (Duke University Press) 2000; Pheng Cheah e Bruce Robbins (eds.), *Cosmopolitics: Thinking and Feeling Beyond the Nation*, Minneapolis (University of Minnesota Press) 1998; Kwame Appiah, *Cosmopolitanism: Ethics in a World of Strangers*, New York (Norton) 2006 [*Cosmopolitismo: ética num mundo de estranhos*; trad. Ana Catarina Fonseca, Mem Martins (Publicações Europa-América) 2008]; Gerard Delanty, *The Cosmopolitan Imagination: The Renewal of Critical Social Theory*, Cambridge (Cambridge University Press) 2009.

([5]) Sachsenmaier, *Global Perspectives*, 213–231; Luo Xu, «Reconstructing World History in the People's Republic of China since the 1980s», *Journal of World History* 18 (2007),325–350.

A relação entre história global e identidades mais circunscritas pode também ser observada noutro lugar. «A história global como contexto não é, por si mesma, incompatível com reivindicações de supremacia nacional ou civilizacional, uma vez que pode fornecer uma oportunidade para situar essa nação ou civilização no momento central da história mundial.» (6) Esta relação não tem também de ser manifestamente ideológica. Em sentido estrito, sempre que a história global é concebida como um contexto que ajude a explicar melhor a nação ou a civilização, ela tende a reproduzir as espacialidades que se propõe desafiar. De resto, o mesmo acontece com as interpretações altamente críticas do passado nacional.

Ainda assim, não se deve exagerar a tensão entre perspetivas cosmopolitas e nacionais/civilizacionais. Para muitos historiadores, há muito que a nação deixou de ser o ponto de referência privilegiado, mesmo quando não estão a pensar sobre a humanidade como um todo. Frequentemente, a comunidade imaginada não é a nação, mas alguns dos seus fragmentos ou grupos transnacionais: a classe trabalhadora, as mulheres, os budistas, os movimentos ecologistas. Mas quando os historiadores escrevem tendo em vista essas audiências, os seus leitores fazem parte, na realidade, de uma circunscrição muito mais reduzida: basicamente, os seus próprios colegas. Se excetuarmos umas poucas obras populares de síntese e nos focarmos nos trabalhos especializados que usam uma perspetiva global, esta tendência é ainda mais acentuada. No enquadramento institucional da investigação académica, escrever história global faz parte de uma conversa profissional e o «nós» em questão corresponde aos nossos colegas historiadores.

Não obstante o que foi dito anteriormente, os historiadores de hoje prestam contas a um público mais vasto e, na maioria dos lugares, esse público está implicado, mais do que

(6) Arif Dirlik, «Performing the World: Reality and Representation in the Making of World Histor(ies)», *Journal of World History* 16 (2005), 391–410.

nunca, em tendências globais mais gerais. Os potenciais leitores, que vão dos estudantes ao público culto, sentem o incremento da globalização na sua vida quotidiana. Para este grupo — as classes médias internacionais que controlam grandes concentrações de capital financeiro, mas também social e intelectual —, as perspetivas transnacional e global fazem bastante sentido. Ao servirem estes mercados, os historiadores sentem também a necessidade de legitimar o seu emprego de fundos públicos e de poder institucional. Isto pode levar a que alguns enfatizem as dimensões globais do seu trabalho, lidando com questões urgentes a uma escala planetária. Ao mesmo tempo, continua a ser importante demonstrar que as investigações sobre outros passados — por exemplo, historiadores norte-americanos que estudam o comércio transariano ou as plantações de borracha na Malásia — não são nem exóticas, nem periféricas, e que, pelo contrário, geram obras cruciais para compreender o lugar que as nossas sociedades ocupam no mundo em que vivemos.

História global como ideologia da globalização?

As questões globais, assim como outras espaciais, são muitas vezes também questões normativas. Além da tensão entre nacionalismo e cosmopolitismo, a questão mais premente está em clarificar a relação entre história global e globalização. Não há dúvida que a atracão geral das perspetivas globais corresponde ao atual processo de globalização que as desencadeia. Mas, mais exatamente, como é que ambos se relacionam? Ou, colocando-o de forma mais provocadora: se a história nacional surgiu da conivência com o projeto de construção nacional do século XIX, e os estudos de área foram um produto da Guerra Fria, não será que, no essencial, a história global do século XXI se encontra ao serviço da globalização dos nossos dias?

Tal como alguns críticos têm apontado, é evidente que a história global se assemelha, por vezes, à construção de uma genealogia do processo da globalização atual. O entusiasmo pelo movimento, pela mobilidade e pela circulação podem fazer com que a integração do mundo, cada vez mais densa, pareça uma evolução mais ou menos natural, ao ponto de a globalização começar a lembrar um processo que ocorre nas costas, e independentemente dos agentes históricos. No domínio retórico, a celebração de diferentes formas de «fluxos» não anda longe das invocações de versatilidade e flexibilidade nos círculos de gestão empresarial e da linguagem liberal capitalista em torno da globalização. Para a antropóloga Karen Ho, «a linguagem dos fluxos, da *descentralidade* e da imaterialidade» nas ciências sociais resulta da elevação a teoria da imagem que o capitalismo tem de si mesmo. ([7]) Por detrás das noções de «um único mundo» e de uma «aldeia global» pacífica, Fernando Coronil vê um discurso legitimador a funcionar. No seu entender, este «globalcentrismo» não é senão um véu ideológico que deturpa a globalização e obscurece o facto de que ela é impulsionada pelo capital financeiro. ([8]) Daí a ideia de que a formação em história global ou estudos globais produziria estudantes especializados no global, bem atrativos para as corporações globais.

Paradoxalmente, a própria rejeição das narrativas eurocêntricas pode dar a impressão de que não existe alternativa à ascensão do capitalismo global, levando, portanto, o eurocentrismo ao extremo. De facto, nas últimas décadas, historiadores de vários lugares criticaram um modelo difusionista, partindo, ao invés, à procura das origens indígenas do capitalismo, em sítios como o Egito, o Japão e a China. Estes

([7]) Karen Ho, «Situating Global Capitalisms: A View from Wall Street Investment Banks», *Cultural Anthropology* 20 (2005), 68–96, citação: 69; veja-se também Stuart Alexander Rockefeller, «Flow», *Current Anthropology* 52 (2011), 557–578; Augustine Sedgewick, «Against Flows», *History of the Present* 4 (2014), 143–170.

([8]) Fernando Coronil, «Towards a Critique of Globalcentrism: Speculations on Capitalism's Nature», *Public Culture* 12 (2000), 351–374.

historiadores enfatizaram os recursos específicos de cada cultura e toda a variedade de vias de acesso ao mundo moderno, argumentando que a modernidade global tem uma pluralidade de raízes, que já não devem ser procuradas na Europa, mas também fora do Ocidente. Desta perspetiva, as tradições chinesas, por exemplo, tornam-se ingredientes de um capitalismo chinês. No entanto, este tipo de construção sugere uma universalidade nutrida internamente, que se terá desenvolvido de forma natural. Isto faz parte do que Immanuel Wallerstein denominou por «eurocentrismo antieurocêntrico», dado que mesmo uma posição antieurocêntrica pode levar-nos a negligenciar o papel dominante e opressivo desempenhado pelo imperialismo e pelo capitalismo europeus na forjadura de uma ordem mundial global no século XIX.([9])

Assim, algumas leituras recentes do processo global, que focam a diversidade cultural, tendem a transformar-se, facilmente, em suportes ideológicos da globalização. Entendem a diferença como diferença cultural acima de tudo, como um conflito entre as tradições «ocidentais», «chinesas» e «indianas», ao mesmo tempo que ignoram, em grande medida, as desigualdades socioeconómicas. O conceito de múltiplas modernidades, por exemplo, pode ser apropriado por elites não-ocidentais que concorrem com outras elites por uma influência global, mas que estão menos inclinadas para enfrentar as reivindicações de integração económica dos seus próprios trabalhadores. Muitas vezes, este tipo de retroprojeções das modernidades indígenas retratam as suas nações como unidades culturais homogéneas e ignoram as controvérsias internas que rodeiam os desafios da modernidade no seio nacional.([10])

([9]) Immanuel Wallerstein, «Eurocentrism and its Avatars: The Dilemmas of Social Science», *New Left Review* 226 (1997), 93–107.

([10]) Arif Dirlik, «Globalization Now and Then: Some Thoughts on Contemporary Readings of Late 19th/Early 20th Century Responses to Modernity», *Journal of Modern European History* 4, no. 2 (2006), 137–157, citação: 154; Arif Dirlik, «Confounding Metaphors, Inventions of the

Esta objeção fundamental aos discursos da globalidade e da globalização não deve ser descartada sem mais — nem sequer se formos céticos face às dicotomias nítidas como trabalho/capital e à retórica do ocultamento em que elas, não raro, são formuladas. Portanto, os historiadores globais devem prestar atenção aos usos potenciais das suas descobertas e às lógicas que se colam inadvertidamente aos seus projetos. Têm que estar conscientes das estruturas de poder de que fazem parte, até quando analisam essas mesmas estruturas. No essencial, tal significa que uma das tarefas cruciais da história global está em oferecer um comentário crítico ao processo de globalização em curso. A história global pode fornecer uma consciência reflexiva e problematizar as narrativas que as partes interessadas empregam para legitimar as suas agendas políticas, seja o desmantelamento do Estado-providência, seja a abolição dos controlos fronteiriços. Existem, pelo menos, quatro maneiras de o fazer.

Em primeiro lugar, a história global pode ser usada como uma metodologia que desafia a retórica da teleologia da globalização. Ao situar os eventos e os processos em contextos (globais) concretos, esta abordagem proporciona uma correção importante aos pressupostos acerca de uma continuidade de longo prazo e de mudança secular, bem como à metafísica da globalização que é frequente encontrarmos na literatura económica e das ciências sociais.(11) Em segundo lugar, os historiadores podem lembrar-nos que as estruturas globais são sempre, em parte, resultantes de projetos globalizantes, e que, por isso, os atores históricos defendem os seus próprios interesses e programas. Deste modo, uma perspetiva histórica global atua como um antídoto face aos pressupostos de um processo que se desenvolve naturalmente.

World: What Is World History For?» *in*: Benedikt Stuchtey e Eckhardt Fuchs (eds.), *Writing World History, 1800–2000*, Oxford (Oxford University Press) 2003, 91–133.

(11) Jürgen Osterhammel, «Globalizations», *in*: Jerry H. Bentley (ed.), *The Oxford Handbook of World History*, Oxford (Oxford University Press) 2011, 89–104.

Em terceiro lugar, os historiadores estarão em posição de avaliar tanto os custos como os benefícios da integração global. Em si mesmas, as conexões não são nem boas nem más, não são nem intrinsecamente benéficas nem prejudiciais. A escravatura, a guerra, o império, as epidemias são custos possíveis e elevados de um grande nível de interconexão. Ao mesmo tempo, porém, as interações transfronteiriças tornam disponíveis objetos e ideias, criando também novos espaços onde os indivíduos e os grupos podem forjar alianças, exigir reformas e pensar aprofundadamente sobre as complexidades da realidade global. Muito dependerá de como os historiadores avaliem o processo de globalização. Várias vozes têm associado a globalização à expansão das desigualdades a nível mundial, a novos modos de exploração e dominação, às deslocações forçadas, à marginalização e ao holocausto ecológico. Outros têm-na louvado como criadora de formas de prosperidade, liberdade, emancipação e democracia sem precedentes. Terá o Império Mongol atuado como motor do comércio transfronteiriço, da interação cultural e de um alargamento geral dos horizontes? Ou será que ele semeou a destruição e facilitou a disseminação da Peste Negra? Até certo ponto, ambas as hipóteses estão corretas. Claro que existiram casualidades e vítimas que sofreram com as novas formas de trocas, enquanto outros beneficiaram e prosperaram com elas. Inversamente, e embora alguns tenham pago o preço do provincianismo, há também vantagens em resgatar o local e o não-conectado e em não se subsumir nas estruturas globais.

Podemos criticar as maneiras concretas pelas quais se fez convergir os mercados, se estabeleceu a hegemonia cultural e se formaram ou obstaculizaram as instituições políticas transnacionais. Mas, de um modo geral, será difícil argumentar que a conectividade, mais do que a própria história, é responsável por aqueles defeitos.

Por último, a história global é uma abordagem que nos faz ir além das explicações *internalistas*. Se este ponto pode parecer demasiado técnico e inconsequente, a verdade é que esta abordagem torna possível questionar as explicações genealógicas que imputam desenvolvimentos históricos — como as ascensões e os declínios, a prosperidade e a privação, a abertura e o isolamento — diretamente às qualidades intrínsecas de pessoas individuais, sociedades e «culturas». Desse modo, a história global põe em causa a ideologia segundo a qual indivíduos e grupos mais extensos são inteiramente responsáveis pela sua própria felicidade ou miséria. Trata-se de uma retificação importante, dada a poderosa tradição de individualismo metodológico nas ciências sociais. A história global pode desviar a nossa atenção para as hierarquias do poder e para as estruturas geopolíticas que condicionam o modo através do qual o mundo se tornou integrado, com efeitos decisivos nos indivíduos, nos grupos e nas sociedades no seu todo.

Quem escreve o mundo? Hierarquias do conhecimento

No início deste milénio, Dipesh Chakrabarty alertou os seus colegas historiadores para a «desigualdade da ignorância», como estrutura disseminada da produção global de conhecimento. «Os historiadores do terceiro mundo», assim o afirmou na altura, «sentem a necessidade de se referir a obras da história europeia; os historiadores da Europa não sentem qualquer necessidade de reciprocar». Historiadores da Índia, do Quénia ou da Argentina podem apenas ignorar os trabalhos dos seus proeminentes colegas ocidentais por sua conta e risco. Ao contrário, quando académicos como Edward Thompson, George Duby, Carlo Ginzburg e Natalie Davis elaboraram os seus estudos, dificilmente alguém esperava que eles dialogassem com as historiografias de fora da Europa e dos Estados Unidos.[12] No nosso presente globalizado, até que ponto é que esta situação mudou? Terá a história global enquanto paradigma permitido a participação de um mais

[12] Dipesh Chakrabarty, *Provincializing Europe: Postcolonial Thought and Historical Difference*, Princeton (Princeton University Press) 2000, 28.

vasto conjunto de vozes na conversação académica? Onde é que se escreve, na realidade, história global?

Há que admitir, primeiro, que, em pleno século XXI, a história global continua a ser basicamente um domínio das regiões industrializadas e economicamente privilegiadas do globo. Enquanto perspetiva, como uma dimensão adicional, começa agora a exercer alguma influência noutros lugares; mas é principalmente nos Estados Unidos e noutros países anglófonos, em partes da Europa Ocidental e no Leste Asiático, que a história global encontrou o que mais se assemelha a uma casa permanente dentro do sistema universitário. As estruturas institucionais importam, e as diferentes perspetivas sobre a história global não dependem somente de debates teóricos e de tradições discursivas; em boa medida, elas resultam de divergentes sociologias do conhecimento.

São várias as razões para esta evolução desigual. Em cada país, a atração exercida pela história global depende de uma diversidade de condições internas. Nos Estados Unidos, por exemplo, o crescimento dos estudos de área, as controvérsias em torno da reforma curricular e as exigências de uma sociedade moldada pela imigração, desempenharam um papel importante. Daqui resultou a fundação da World History Association, em 1982, e o lançamento do *Journal of World History*, em 1990. Na Grã-Bretanha, a tradição da história imperial permitia representar as histórias da Ásia e da África de uma forma mais ampla do que a que se fazia noutros países. Ainda assim, quaisquer que sejam as especificidades domésticas, não se pode ignorar que a ascensão da história global como paradigma ocorreu sobretudo em países que participavam ativamente no processo de globalização e que dele beneficiavam. Em alguns lugares, em especial nos Estados Unidos e na China, a ressonância da história global está ligada a uma maior consciência pública do papel de liderança mundial dos seus países. ([13])

([13]) Patrick Manning, *Navigating World History: Historians Create a Global Past*, New York (Palgrave Macmillan) 2003; Dominic Sachsenmaier,

Por que é que a história global é menos proeminente noutros países, e o que é que essa falta de popularidade implica? Em grande medida, condições institucionais diversas ajudam a explicar a falta de entusiasmo em alguns locais. Um fator decisivo é o grau em que as comunidades académicas contactam com as discussões anglófonas e são por elas afetadas. Em muitos países árabes, e de certa forma também em países como França e Itália, o contacto com os debates de língua inglesa é frequentemente mínimo, e o padrão continua a ser a publicação na língua nacional. Tradicionalmente, muitos historiadores da América Latina tendiam a ser mais influenciados pela erudição francesa ou espanhola do que pela britânica e norte-americana — uma situação totalmente distinta da que se passava em países como a Dinamarca e a Holanda, onde a história global arrancou muito mais cedo.

A história global é também menos apelativa em países onde a construção nacional ocupa um lugar prioritário na agenda pública e intelectual. É este o caso de muitas partes de África, mas também da Europa de Leste na esteira da Guerra Fria. Sob tais condições, o financiamento — quando disponível — tende a ser concedido principalmente a projetos relacionados com o passado nacional.([14]) De um modo mais geral, claro, o tema do financiamento é crucial — e não apenas para os programas de história global. Em África, em particular,

---

Global Perspectives on Global History: Theories and Approaches in a Connected World, Cambridge (Cambridge University Press) 2011.

([14]) Stefan Berger e Chris Lorenz (eds.), *Nationalizing the Past: Historians as Nation Builders in Modern Europe*, Basingstoke (Palgrave Macmillan) 2010; Stefan Berger (ed.), *Writing the Nation: Global Perspectives*, Basingstoke (Palgrave Macmillan) 2006; Toyin Falola, «Nationalism and African Historiography», *in*: Q. Edward Wang e Georg G. Iggers (eds.), *Turning Points in History: A Cross Cultural Perspective*, Rochester, NY (University of Rochester Press) 2002, 209–231; Georg G. Iggers e Q. Edward Wang, «The Appeal of Nationalist History around the World», *in*: Iggers e Wang, *A Global History of Modern Historiography*, Harlow (Pearson) 2008, 194–249.

muitas universidades e instituições académicas padecem de uma grave crise, ao ponto de se colocar em causa a oferta da história como disciplina curricular. É que a história global pode ser um empreendimento especialmente dispendioso. Apenas onde as fundações e as organizações governamentais estiverem dispostas a promover a nova abordagem, a assumir o risco correspondente e onde os editores puderem contar com um retorno dos seus investimentos, é que poderão florescer jornais, centros de investigação, formação linguística, conferências internacionais e afins. A sua vontade depende então, em igual medida, dos benefícios políticos e económicos que as sociedades conseguem retirar do processo de globalização. Por conseguinte, as nações mais afluentes do Ocidente e da Ásia Oriental continuam a estar sobrerepresentadas neste campo — e muitos dos historiadores com uma mentalidade internacionalista, oriundos de outras regiões, ensinam atualmente em universidades dos Estados Unidos, da Grã-Bretanha ou de Singapura. Além do mais, num mundo onde a formação online (por intermédio de cursos abertos amplamente participados, como os *moocs*) é muito acessível, as hierarquias criadas pelo Google Académico e pelo Ranking de Xangai das Universidades Mundiais fazem parte de um conjunto de incentivos colossais para a internacionalização e para a globalização da investigação. A economia política global da academia é um fator determinante para compreendermos as dinâmicas da definição de prioridades programáticas e o panorama desigual da produção do conhecimento.

A geografia institucional da história global é, portanto, altamente irregular. Isto não significa, todavia, que seja impossível encontrar perspetivas transfronteiriças noutros locais. Muito embora a história da própria nação continue a gozar, de facto, de uma posição privilegiada em quase todo o mundo, desde a década de 1990 temos assistido a um acentuado crescimento da importância dos programas de investigação transnacionais em muitos países, assim como ao aumento da procura por narrativas e visões espaciais alternativas. Normalmente, não se trata de abandonar a história nacional por inteiro, mas sim de a «transnacionalizar».([15]) Por isso, também não devemos equiparar a ausência de uma abordagem explicitamente global a um qualquer tipo de provincianismo.

Neste contexto, as perspetivas transnacionais — estudos dos oceanos e espaços regionais, tais como o oceano Índico, o Atlântico Sul, a Ásia Oriental, etc., — foram cruciais para muitos historiadores não-ocidentais. Ao trabalharem sobre estas geografias, desafiaram a centralidade do Estado-nação. Mas os seus esforços podem ter uma leitura política como respostas ao processo de globalização. Estas servem, muitas vezes, como pontos de partida de narrativas alternativas, que transcendem a incorporação gradual do «resto do mundo» no sistema mundial euro-americano. É por isso que alguns historiadores prestam particular atenção aos entrelaçamentos que ocorreram fora do Ocidente — aos contactos entre Angola e o Brasil, à migração da Coreia para a Manchúria, às redes islâmicas da Indonésia para a Mauritânia. Eis também a razão para a frequente preferência por um período de análise pré--oitocentista, quer dizer, anterior à ascendência da hegemonia imperial ocidental.

Deste modo, e apesar de uma historiografia transnacional já consagrada, o termo «global» aparece com muito menos frequência fora dos países de literatura anglófona; em alguns deles, há até historiadores que evitam usá-lo de forma explícita. Esta relutância está relacionada com um ceticismo geral sobre esta abordagem que, pese embora toda a retórica antieurocêntrica, é essencialmente olhada por alguns como um discurso imperialista ou como uma imposição ocidental. De acordo com os críticos, os historiadores globais falam de

([15]) Eckhardt Fuchs e Benedikt Stuchtey (eds.), *Across Cultural Borders: Historiography in Global Perspective*, Lanham, MD (Rowman & Littlefield) 2002; Stuchtey e Fuchs, *Writing World History*; Q. Edward Wang e Franz L. Fillafer (eds.), *The Many Faces of Clio: Cross-Cultural Approaches to Historiography*, New York (Berghahn) 2007; Douglas Northrop (ed.), *A Companion to World History*, Oxford (Wiley-Blackwell) 2012, 389–526.

interações e entrelaçamentos, mas, na realidade, centram-se estritamente nas relações entre o Ocidente e o «resto do mundo». «Os intelectuais indianos habituaram-se à ideia de um mundo bipolar formado pela Índia e o Ocidente», notou Vinay Lal. «Esta é a condição dos povos colonizados por todo o mundo. Esta mentalidade é, evidentemente, um produto do colonialismo europeu.» ([16])

Em certos casos, a história global confronta-se com uma historiografia que se tem libertado, de forma muito deliberada, do padrão de «respostas indígenas ao desafio ocidental», padrão esse que inclui, por exemplo, estudos da América Latina e o Ocidente, de África e o imperialismo, da Índia e o Raj ou da China depois das Guerras do Ópio. Em lugar disso, o enfoque vira-se para as dinâmicas endógenas, para uma história indutiva feita «de baixo», na qual as influências externas estão presentes apenas como contexto geral, sem qualquer peso explicativo no curso dos acontecimentos. Num cenário como este, convocar narrativas globais pode parecer um retorno a interpretações que se julgavam ultrapassadas.

Em suma, a rejeição do global nem sempre pode ser facilmente desacreditada como mera reincidência. Compreende-se melhor esse repúdio se atendermos às condições locais e internacionais de produção do conhecimento a que está ligado. É claro que as inquietações locais e as tradições historiográficas continuam a influenciar o modo como o mundo é apropriado ou excluído das narrativas nacionais. Ao mesmo tempo, a «abertura» e a «resistência» face aos enquadramentos globais explicam apenas parte do apelo exercido por estas abordagens. Outras razões para os diversos graus de atração exercida pelo global podem ser encontradas nas estruturas geopolíticas mais vastas e nas maneiras pelas quais cada país se relaciona com o processo de globalização.

([16]) Vinay Lal, «Provincializing the West: World History from the Perspective of Indian History», *in*: Benedikt Stuchtey e Eckhardt Fuchs (eds.), *Writing World History, 1800–2000*, Oxford (Oxford University Press) 2003, 271–289, citação: 278–79.

Geopolítica e língua

As objeções ao paradigma da história global são especialmente poderosas quando associadas a uma crítica ao domínio da cultura académica anglófona. A questão da língua é, de facto, crucial. A hegemonia do inglês enquanto idioma académico é um facto incontestado, mesmo que as humanidades não tenham sido tão afetadas por ele quanto as ciências naturais e sociais. Isto é particularmente notável no campo da história global — tanto assim é, que o próprio campo é frequentemente considerado um projeto anglo-americano. A maioria dos historiadores globais continua ainda a ignorar os estudos escritos noutras línguas e produzidos fora do enquadramento institucional das universidades ocidentais — em particular, as dos Estados Unidos e da Grã-Bretanha. Como salientou Dominic Sachsenmaier, essa marginalização de outras tradições historiográficas, mesmo nos locais onde essas obras se encontram traduzidas, contradiz fortemente a retórica inclusiva e pós-eurocêntrica da abordagem histórica global. «Até agora, as hierarquias do conhecimento, que emergiram nos últimos um ou dois séculos, continuam obviamente intactas e ainda determinam o alcance da consciência e dos interesses académicos no mundo.» Sachsenmaier alerta-nos também para os efeitos secundários produzidos pela hegemonia global da língua inglesa para lá do Ocidente. «Por exemplo, na China, os académicos dedicados à história mundial e global estão normalmente familiarizados com a literatura ocidental mais recente, mas são tipicamente alheios aos avanços alcançados no seu próprio campo em sociedades como a Índia, para não falar da América Latina, do Médio Oriente ou da África Subsaariana.» ([17])

([17]) Dominic Sachsenmaier, «Some Reflections on the Nature of Global History», Toynbee Prize Foundation, http://toynbeeprize.org/global-history-forum/some-reflections-on-the-nature-of-global-history/#more-984.

Não há dúvida de que a hegemonia do inglês tem o poder de marginalizar outras línguas e tradições historiográficas. E, ainda assim, o aparecimento de uma língua franca global não é apenas um instrumento de dominação; ela pode também facilitar conversações transfronteiriças com uma intensidade nunca antes vista no universo multilingue dos séculos anteriores, mais babilónicos. Ao contrário do latim, do persa, do chinês e de outros idiomas regionais, o inglês já não está confinado a uma ecúmena e é globalmente acessível. Em princípio, esta língua facilita o acesso a estudos antes tidos por ocultos e impenetráveis, possibilita uma maior participação nos debates e amplifica vozes que, até então, apenas se faziam ouvir ao nível local.

A autoridade atribuída à produção académica de língua inglesa tem ainda permitido que os historiadores de outros lados a usem estrategicamente e critiquem as peculiaridades e formas de provincianismo de diferentes tradições nacionais. A título de exemplo, historiadores da Alemanha, Itália, Coreia e China têm vindo a distanciar-se das velhas tradições (nacionais) de escrever sobre o mundo, substituindo-as pela história global, por intermédio de traduções e empréstimos metodológicos, com o objetivo declarado de transcender tradições anteriores, como a história universal ou do ultramar. A remissão para debates anglófonos pode, assim, ajudar a abrir caminho a uma nova agenda intelectual, bem como a uma libertação de leituras do passado mundial mais antigas e mais provincianas (por exemplo, eurocêntricas). ([18])

([18]) Alguns exemplos incluem, para o caso de Itália, Laura Di Fiore e Marco Meriggi, *World History: Le nuove rotte della storia*, Rome (Laterza) 2011; para a Bélgica, Eric Vanhaute, *Wereldgeschiedenis: Eeen inleiding*, Ghent (Academia Press) 2008; para a Alemanha, Sebastian Conrad, Andreas Eckert e Ulrike Freitag (eds.), *Globalgeschichte: Theorien, Ansätze, Themen*, Frankfurt (Campus) 2007; para a Suíça, Jërome David, Thomas David e Barbara Lüthi (eds.), *Globalgeschichte/Histoire Global/Global History*, Zurich (Chronos) 2007; para França, Philippe Beaujard, Laurent Berger, e Philippe Norel (eds.), *Histoire globale, mondialisations et capitalisme*, Paris (La Découverte) 2009; para a Coreia do Sul, Cho Ji-hyŏng e

Mais ainda, a hegemonia do inglês neste campo nunca será absoluta. Afinal, para os historiadores globais, a proficiência em diversas línguas é uma vantagem crucial. Apesar de toda a homogeneização tecnológica, o passado é caracterizado por uma indissolúvel heterogeneidade linguística, incluindo períodos que agora nos parecem ser cada vez mais globais. Tal como Benedict Anderson observou, os filipinos do século XIX «escreviam aos austríacos em alemão, aos japoneses em inglês, entre eles em francês, espanhol ou tagalo (...) Alguns deles sabiam um pouco de russo, grego, japonês e chinês. Um telegrama podia dar a volta ao mundo em minutos, mas a verdadeira comunicação necessitava do internacionalismo puro e duro do poliglota.» ([19]) Qualquer que seja o futuro do inglês global, os documentos do passado estão escritos em malaio e persa, em russo e em telugo. A longo prazo, a moda da história global pode prejudicar os académicos que não sejam fluentes nessas línguas e que não tenham saído da zona cómoda do inglês nativo, devido a uma confiança excessiva e equivocada no seu alcance e poder universais.

Dito isto, o inglês tem emergido como língua hegemónica a um grau nunca antes alcançado por nenhuma outra língua; não raras vezes, o significado do termo «internacional» é reduzido, na prática, a «anglófono». Claro que isto beneficia os falantes nativos de inglês. Os académicos que não o têm como língua materna podem não se expressar tão bem, escrever tão fluentemente ou defender as suas ideias com tanta eficácia como eles. Ainda mais importante, a predominância da produção universitária de língua inglesa transforma os costumes específicos das universidades britânicas e norte-americanas em normas académicas amplamente aceites. A dimensão ideal de um livro (que não será certamente a de uma *these d'État* francesa), o peso apropriado de empirismo e

---

Kim Yong-Woo (eds.), *Chigusa uŭi tojŏn: ŏddŏgge yurŏpchungsimjuŭi rŭl nŏmŏsŏl kŏtinga*, Seoul (Sŏhaemunjip) 2010; para o Japão, Mizushima Tsukasa, *Gurōbaru hisutorī nyūmon*, Tokyo (Yamakawa Shuppan) 2010.

([19]) Benedict Anderson, *Under Three Flags: Anarchism and the Anti-Colonial Imagination*, London (Verso) 2005, 5.

teoria numa dissertação, bem como o tipo de perguntas e programas de investigação que são considerados «de vanguarda» são exemplos dos efeitos exercidos por essa normalização. A assimetria da difusão linguística tem, por isso, profundas repercussões nas formas e conteúdos do trabalho académico, algo que a circulação digital da informação e das investigações não conseguirá alterar. Se bem que se possa participar em cursos online a partir de quase todo o mundo, os materiais que são usados como fontes, por razões legais e de acessibilidade, tendem a ser traduções inglesas. Caminhamos, muito provavelmente, para uma era digital muito mais anglófona que todas as que a antecederam.

O domínio do inglês e, o que é ainda mais fundamental, o poderoso papel das instituições americanas (e algumas britânicas), são evidentes e resultam, no essencial, do poder geopolítico dos Estados Unidos. Mas o terreno da história global também se encontra inclinado de um modo que tem recebido muito menos atenção. Existe, com efeito, um claro enviesamento asiático neste campo emergente. Num primeiro nível, esta inclinação é institucional: os académicos no Japão, na Coreia, na China e em Singapura começaram a trabalhar sobre problemáticas globais, e o apoio institucional, nestes países, não cessa de crescer. A Associação Asiática de Historiadores Mundiais, fundada em 2008, é uma empresa que prospera. Mas a um outro nível, mais inesperado, a Ásia aparece como objeto privilegiado dos que escrevem história global. Muitos dos estudos atuais centram-se em acontecimentos asiáticos e na história das ligações que uniram a Ásia à Europa e ao Novo Mundo. Na maioria das sínteses e obras genéricas, a Ásia ocupa um lugar de destaque, não raras vezes a expensas da América Latina, da Rússia e da África Subsaariana. Um exemplo notável disto mesmo é a impressionante *Ascensão e Queda dos Impérios Globais*, de John Darwin, que não menciona uma única formação imperial do exterior da Eurásia.([20])

([20]) John Darwin, *After Tamerlane: The Global History of Empire*, London (Penguin) 2007. [*Ascensão e queda dos impérios globais: 1400–2000*, trad. Jaime Araújo, Lisboa (Edições 70) 2015].

Quase se podia dizer que, em grande parte, fazer história global consiste em descobrir a Ásia.

Esta «Ásia», bem entendido, não é nem o continente, nem uma designação puramente geográfica. O enfoque está menos no Afeganistão ou no Irão do que no Japão e nos quatro «tigres» asiáticos (Hong Kong, Coreia, Singapura e Taiwan); recai menos sobre a Malásia e as Filipinas do que sobre a China. Num certo sentido fundamental, a história global foi desencadeada pela ascensão da China e, em especial, pela necessidade de dar sentido a uma situação geopolítica em mudança. A este respeito, a obra paradigmática da nova abordagem é o estudo comparativo de Kenneth Pomeranz sobre o desenvolvimento económico e a industrialização em Inglaterra e na China.([21]) Mais do que todos os debates metodológicos e outras correntes intelectuais na academia, a expansão do capitalismo chinês levou a repensar as hierarquias globais, tanto política como epistemologicamente. Para compreender as trajetórias dos debates em torno da história global, o desafio chinês afigura-se tão importante como a supremacia das instituições americanas e a hegemonia da língua inglesa.

Limitações do «global»

Depois de dedicado algum tempo à sociologia da história global, mudemos agora de velocidade para concluir este capítulo, e este livro, com um breve olhar sobre os possíveis reveses e os custos intelectuais da história global enquanto abordagem. O conceito de «global» tanto nos ajuda a ir além das histórias isoladas, como a ultrapassar a estrutura bilateral das narrativas acerca de influências e transferências, de difusão e empréstimo. Ele é parte integrante de uma revolução

([21]) Kenneth Pomeranz, *The Great Divergence: Europe, China, and the Making of the Modern World Economy*, Princeton (Princeton University Press) 2000. [*A Grande Divergência: A China, a Europa e a Construção da Economia Mundial Moderna*, trad. Miguel Mata, Lisboa (Edições 70) 2013].

metodológica que questiona o *internalismo* na análise histórica. Mas o conceito de «global» tem também as suas limitações e acarreta certos riscos que lhe são inerentes.

Nas secções precedentes, aflorámos algumas das potenciais armadilhas desta abordagem. Especialmente delicada é a questão das escalas, analisada nos capítulos 6 e 7. Optar por grandes quadros espaciais e temporais pode lançar luz sobre contextos mais vastos e constrangimentos estruturais que afetam um determinado acontecimento ou situação. No entanto, essa opção pode obscurecer o papel dos atores, os seus motivos e as suas escolhas, ofuscando a responsabilidade individual no curso da história. Sem dúvida que a dicotomia entre atores locais e fatores globais é enganadora, uma vez que não há maneira de separar, com clareza, uns dos outros. Ainda assim, privilegiar as grandes escalas pode implicar que se subestime a ação humana local.

À parte desta problemática, consideremos quatro desafios adicionais que os historiadores globais enfrentam. Resumidamente, o conceito de «global» pode levar a que os historiadores apaguem a lógica específica do passado, a venerar as conexões, a negligenciar a questão do poder e a nivelar a realidade histórica na sua procura por grandes quadros unificadores. Todos estes quatro riscos aconselham-nos a não exagerar a globalidade. Apreciemos, à vez, cada um deles.

Primeiro, o interesse pela globalidade e pela globalização levou muitos historiadores a privilegiar as interações e as transferências, tratando-os como fins em si mesmos. Parece, então, que as fontes históricas falam apenas a língua da conexão, como se esta fosse o seu significado mais profundo e verdadeiro; todas as outras histórias possíveis — sejam elas sobre a fé, a guerra, a intriga política, a intimidade, a proteção ambiental ou os hábitos laborais — são vistas como superficiais e efémeras. Por vezes, os historiadores globais afirmam que são capazes de ver através do véu destes eventos superficiais, de tal modo que podem extrair das fontes aquilo que elas nos têm a dizer sobre o estado, as qualidades e a lógica das conexões.

Se é a isso que aspiramos, então logicamente que esta é a abordagem adequada. Mas uma missão como esta pode também ser limitadora, dado que ela apaga a riqueza e a textura complexa do passado. A biografia de um alemão que emigrou para o centro-oeste dos Estados Unidos da América, na década de 1840, pode dizer-nos algo sobre a história política de 1848, as condições económicas na Alemanha rural, a diáspora das comunidades alemãs no Michigan, as relações entre imigrantes e nativos americanos, sobre masculinidade e relações de género na família, e muito mais. Usar estas histórias, sobretudo como um meio para aceder ao grau de interconexão, pode acabar por empobrecer a análise histórica. «De facto», advertiu John-Paul A. Ghobrial, «arriscamo-nos a descrever um mundo povoado por peregrinos globais sem rosto, camaleões sem cores e pessoas invisíveis que cruzam fronteiras, indivíduos de tal modo privados de contexto local, confessional ou pessoal, que não são mais que meros cristais através dos quais conseguimos ver (...) o mundo interligado em que viveram.» ([22]) Se reduzimos todas as biografias históricas, relatos e eventos a metáforas da globalidade, terminamos com uma imagem unidimensional e exígua do passado.

O mesmo significa, em segundo lugar, que a história global precisa de ultrapassar o fetiche da mobilidade, tão característico de muito do trabalho recente neste campo. De facto, em muitas discussões, a mobilidade aparece agora como o traço distintivo, senão mesmo o equivalente, da história global. O movimento de pessoas através das fronteiras — como viajantes e imigrantes, escravos e trabalhadores, mercadores e prisioneiros de guerra — é um dos mecanismos-chave na criação da internacionalidade e da globalidade e o meio fundamental pelo qual ambas foram experienciadas em primeira mão. Isto explica por que é a grande maioria da literatura relevante se tem concentrado nos migrantes e noutros grupos

---

([22]) John-Paul A. Ghobrial, «The Secret Life of Elias of Babylon and the Uses of Global Microhistory», *Past & Present* 222 (2014), 51–93, citação: 59.

móveis. Embora tal perspetiva tenha aberto novas e importantes janelas sobre o passado, a preocupação com a mobilidade tende a fazer desse mesmo passado uma simples pré-história da globalização. O resultado é que tudo e todos aparentam estar em movimento por todo o lado. Na realidade, esta imagem fala-nos menos do passado do que dos desejos do presente.

A obsessão com mobilidade e movimento leva, portanto, a exageros e distorções. Pensemos nos inúmeros exemplos de panoramas históricos globais nos quais as secções sobre mudança social são substituídas por capítulos acerca das migrações. Milhões de camponeses vão desaparecendo, gradualmente, do radar, enquanto as tripulações de navios recebem uma desmesurada atenção académica tendo em conta os seus números reais. A grande maioria das pessoas apenas viajava de forma esporádica, se é que o fazia, e certamente nunca por longas distâncias ou em direção a culturas remotas; as condições sociais, políticas e económicas que existiam e a falta de infraestruturas em muitas partes do mundo impossibilitavam um tal tipo de mobilidade. Por isso, os historiadores globais não deveriam fazer dos sedentários meras casualidades da sua preocupação atual com a circulação e a fluidez. Trata-se, de certo modo, de uma ironia: os povos nómadas e itinerantes encontravam-se entre as vítimas do processo de globalização — enquanto, agora, os sedentários, aqueles que não saem do seu lugar, pagam o preço historiográfico, negligenciados que são pelos historiadores.

Um dos efeitos reconhecidos deste fenómeno é a atribuição, em alguns textos de história global, de um papel privilegiado às elites. É claro que existiu escravatura, *coolies* e migração em massa. Mas, em várias obras, os papéis cruciais estão reservados aos indivíduos cultos que viajavam para terras distantes, aos sábios que conseguiam informar a partir de reinos remotos, aos poucos que expressavam por palavras e no papel a sua consciência global. No longo prazo, portanto, a história global irá beneficiar de uma viragem social — afinal, mesmo aqueles que raramente se moviam acabaram por ser afetados por processos mais vastos. Não é difícil prever que os historiadores acabarão, eventualmente, por prestar cada vez mais atenção aos instalados, aos autóctones e aos menos privilegiados, bem como àqueles que se mantiveram, em grande medida, desconectados e fora do redil da globalização. Pensemos nos mais de cem milhões de pessoas que pertencem aos grupos marginalizados das regiões montanhosas do Sudeste Asiático a que os historiadores denominaram «Zomia». Durante séculos, estes grupos conseguiram evitar a integração, mantendo-se afastados das instituições e das relações de exploração controladas pelo Estado. Tais grupos — «os refugiados da modernidade» — quase não figuram nas narrativas da globalização. ([23])

De um modo mais geral, a ciência social da globalização deu prioridade à mobilidade e celebrou os fluxos de bens, pessoas e ideias. Os fluxos, entendidos como padrões persistentes de circulação, emergiram, na literatura, como uma metáfora importante. Eles simbolizam a promessa de minar a fixidez, o lugar e o território, proclamando que «tudo o que é sólido se desvanece no ar» — o mantra da globalização. Os fluxos correspondem à «desterritorialização» e, em particular, à superação do enquadramento conferido pelo Estado-nação. E embora devamos estudar esses fluxos, temos também de estar conscientes dos declínios e dos obstáculos. De facto, alguns dos detestados processos de territorialização não são nem o resultado de teimosia, nem de rasgões feitos nas teias bem urdidas da globalização. Pelo contrário, eles devem ser vistos como respostas à integração global; a ascensão do Estado-nação foi a reação mais visível às pressões globais do século XIX. ([24]) Quase sempre, ambos os processos ocorreram em paralelo. Quando, em 1869, a abertura do Canal do

---

([23]) James C. Scott, *The Art of Not Being Governed: An Anarchist History of Upland Southeast Asia*, New Haven, CT (Yale University Press) 2009.

([24]) Para uma crítica da metáfora do fluxo, popularizada por académicos como Arjun Appadurai e Ulf Hannerz, veja-se Stuart A. Rockefeller, «Flow», *Current Anthropology* 52 (2011), 557–578.

Suez reduziu drasticamente o tempo de viagem entre a Grã-Bretanha e a Índia, essa nova via forçou também as caravanas de camelos e os *dhows* a parar e a esperar, perturbando, desse modo, antigas rotas de comércio e mobilidade. A aceleração e outras formas de desaceleração condicionavam-se, por isso, mutuamente. ([25])

O mesmo significa que nem tudo se move e nem todos viajam — e que, consequentemente, teremos de complementar a retórica dos fluxos com a linguagem das fricções, das não-transferências e da inércia. Por que é que certas formas de conhecimento nunca viajaram? Por que razão é que algumas ideias não foram transmitidas, mesmo quando as condições políticas e de infraestrutura permitiam e encorajavam, de facto, essa transferência? Tomemos apenas um exemplo: a história da *Caesalpinia pulcherrima*, vulgo flor-de-pavão. Esta flor era usada como um contracetivo e abortivo na América Latina e nas Caraíbas. No século XVIII, as mulheres escravas tomaram conhecimento do efeito medicinal da flor e usaram-na, evitando dar à luz filhos que, de contrário, nasceriam na condição de escravos. No entanto, este conhecimento não se difundiu, mesmo depois da integração das Caraíbas nas estruturas capitalistas da economia Atlântica. Londa Schiebinger, historiadora da ciência, introduziu o conceito de «agnotologia» — o estudo das formas de não-conhecimento culturalmente induzidas — para descrever uma série de fatores impeditivos de uma disseminação mais ampla do conhecimento, que iam das prioridades culturais e institucionais às preferências e aversões pessoais. ([26])

([25]) Valeska Huber, *Channelling Mobilities: Migration and Globalisation in the Suez Canal Region and Beyond*, Cambridge (Cambridge University Press) 2013.

([26]) Londa Schiebinger, *Plants and Empire: Colonial Bioprospecting in the Atlantic World*, Cambridge, MA (Harvard University Press) 2007; Robert N. Proctor e Londa Schiebinger (eds.), *Agnotology: The Making and Unmaking of Ignorance*, Stanford, CA (Stanford University Press) 2008. Veja-se também Anna L. Tsing, *Friction: An Ethnography of Global Connection*, Princeton (Princeton University Press) 2004.

Em terceiro lugar, a história global enquanto abordagem não está imune à crítica de que negligencia as questões associadas ao poder. O conceito de «global», segundo essa crítica, pode esconder as hierarquias sociais e as assimetrias de poder que têm moldado o mundo moderno. E, de facto, alguns trabalhos tendem a olhar para as conexões globais, não tanto como um projeto, impulsionado por pessoas e grupos com interesses próprios, mas muito mais como um processo quasi-natural. Ao celebrarem a interconexão, estas obras utilizam o «global» para ocultar, muitas vezes inadvertidamente, as desigualdades de poder subjacentes.

Os resultados são — ou melhor, podem ser — histórias de fluxos gerados autonomamente, histórias de uma fácil expansão do comércio e de um movimento de livre flutuação. Nas suas meditações nostálgicas sobre *O Mundo de Ontem*, o romancista Stefan Zweig expressou, com vivacidade, uma tal utopia de mobilidade sem fronteiras: no século XIX, escreve Zweig, «a terra era de todos. Cada um ia para onde queria e ficava o tempo que quisesse». Para Zweig, as fronteiras «não eram mais do que linhas simbólicas que se atravessavam com a mesma descontração com que se passa o meridiano de Greenwich».([27]) Mas dificilmente se pode considerar a sua experiência como representativa. A experiência vivida de milhões de trabalhadores forçados e *coolies* asiáticos que trabalhavam nas minas e plantações da África do Sul, em Cuba e no Hawai foi completamente diferente daquela gozada por um punhado de romancistas austríacos e turistas ingleses. A mobilidade ilimitada de Zweig — «embarcava-se e desembarcava-se sem perguntar e sem se ser questionado» — está longe da experiência das massas populacionais que enfrentavam procedimentos de imigração, controlos higiénicos, centros de quarentena, leis de nacionalidade, exames de documentos e impressões digitais, leis de cidadania e de exclusão.

([27]) Stefan Zweig, *Die Welt von gestern: Erinnerungen eines Europäers*, Frankfurt am Main (Fischer) 1970, 465. [*O mundo de ontem: recordações de um europeu*; trad. Gabriela Fragoso, Lisboa (Assírio & Alvim) 2005].

Semelhantes miopias podem ser observadas noutros campos. Alguns textos recentes retratam os impérios como formas óbvias de governo político de populações heterogéneas, sem mencionar as violações de direitos individuais e de grupos nas quais eles se baseavam. Os mercados parecem convergir naturalmente, ainda que muitos deles só sob a ameaça de armas de fogo se tenham aberto ao comércio externo. A difusão da religião é apresentada mais como fruto de traduções e conversações e menos como resultado de perseguições e cruzadas. Existe igualmente a tendência, em algumas obras, para despolitizar a nossa compreensão da história e para estruturar o passado segundo o imaginário dos mercados liberais. ([28])

Ao nível da teoria e do método, esta expulsão da política corresponde à maneira pela qual a «história global» é, por vezes, divulgada como um antídoto para os presumíveis exageros, por um lado, dos estudos pós-coloniais e, por outro, dos trabalhos académicos em torno do sistema-mundo. Embora ambas as abordagens se baseiem numa crítica do poder, algumas das suas variantes mais recentes, identificadas com a história económica global e as inclinações da «grande história» para as ciências naturais, têm eliminado, em grande medida, as questões das hierarquias políticas e sociais. Por isso mesmo, é essencial lembrarmo-nos de que as interações transfronteiriças, tal como os processos de integração global, foram profundamente moldados por assimetrias de poder e pela violência. Ainda que as conexões transnacionais e globais sejam frequentemente saudadas como progressistas e benevolentes em si mesmas, não raras vezes elas resultaram do trabalho de forças mais sinistras. Talvez estejamos acostumados a ler *A Volta ao Mundo em 80 Dias*, de Júlio Verne, como símbolo de uma consciência global emergente. E, no entanto, foi a I Guerra Mundial que deslocou milhões de pessoas para costas

---

([28]) Richard Drayton, «Where Does the World Historian Write From? Objectivity, Moral Conscience and the Past and Present of Imperialism», *Journal of Contemporary History* 46 (2011), 671–685.

remotas, campos de batalha e cemitérios, criando, deste modo, experiências globais que deixaram feridas indeléveis.

O que esconde o «global»?

O quarto ponto de divergência versa explicitamente sobre aspetos normativos, mais concretamente a questão da responsabilidade. Em análises mais gerais, mas também em estudos que cobrem extensos períodos temporais, persiste a tendência de descrever processos longos e anónimos como se os indivíduos não tivessem qualquer papel no seu desenrolar. Num esforço de explicar desenvolvimentos mais amplos, e de chegar a uma interpretação capaz de unir experiências históricas em diferentes regiões, os historiadores optam por categorias analíticas que excluem virtualmente o papel ativo dos indivíduos. Esta tendência é particularmente visível em casos extremos da grande história, mas estende-se também a outras análises de menor escopo temporal. Será a história global uma forma de história que ignora o papel dos indivíduos?

De certa forma, tal corresponde a uma questão de estilo narrativo. Mas por que é que, no que concerne à vivacidade das suas apresentações, as análises globais diferem das histórias nacionais? Do mesmo modo que as análises macro da história nacional podem expor de forma viva e criteriosa o papel decisivo de um indivíduo, a história global, pelo menos em princípio, também o pode fazer. Alguns géneros de escrita da história global privilegiam, de facto, as atividades individuais a tal ponto, que acabam por encobrir as condições gerais sob as quais essas atividades ocorreram.([29]) De uma forma geral, no entanto, muitas abordagens da história mundial parecem debater-se com questões sobre a autonomia da ação individual. Como resultado da necessidade de atravessar longos intervalos

---

([29]) Por exemplo, John E. Wills, *1688: A Global History*, New York (W. W. Norton) 2002; Miles Ogborn (ed.), *Global Lives: Britain and the World, 1550–1800*, Cambridge (Cambridge University Press) 2008.

de tempo e vastos espaços geográficos, deparamo-nos frequentemente com o recurso ao vocabulário da inevitabilidade e da necessidade.

No fundo, ao colocarem as relações de causalidade, pelo menos em parte, num nível global, pode ficar-se com a ideia que os historiadores globais relativizam as questões de responsabilidade mais próximas do nível pessoal. Tal pode ser o efeito de escolhas metodológicas características da abordagem global, nomeadamente, a opção de enfatizar fatores sincrónicos no espaço ao invés das genealogias de longo prazo e da continuidade temporal interna. Escapar integralmente às narrativas *internalistas* tem um custo: a diminuição do peso atribuído à autonomia individual no terreno. Se, por exemplo, o Holocausto for, em parte, explicado por forças globais sincrónicas, tal poderia relativizar a culpa dos perpetradores nazis. Este excesso de contextualização — ou seja, o privilegiar de fatores globais face aos atores locais — pode externalizar questões de culpabilidade e responsabilidade. Importa, por isso, lembrar que as estruturas globais são tão moldadas pela atividade humana como responsáveis por a moldar, ou seja, são o resultado de processos de estruturação. Assim sendo, elas ajudam a definir as condições nas quais os indivíduos atuam, o que não quer dizer que ditem a forma como estes se comportam. As estruturas moldam situações específicas e tornam improváveis determinados desenvolvimentos — mas não determinam a ação humana. ([30])

Por várias razões, o quinto desafio é o mais importante. Resumidamente, pode ser colocado da seguinte forma: se o termo «global» é utilizado para descrever tanto as viagens de Marco Polo como o funcionamento da crise financeira de 2008, não será este excessivamente amplo? Quão eficaz pode ser um conceito que é aplicado universalmente? Se reunirmos no conceito «global» todos os tipos de trocas transfronteiriças, quão útil pode revelar-se enquanto categoria analítica?

([30]) Anthony Giddens, *The Constitution of Society: Outline of the Theory of Structuration*, Cambridge (Polity) 1984.

É claro que, ao longo do tempo, existiram conexões entre diferentes partes do mundo. O enfoque nessas mesmas ligações permite-nos alcançar perspetivas valiosas. É, contudo, necessário ter presente que nem todas essas conexões foram do mesmo tipo, uma vez que foram possibilitadas, de facto, por diferentes estruturas — enquanto umas eram convergentes, outras competiam entre si. Ignorar as lógicas particulares das condições que facilitaram as interações implica a perda de alguma especificidade histórica. Incluí-las na categoria de «global» pode ser válido em certa medida, mas pode, também, ser pouco específico quando se substitui nomes próprios individuais pela palavra «pessoa». Queremos saber com maior detalhe quem iniciou as Cruzadas, quem protagonizou a tomada da Bastilha, ou ainda quem padeceu na Rebelião Taiping. Nestes casos, falar de «pessoas» implica eliminar toda a personalidade humana destes acontecimentos. Igualmente, é fundamental compreender se a durabilidade dos vínculos remotos se deve a uma ecúmena islâmica, à língua persa, às rotas de navegação transatlânticas, aos canais de migração dos clãs chineses, ao poder do Império Britânico ou aos mecanismos silenciosos de procura e oferta. O «global», enquanto categoria onde tudo pode ser encaixado, pode acabar por omitir estas diferenças cruciais.

A noção de «global» sugere uma continuidade que é, frequentemente, falaciosa. Em termos espaciais acaba por dar a ideia que diferentes formas de entrelaçamentos são, no fundo, idênticas. Temporalmente, dá a entender que vínculos passados foram o berço de conexões posteriores. Terá sido Ibn Battuta (1304–1377), o grande viajante marroquino, o percursor dos turistas que hoje viajam nas companhias aéreas *low-cost*? Terá o colonialismo britânico aberto o caminho para a globalização ou, como sugerem alguns historiadores, para a «anglobalização»? ([31]) Não existem dúvidas que o Império

([31]) Sobre a «Anglobalização», veja-se Ferguson, *Empire*, xxii. Para uma análise mais sóbria à relação entre ligações imperiais e globais, veja-se Gary Magee e Andrew Thompson, *Empire and Globalisation: Networks*

Britânico estabeleceu novas conexões, mas, ao mesmo tempo, destruiu antigos vínculos de longa data que não serviam os interesses da cidade de Londres. Da mesma forma, o colonialismo impôs novas fronteiras que funcionaram como entraves à mobilidade e ao comércio. O Sri Lanka, por exemplo, foi efetivamente «ilhado» no início do século XIX, quando os britânicos procuravam cortar as suas ligações com o continente e com as redes do oceano Índico, convertendo-o numa unidade territorial isolada.([32]) Quaisquer que tenham sido as relações entre conexões anteriores e posteriores, elas são mais complicadas do que o termo «global» sugere.

Não se trata tanto de determinar se as grandes estruturas eram literalmente «globais», ou seja, se eram planetárias e se eram extensíveis a cada canto da Terra.([33]) O problema é, antes, terminológico: traduzir uma variedade de impérios (tão distintos como o Império Mongol e o Britânico), de redes comerciais (desde as caravanas transarianas às atuais corporações multinacionais), de discursos hegemónicos, e por aí fora, como «estruturas globais» — tal só pode ser alcançado mediante um ato de violência conceptual. Este nível de abstração pode ajudar a responder a algumas questões de larga escala, mas é menos adequado para abordar as atuais preocupações da maioria dos historiadores e dos seus leitores. Se for empregue desta forma, a noção de «global» ameaça apagar a

---

of People, Goods and Capital in the British World, c. 1850–1914, Cambridge (Cambridge University Press) 2010.

([32]) Sujit Sivasundaram, *Islanded: Britain, Sri Lanka, and the Bounds of an Indian Ocean Colony*, Chicago (Chicago University Press) 2013.

([33]) É neste ponto que discordo de Frederick Cooper, ainda que o espírito geral desta secção seja compatível com o seu argumento em Cooper, «What is the Concept of Globalization Good for? An African Historian's Perspective», *African Affairs* 100 (2001), 189–213. [«Para que serve o conceito de globalização? O ponto de vista de um historiador de África», *Histórias de África: Capitalismo, Modernidade e Globalização*, trad. Bárbara Direito, Lisboa (Edições 70), Coleção «História e Sociedade», 2016, pp. 173–210].

diversidade da realidade histórica e esvaziar, de certo modo, a história global de história propriamente dita.

Será que isto significa que devemos abandonar de vez a terminologia do «global»? Certamente que não. De um ponto de vista geral, era necessário um conceito capaz de abarcar diferentes passados dentro de uma estrutura comum para observarmos conexões que os anteriores paradigmas tornavam invisíveis. A um nível mais específico, a história global permite-nos abordar o aparecimento de estruturas verdadeiramente globais. E, politicamente, precisamos dela como um apelo à mobilização. A história global não é apenas uma abordagem, é também um *slogan* necessário para remodelar as paisagens do conhecimento e para modernizar as instituições de produção do saber. Salienta que o passado também foi global e que não se esgota na história dos Estados Unidos, da Itália ou da China. Para revolucionar os atuais paradigmas do conhecimento, e para resgatar a história do pensamento «compartimentado», o conceito de «história global» permanecerá indispensável.

Enquanto dispositivo analítico, no entanto, ela compete com conceitos mais específicos e, frequentemente, mais precisos. A longo prazo, portanto, é de prever que o excedente heurístico da noção de «global» tenderá a diminuir. Quanto melhor conhecermos o grau em que diferentes regiões do mundo estiveram, desde sempre, interligadas, e quanto mais reconhecermos as formas pelas quais as macroestruturas afetaram os acontecimentos locais, é seguro prever que nos libertaremos, gradualmente, da retórica do «global». Existe, claramente, um longo caminho pela frente. Em quase todo o lado, os historiadores focam-se na história da sua própria nação. Em muitos países, os contextos institucionais e as expectativas públicas aliam-se para preservar a solidez do paradigma nacional. Dada a proximidade da história enquanto disciplina às questões da identidade nacional, é pouco provável que tal se venha a alterar no curto prazo. Pelo contrário, a institucionalização da história global avança lentamente e, até aos dias de hoje, permanece maioritariamente circunscrita ao mundo anglófono e a algumas partes da Europa Ocidental e do Sudeste Asiático. E, mesmo nestas regiões, o seu alcance é ainda limitado.([34])

Porém, em algum momento no futuro, quando conseguirmos compreender melhor as estruturas globais e as dinâmicas mundiais, é provável que a noção de «global» recue para segundo plano e dê lugar a uma renovada ênfase nas especificidades. Os historiadores irão apelar a novas geografias, que não serão, *a priori*, os Estados-nação, mas também não, necessariamente, o mundo inteiro. Ao invés de terem como ponto de partida uma única escala, irão seguir padrões de troca e interações específicas. O desaparecimento gradual da retórica do «global» anunciará, então, e de uma forma irónica, o triunfo da história global como paradigma.

([34]) Alguns panoramas gerais podem ser encontrados em Patrick Manning (ed.), *Global Practice in World History: Advances Worldwide*, Princeton, NJ (Markus Wiener) 2008; Dominic Sachsenmaier, *Global Perspectives on Global History: Theories and Approaches in a Connected World*, Cambridge (Cambridge University Press) 2011. Veja-se também Luke Clossey e Nicholas Guyatt, «It's a Small World After All: The Wider World in Historians' Peripheral Vision», *Perspectives on History* 51 (May 2013).

Agradecimentos

Este livro levou bastante tempo a ser preparado. E ainda poderia ter levado muito mais, pois, dada a rapidez com que se transforma o campo da história global, uma análise da situação apenas pode tomar a forma de um retrato instantâneo. Começou por ser uma tradução da minha obra *Globalgeschichte*, publicada em alemão pela editora C. H. Beck em 2013, mas cedo me apercebi que o que era necessário não era uma tradução, mas sim um novo começo: Brigitta van Rheinberg e Jeremy Adelman da Princeton University Press encorajaram-me amavelmente a seguir nessa direção. Dos oito capítulos da versão alemã, dois foram revistos e o resto acabei por descartar, de modo a chegar a um texto mais orientado para os problemas e menos estritamente introdutório. O resultado é um livro inteiramente distinto.

Nesta tarefa, fui apoiado, inspirado e criticado por muitos colegas de todo o mundo, demasiado numerosos para os enumerar aqui. Apresentei e discuti certas ideias em conferências e *workshops* na Europa, nos EUA e na Ásia Oriental. Jeremy Adelman, Andreas Eckert, Catherine Davies, Michael Facius, Sheldon Garon, Masashi Haneda, Lasse Heerten, Christoph Kalter, Dörte Lerp, Kiran Patel, Margrit Pernau, Alessandro Stanziani e Andrew Zimmerman, todos leram um ou vários capítulos e agradeço as suas críticas generosas, das quais beneficiei. Fui também estimulado por uma confrontação quase diária com as perguntas e críticas dos seminários do programa de mestrado em História Global em Berlim. Entre as seis recensões anónimas solicitadas pela Princeton

University Press, a única que era verdadeiramente crítica levou-me a repensar toda a organização e toda a argumentação do livro. Por último, estou particularmente grato a Christopher L. Hill e Dominic Sachsenmaier, pelas nossas longas e repetidas discussões sobre algumas das questões aqui esboçadas. Sem eles, o livro não teria a forma que agora apresenta e seria um texto muito mais provisório.

Algumas partes dos capítulos 2 e 3, escritas originalmente em alemão, foram habilmente traduzidas para inglês por Shivaun Heath e Joy Titheridge. Ao preparar este texto, tive a sorte de contar com a ajuda dos meus alunos assistentes: Stephanie Feser, Jannis Girgsdies, Matt Steffens, Matthias Thaden e Barbara Uchdorf. Este trabalho teve o apoio do Programa do Laboratório de Estudos Coreanos do Ministério da Educação da República da Coreia e do Serviço de Promoção de Estudos Coreanos da Academia de Estudos Coreanos (AKS-2010-DZZ-3103).

POSFÁCIO

O lento fazer da história global

Sebastian Conrad está na linha da frente dos modos mais inovadores de fazer e escrever história. A sua influência aumenta, na relação direta com a sua capacidade para integrar pontos de vista particulares, no interior de uma agenda de história global. E as questões que os seus livros colocam – respeitantes às nações, aos seus legados coloniais e à sua participação num mundo globalizado – não param de se renovar. Paralelamente, o âmbito cronológico da sua obra ganha em profundidade, uma vez que os seus livros, que começaram por se centrar na segunda metade do século XX, isto é, no chamado século Norte-Americano, encontraram depois novos territórios de pesquisa, nos séculos XVIII e XIX.

O seu primeiro livro foi publicado na Alemanha em 1999 e traduzido para inglês em 2010. No seu centro, estava uma análise de duas historiografias, a alemã e a japonesa. Através de um trabalho comparativo, mas que era fundamentalmente de história intelectual, o objetivo era perceber de que maneira a escrita da história era constitutiva da nação, ou melhor, de novas nações que se viram obrigadas a reinventar as representações de si próprias, num período posterior à Segunda Guerra Mundial. Às questões de história intelectual, relacionadas com a escrita da história, sucederam-se outras relativas à memória de duas nações, saídas de guerras, que tinham perdido, para entrar no referido século dos Estados Unidos da América(1).

(1) Sebastian Conrad, *Auf der Suche nach der verlorenen Nation. Geschichtsschreibung in Westdeutschland und Japan, 1945-1960* (Göttingen:

Se, no seu primeiro livro, o recurso ao método comparativo se apresentava quase como uma obrigação de escola e uma marca do seu orientador, o historiador Jürgen Kocka, a escolha do Japão, enquanto padrão de comparação, o conhecimento do japonês e a ênfase na história intelectual, mais do que nas questões sociais, afiguraram-se aspetos bem originais do trabalho de Sebastian Conrad. No seu segundo livro, publicado em 2006 e traduzido para inglês em 2010, produto da habilitação requerida pelo sistema académico alemão, é possível identificar novas orientações. Antes de mais, verifica-se uma maior concentração na história da Alemanha, apesar de esta ser abordada numa perspetiva global. Terá havido, nesta mudança de perspetiva, um recuo relativamente à dimensão comparativa que estivera presente nas suas investigações sobre o Japão?

À primeira vista, tratou-se sobretudo da necessidade de responder às exigências do sistema académico alemão. Tal como em muitos outros países europeus e não só, um dos requisitos dos departamentos de história das universidades alemãs é o da especialidade na história nacional. Focando-se de novo no Japão, Conrad corria o risco de se tornar no especialista de uma Área de Estudos («Area Studies») sem possibilidades de encontrar lugar num departamento de história, tal como hoje sucede, pois leciona na prestigiada Freie Universität de Berlim. Foi esta a razão que o levou a enveredar pelo estudo do nacionalismo alemão durante o século XIX, o que constituiu o início de um alargamento do espectro temporal em que passou a trabalhar. Esta circunstância não o demoveu de uma perspetiva global, pois, no seu segundo livro, investigou as colónias alemãs em África, no Brasil, nas regiões de língua polaca e na China(²).

Vandenhoeck & Ruprecht, 1999); *The Quest for the Lost Nation: Writing History in Germany and Japan in the American Century* (Berkeley: University of California Press, 2010).

(²) Idem, *Globalisierung und Nation im Deutschen Kaiserreich* (Munique: C.H. Beck 2006; 2.ª org., 2010); Idem, *Globalisation and the Nation in Imperial Germany* (Cambridge: Cambridge University Press, 2010).

Neste segundo livro, existem três outras tendências que se vão impor na sua obra. A primeira diz respeito a uma tentativa, cada vez mais evidente, de passar de uma história intelectual para uma análise dos processos sociais, a começar pelas migrações, movimentos de população, mercados de trabalho e expansões coloniais e imperiais([3]). A segunda consistiu em deixar o confinamento dos estudos pós-coloniais para abraçar uma perspetiva global, capaz de inscrever a explicação dos processos de mudança em estruturas que operam numa grande escala; deixou de parte, por isso, o estudo das relações bilaterais, como aquelas ocorridas entre a Alemanha e o Japão([4]). Um último esforço levou-o ao aprofundamento da análise das estruturas temporais, recuando até meados do século XIX, ao Iluminismo e ao início da modernização industrial([5]).

Deverão as qualidades de sistematização e de síntese de Sebastian Conrad, no tratamento da história global, ser avaliadas em função de uma agenda historiográfica alemã? A pergunta afigura-se óbvia, num cenário internacional onde os principais campos universitários anglo-americanos parecem ocupar um lugar central. Porém, não será bem assim, uma vez que o autor está longe de se apresentar como um herdeiro da escola de Göttingen do século XVIII, das filosofias da história universal de Hegel e de Marx, ou dos modos de fazer história de Ranke e Lamprecht. Tão-pouco pesa na sua obra a influência do marxismo e dos modos de escrever a história do Mundo, numa linha difundida na antiga Europa do Leste.

([3]) Idem, *Deutsche Kolonialgeschichte* (Munique: C. H. Beck, 2008; 3.ª org., 2016); Idem, *German Colonialism: A Short History* (Cambridge: Cambridge University Press, 2012).

([4]) Idem, *Globalgeschichte. Eine Einführung* (Munique: C. H. Beck, 2013); Idem, *What is Global History?* (Princeton: Princeton University Press, 2016; 4.ª org., 2017) [*O Que é a História Global*, tradução de Bernardo Pinto da Cruz e Teresa Furtado (Lisboa: Edições 70, 2019)]. Com traduções para espanhol, russo, chinês, sueco, italiano e, em preparação, turco e japonês.

([5]) Idem e Jürgen Osterhammel, orgs., *An Emerging Modern World, 1750-1870* (Cambridge, Mass.: Harvard University Press, 2018).

A larga difusão do seu trabalho justifica-se pelo envolvimento do autor em discussões internacionais ocorridas desde a década de 90 do século XX, sobretudo anglófonas, relacionadas com a chamada viragem global («global turn»).

No entanto, a agenda de história global aqui em causa é inseparável do contexto social e institucional em que é produzida. Porquê? Talvez por assentar na base reflexiva de uma primeira fase, mas que nunca foi abandonada, pois erguia-se sobre uma sólida história intelectual e numa preocupação de vigilância acerca do sentido assumido por várias tradições historiográficas. De facto, as abordagens bem informadas e cosmopolitas de Conrad revelam a sua consciência acerca da necessidade de saber respeitar esses mesmos contextos de produção e de apreciar as suas condições, os seus quadros de referência e a sua capacidade para falar com outras configurações historiográficas.

Por exemplo, o trabalho de Braudel é central para a historiografia francesa, quando são referidas questões de história global. Para os historiadores indianos interessados em compreender a história global, é fundamental a referência ao imperialismo britânico, com a suas formas de cooptação de colaboradores e de formação de elites. Ora, no caso de Conrad – com a sua formação académica adquirida em diferentes contextos, em primeiro lugar na Alemanha, mas também no Japão e nos Estados Unidos –, talvez tenha pesado mais a sua ligação aos Estudos de Área. Neste quadro, importava aprofundar o conhecimento das línguas faladas na região em análise e a relação com os seus historiadores e investigadores, que, em muitos casos, só se expressam nas línguas locais. Talvez seja este um dos principais ensinamentos de Conrad.

O confronto com o trabalho de Conrad ajuda certamente a definir melhor as bases de um projeto historiográfico que se constitui em relação com as outras ciências sociais. Permite fugir à visão romântica do elogio das periferias, mais ou menos essencializadas, sem recusar uma relação, necessariamente crítica, com os trabalhos oriundos dos grandes centros universitários; encontrando os quadros comparativos que ajudem a recolocar o estudo da nação, do império e dos processos de expansão imperial e colonial à luz de grandes e pequenas estruturas, da exploração do trabalho à organização dos lazeres, do capitalismo impresso às configurações urbanas e rurais, dos aparelhos institucionais e dos grupos de pressão mais ou menos informais ao exercício da violência, dos modos de resistência aos diferentes modos de fuga e dissimulação.

Por muitas «histórias globais»

Neste livro, Sebastian Conrad coloca um conjunto de questões sobre a génese, o desenvolvimento e o lugar contemporâneo da história global, tanto no que respeita à sua inserção académica como em relação à sua capacidade para levantar problemas historiográficos. O que é, então, a «história global»? Ou de que *histórias* é feita a «história global»? A resposta ganha em densidade, se atendermos ao facto de estarem em causa objetos históricos distintos, diferentes temporalidades e contextos, que têm suscitado diversos argumentos([6]). Qual é a

---

([6]) Apesar de a literatura centrada nestas questões estar, quase toda, citada neste livro, julgamos importante destacar as seguintes obras, que muito enriqueceriam o mercado editorial português, algumas saídas depois do livro de Conrad: C. A. Bayly, *The Birth of the Modern World, 1780–1914* (Oxford: Blackwell, 2004); Dominic Sachsenmaier, *Global Perspectives on Global History: Theories and Approaches in a Connected World* (Cambridge: Cambridge University Press, 2011); Maxine Berg, org., *Writing the History of the Global: Challenges for the 21st Century* (Oxford: Oxford University Press, 2013); Samuel Moyn e Andrew Sartori, orgs., *Global Intellectual History* (Nova Iorque: Columbia University Press, 2013); Jürgen Osterhammel, *The Transformation of the World: A Global History of the Nineteenth Century* (Princeton, New Jersey: Princeton University Press, 2014); James Belich, John Darwin, Margret Frenz e Chris Wickham, orgs., *The Prospect of Global History* (Oxford: Oxford University Press, 2016); Sven Beckert e Dominic Sachsenmaier, orgs., *Global history, Globally: Research and Practice Around the World* (Londres: Bloomsbury, 2018); Mathias Middell, *The Practice of Global History. European Perspectives* (Londres: Bloomsbury, 2019).

sua genealogia intelectual, social e política e qual é o seu património historiográfico([7])? Que propostas analíticas e metodológicas são elaboradas em seu nome, com que base e fundamento empíricos? Qual o seu espaço e posição nos campos cultural e académico, em diferentes universos disciplinares e respetivas culturas institucionais e escolas? Qual é o seu lugar na variedade de tradições de fazer história pelo mundo? Em que geografias, espaciais e intelectuais, é a história global discutida, promovida, ignorada ou rejeitada, e porquê([8])? De que modo se diferencia a história global de perspetivas historiográficas concorrentes, o que delas se retira ou o que nelas se recusa, como é que com elas se dialoga([9])? Quais as

---

([7]) Dominic Sachsenmaier, "Global History, Pluralism, and the Question of Traditions", *New Global Studies*, vol. 3, n.º 3 (2010), pp. 1-11; Sanjay Subrahmanyam, *Aux origines de l'histoire globale* (Paris: Fayard, Collège de France, "Leçons inaugurals", 2014).

([8]) Os recursos humanos e materiais envolvidos em investigações desta natureza são substanciais. A competência multilinguística e os recursos financeiros que suportam investigações em vários arquivos, em diversas partes do Mundo, são dois exemplos reveladores. Mas é importante notar que os desafios, que certamente impendem de forma particularmente pesada num sistema universitário como o português, não podem ser usados como forma de desculpabilização para o prolongamento de visões provincianas da história «nacional», de cariz vincadamente nacionalista, de vária extração ideológica, que continuam a predominar. Para quando uma história global de Portugal? Em muitos nichos disciplinares, é claro que a desvalorização de algumas das propostas da história global decorre mais do desconhecimento do seu trajeto heterogéneo do que de um sólido diálogo com as mesmas. Para uma visão crítica, veja-se Frederick Cooper, *Histórias de África. Capitalismo, Modernidade e Globalização* (Lisboa: Edições 70, «História & Sociedade», 2016), pp. 173-210: «Para que serve o conceito de globalização? O ponto de vista de um historiador de África»; Idem, "How global do we want our intellectual history to be?", in Samuel Moyn e Andrew Sartori, orgs., *Global Intellectual History, op. cit.*, pp. 283-294.

([9]) Para a história transnacional, ver Pierre-Yves Saunier, *Transnational History* (Londres: Palgrave, 2013); Heinz-Gerhard Haupt e Jürgen Kocka, orgs., *Comparative and Transnational History: Central European Approaches and New Perspectives* (Nova Iorque: Berghahn Books, 2009).

suas contribuições e inovações, de natureza conceptual e metodológica, e, também, quais os seus limites analíticos e as suas insuficiências heurísticas? A que agendas políticas e sociais responde ou respondem? Tratar-se-á de uma inovação disciplinar ou apenas de mais uma proposta de cariz metodológico?

É possível adicionar mais questões de forma a lançar um debate mais crítico sobre as contribuições da história global. Talvez a mais relevante implique que se queira saber se a história global não é uma forma de vender vinho velho em garrafas novas. Será que tem contribuído, como argumentam os seus defensores, para uma história policêntrica e ambivalente da globalização, minando formas explícitas ou encapotadas de eurocentrismo e iluminando os que a ela resistiram ou com ela sofreram por vezes desumanamente? Ou, pelo contrário, arrisca-se a transformar-se numa mera forma de legitimação académica desse mesmo processo de globalização eurocêntrico ou centrado no Ocidente, ensaiando uma débil oposição às suas formas mais violentas? Como refere, provocatoriamente, J. G. A. Pocock: «é o momento em que devemos perguntar como é que a "história global" pode ser outra coisa que não o instrumento ideológico da globalização que parece ter chegado» ([10]). Será, então, a história global um reflexo acrítico de vincadas hierarquias de poder – social, económico, político, académico? Não será ela um disfarce de manifestações de «imperialismo cultural», como alguns, de modo panfletário e pouco sustentado, clamam ou sugerem? Será que o facto de ser abraçada por instituições na China ou nos Estados Unidos da América e ignorada na Europa de Leste e em África revela mesmo uma reactualização instrumental de formas de «imperialismo cultural», após a Guerra Fria e em resultado do otimismo finissecular de novecentos? Ou será que um olhar mais centrado na distribuição desigual de

---

([10]) J. G. A. Pocock, "On the unglobality of contexts: Cambridge methods and the history of political thought, Global Intellectual History", *Global Intellectual History*, vol. 4, n.º 1 (2019), pp. 1-14, *cit.* p. 7.

recursos, por um lado, e em dinâmicas de consolidação de identidades «nacionais» e de nacionalismos de vária ordem (muitas vezes, associadas a uma componente imperial na sua formação histórica), por outro, nos ajuda a compreender melhor a dispersão geográfica da história global, no rico mercado de formas de fazer história? Quanto à declaração de princípios do *Journal of Global History* – que a história global abandonaria «a arrogância de Roma, as aspirações de um Califado universal, as pretensões morais do Confucionismo doutrinal, as reivindicações de uma superioridade espiritual associada com o Hinduísmo, o Budismo e o Cristianismo, bem como o triunfalismo científico e tecnológico do Ocidente» –, será que tem sido mesmo respeitada([11])?

Num plano mais específico, outras questões relevantes podem ser colocadas. Contribuirá a história global para uma efetiva sofisticação dos *jeux d'échelles*, desarmando os que se reivindicam do «local» e os que invocam acriticamente o «nacional» ou o «internacional», ignorando a sua interdependência, por vezes através de labirínticos circuitos, relações e conexões pouco óbvias, de difícil e laboriosa identificação([12])? Quais têm sido os seus contributos e (in)sucessos na transformação do saber histórico sobre temas centrais à compreensão da modernidade, da Revolução francesa à Revolução industrial e ao capitalismo, à «grande divergência», para dar apenas alguns exemplos([13])? Tem mesmo *provincializado* a Europa ou

([11]) Patrick O'Brien, "Historiographical traditions and modern imperatives for the restoration of global history", *Journal of Global History*, vol. 1, n.º 1 (2006), pp. 3–39, *cit.* p. 36.

([12]) Christophe Charle, "Histoire Globale, Histoire Nationale? Comment réconcilier recherche et pédagogie", *Le Débat*, vol. 3, n.º 175 (2013), pp. 60–68 [tradução portuguesa em Sérgio Campos Matos e Maria Isabel João, orgs., *Historiografia e Res Publica nos últimos dois séculos* (Lisboa: Centro de História da Universidade de Lisboa, 2017), pp. 89-112].

([13]) Akira Iriye e Jurgen Osterhammel, orgs., *A History of the World* (Cambridge, Mass.: Cambridge University Press, 4 vols., 2012-2018). Sebastian Conrad é coeditor e autor do volume *An Emerging Modern World: 1750–1870* (2018), com um texto introdutório e outro, de fôlego,

o Ocidente([14])? Que papel tem tido, pode e deve ter, perante os desafios que a contemporaneidade coloca à história enquanto forma disciplinada de saber? Face à nunca resolvida questão sobre para que serve a história, em que pode a história global condicionar a resposta, sempre precária([15])?

De um modo analítico e informado, este livro de Sebastian Conrad responde a muitas destas questões. Autor comprometido com os esforços de revitalização historiográfica que os proponentes de uma história global têm protagonizado, Conrad não deixa de escrutinar, com olhar crítico e heterodoxo, as suas motivações, fundamentos, resultados e até riscos de instrumentalização política, sociocultural e económica. Não estamos perante um testemunho panegírico carente de autorreflexividade crítica, mas de uma contribuição fundamental para compreender uma das mais interessantes propostas historiográficas no campo da história nos últimos anos, com impacto no vasto campo das ciências sociais([16]). Da ênfase emprestada a conexões transnacionais e translocais àquela dada a dinâmicas de integração global, a heterogeneidade de contribuições no interior da história global é reconhecida. Se a história global tem, como Jano, uma dupla face – talvez

---

intitulado "A Cultural History of Global Transformation" (pp. 413-659). Sobre a revolução francesa, veja-se Suzanne Desan, Lynn Hunt e William Max Nelson, orgs., *The French Revolution in Global Perspective* (Ithaca, Nova Iorque: Cornell University Press, 2013). Sobre a «grande divergência», veja-se Kenneth Pomeranz, *A Grande Divergência. A China, a Europa e a formação da economia mundial moderna* (Lisboa: Edições 70, «História & Sociedade», 2013) e a respetiva introdução de Diogo Ramada Curto, Nuno Domingos e Miguel Bandeira Jerónimo, «A Europa e a China: comparações, historiografia e ciências sociais», pp. 1-30.

([14]) Dipesh Chakrabarty, *Provincializing Europe: postcolonial thought and historical difference* (Princeton, New Jersey: Princeton University Press, 2000).

([15]) Lynn Hunt, *Writing history in the global era* (Nova Iorque: W.W. Norton, 2014).

([16]) Alain Caillé e Stéphane Dufoix, orgs., *Le tournant global des sciences sociales* (Paris, La Découverte, 2013); Diogo Ramada Curto, org., *Estudos sobre a globalização* (Lisboa: Edições 70, «História & Sociedade», 2016).

poliédrica seja uma categorização mais justa –, sendo uma metodologia e um tópico de estudo mas também um processo e uma perspetiva, os que a perfilham ou usam têm valorizado diferentes perspetivas([17]).

Conrad deixa ainda claro que as «perspetivas» e os programas da história global – com a sua «dimensão polémica» – não pretendem substituir a centralidade da «história nacional», mas sim questioná-la. Pretendem vigiar os seus excessos, corrigir as suas distorções, denunciar até os seus usos sociopolíticos, apontando para a importância de «conexões e condições estruturais globais», nomeadamente na sua intersecção com «manifestações locais». Recorrendo ao trabalho de Christopher Hill, a própria afirmação galopante do paradigma da «história nacional» tem de ser compreendida num contexto comparativo e atendendo a dinâmicas e «estruturas globais», a começar pelo «moderno sistema-mundo de nações». Do mesmo modo, as dinâmicas transnacionais são fundamentais para compreender a criação de «identidades nacionais». É que o nacionalismo é, também, um produto do global e do transnacional([18]).

A tese de que a história global rejeita escalas de experiência histórica mais restritas – os vários «locais», do lugarejo e da aldeia, à «nação» ou mesmo à «região» – não é sustentável. Pelo contrário, a história global permite questionar a «compartimentalização da realidade histórica», concorrendo num mercado de «abordagens em competição» (capítulo III), combatendo as várias formas de nacionalismo metodológico, difusionismo, excecionalíssimo, nativismo, essencialismo (cultural ou historiográfico) e «internalismo»([19]). Ora, estes

---

([17]) Conrad, p. 22.

([18]) Conrad sobre Hill, pp. 185-187. Christopher Hill, *National History and the World of Nations: Capital, State, and the Rhetoric of History in Japan, France, and the United States* (Durham: Duke University Press, 2008); Anne-Marie Thiesse, *A criação das identidades nacionais* (Lisboa: Temas & Debates, 2000); C. A. Bayly, *The Birth of the Modern World, op. cit.*, pp. 69 ss.

([19]) Conrad, p. 23 e p. 61.

desígnios foram e são fulcrais, urgentes, face às circunstâncias em que vivemos. No último capítulo, Conrad aborda a *política* da história global, assinalando os inúmeros problemas que comporta, sem deixar de apontar para os benefícios que dela se retiram para uma melhor prática do ofício do historiador e um exercício cívico deontologicamente governado.

Um debate contínuo

Muitas destas questões continuam a animar os debates sobre os fundamentos, a substância, os usos e abusos da «história global». Após a edição inglesa do livro de Conrad, muitas obras sobre o tema prolongaram a discussão sobre o estatuto da história global([20]). E as revistas do campo foram agitadas por algumas disputas. A mais importante resultou de um texto de Jeremy Adelman, "What is global history now?", publicado em Março de 2017, no qual Adelman questionava os êxitos da história global. Por um lado, as «altas esperanças por narrativas cosmopolitas» sobre encontros entre os ocidentais e o resto do mundo conduziu, segundo ele, a «trocas unidirecionais sobre a formação do global». E acrescentou: «é difícil não concluir que a história global é mais uma invenção *angloesférica* para integrar o Outro numa narrativa cosmopolita nos nossos termos, nas nossas línguas. Tal como sucede com a mais ampla economia mundial». Por outro lado, com igual acidez, escreveu que a «história global se assemelhava a uma história adequada à agora defunta Clinton Global Initiative», ou seja, «uma iniciativa brilhante e de alto perfil», promovendo narrativas «sem fronteiras» e «benfazejas» sobre uma condição comum, cosmopolita, uma «história global para dar uma face humana à globalização», que valoriza «a mobilidade sobre o lugar» e sobre os que «ficaram para trás». Narrativas sobre a «desintegração» e os «custos» gerados pela condição global

([20]) Ver a nota 6.

estavam em falta. Os «tribalismos» em expansão assim o exigiam[21].

Anos antes, um outro professor de Princeton apontara para uma conclusão semelhante: a história global não cumprira os preceitos do editorial de um dos seus principais órgãos, o *Journal of Global History*[22]. Por ocasião do volume editado por Emily S. Rosenberg, *A World Connecting: 1870–1945*, que recenseou para a *New Republic*, David Bell apontava para as limitações de um projeto historiográfico que valorizava o papel estruturador de «redes e conexões globais», incapaz de dar conta da totalidade das existentes. Mas, para Bell, o livro centrava-se mais em meios de comunicação do que em ideias, mais em fluxos de bens do que nos seus usos por indivíduos e comunidades. E a guerra, a «mais direta forma de "conexão global"», promotora de disrupções nas «redes» associadas, estava ausente, da batalha de Estalinegrado à de Somme. Não era esta a única ausência. Churchill não era referido no livro (aspeto, notemos, pouco relevante, até em razão da abundância de usos e abusos na interpretação da sua importância histórica). A partir deste ponto, Bell questionava a capacidade da história global em lidar com indivíduos concretos e as suas opções. Na ânsia de estabelecer conexões perdera a capacidade em discernir a volição e a circunstância. O exemplo de Linda Colley não era suficiente para Bell. Era tempo de voltar aos «pequenos lugares», às «mudanças rápidas e incrivelmente intensas que nestes ocorrem», às decisões e ao seu contexto em momentos estritos[23].

---

[21] Jeremy Adelman, "What is global history now?", Aeon (2-3-2017). Veja-se: https://aeon.co/essays/is-global-history-still-possible-or-has-it-had-its-moment (Acedido a 25 de Outubro 2019). Itálico nosso.

[22] David Bell, This is what happens when historians overuse the idea of the network", *New Republic* (26-10-2013). Veja-se: https://newrepublic.com/article/114709/world-connecting-reviewed-historians-overuse-network-metaphor (Acedido a 25 de Outubro 2019).

[23] Emily S. Rosenberg, org., *A World Connecting: 1870–1945* (Cambridge, MA: Cambridge University Press, 2012). Trata-se de um dos volumes de Akira Iriye e Jurgen Osterhammel, eds, *A History of the*

Mais recentemente, precisamente no *Journal of Global History*, Richard Drayton e David Motadel responderam tanto a Adelman como a Bell. A "história global está sob ataque", declararam. Rebatendo cada um dos argumentos lançados pelos colegas de Princeton, Drayton e Motadel recuperaram vários dos argumentos lançados por Sebastian Conrad neste livro, acrescentando pontos importantes, ao mesmo tempo que ofereceram uma «breve história» da história global. O campo é mapeado e as notas de rodapé são férteis em trabalhos significativos, alguns nem sempre reconhecidos como importantes para a constituição do rico património que o caracteriza. Por exemplo, acentuam a importância da história global no aprimoramento do dinâmico jogo de escalas (recusando, de caminho, a negligência ou desvalorização do nível nacional), no resgate da voz dos subalternos e dos marginalizados e na resistência aos «populismos nacionais». O facto de a história global recente ter nascido, na sua opinião, tanto do processo de descolonização global como da «história vinda de baixo» constituía razão suficiente para apaziguar as críticas. Ao longo das suas páginas, Drayton e Motadel esvaziaram muitas das críticas recorrentes, com exemplos concretos de obras filiadas no campo que, em toda a sua diversidade, impedem generalizações que Adelman e Bell (e muitos outros, muito menos informados) advogam([24]). É seguro que as disputas continuarão. Esperemos que possam ser mais bem informadas, como sucedeu com este livro de Sebastian Conrad.

World. Linda Colley, *The Ordeal of Elizabeth Marsh: A Woman in World History* (Nova Iorque: Pantheon, 2007).

([24]) Richard Drayton e David Motadel, "Discussion: the futures of global history", *Journal of Global History*, vol. 13 (2018), pp. 1–21.

Índice Remissivo

HISTÓRIA & SOCIEDADE

1. *Morfologia Social*, Maurice Halbwachs
2. *A Distinção. Uma Crítica Social da Faculdade do Juízo*, Pierre Bourdieu
3. *O Estado Novo em Questão*, AAVV, sob a direcção de Victor Pereira e Nuno Domingos
4. *História Global da Ascensão do Ocidente. 1500-1850*, Jack Goldstone
5. *As Origens Sociais da Ditadura e da Democracia. Senhores e Camponeses na Construção do Mundo Moderno*, Barrington Moore, Jr.
6. *O Poder Simbólico*, Pierre Bourdieu
7. *Imperialismo Europeu. 1860-1914*, Andrew Porter
8. *A Grande Transformação*, Karl Polanyi
9. *Comunidades Imaginadas. Reflexões sobre a Origem e a Expansão do Nacionalismo*, Benedict Anderson
10. *O Império Colonial em Questão (Sécs. XIX-XX)*, org. de Miguel Bandeira Jerónimo
11. *A Grande Divergência*, Kenneth Pomeranz
12. *Cidade e Império. Dinâmicas Coloniais e Reconfigurações Pós-Coloniais*, AAVV, sob a direcção de Nuno Domingos e Elsa Peralta
13. *Estudos sobre a Globalização*, org. de Diogo Ramada Curto
14. *Histórias de África. Capitalismo, Modernidade e Globalização*, Frederick Cooper
15. *O Culto do Divino – Migrações e Transformações*, João Leal
16. *Portugal e a Questão do Trabalho Forçado*, José Pedro Monteiro
17. *Estrutura da Antiga Sociedade Portuguesa*, Vitorino Magalhães Godinho
18. *A Busca da Excitação*, Norbert Elias
19. *O Que é a História Global?*, Sebastian Conrad